わかりやすい
物損交通事故紛争解決の手引

〔第3版〕

園部 厚 著

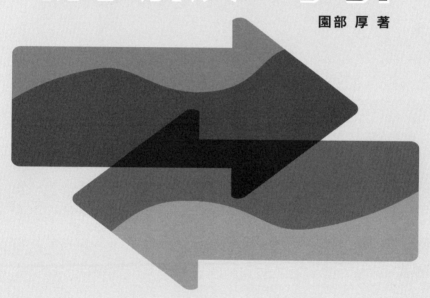

発行 民事法研究会

第 3 版の刊行にあたって

　本書は、このたび第 3 版として改訂の機会を与えられた。本書が物損交通事故に関する紛争に携わる方々に利用される参考書として、一定の評価をいただいているのではないかと思われ、それらの方々に感謝する次第である。

　本書の第 2 版を刊行後、以下の新たな法令、判例、文献等が出されたので、第 3 版ではそれに基づく改訂を行っている。

(1) 法　令

① 平成25年法律第43号による道路交通法の改正が平成26年 9 月 1 日に施行された。

(2) 判　例

① 被保険者（被害者）に過失があるときでもその過失割合を考慮することなく算定される額である保険金を支払った保険会社は、保険金請求者に民法上認められるべき過失相殺前の損害額〔裁判基準損害額〕に相当する額が確保されるように、当該保険金の額と被害者の加害者に対する過失相殺後の損害賠償請求権の額との合計額が当該裁判基準損害額を上回る場合に限り、その上回る部分に相当する額の範囲で保険金請求権者の加害者に対する損害賠償請求権を代位取得する〔裁判基準差額説（被害者側が、保険金と損害賠償金により、裁判基準損害額を確保することができるように解する説）〕（自動車保険契約の人身傷害条項に基づく保険金の支払事例—最判平24・2・20民集66巻 2 号742頁・判タ1366号83頁・判時2145号103頁、最判平24・5・29判タ1374号100頁・判時2155号109頁・裁民240号261頁）。

② 被保険者に損害保険金を支払った保険会社がその支払時に代位取得するのは、当該保険金に相当する額の保険金請求権者の加害者に対する損害金元本の支払請求権であって、損害金元本に対する遅延損害金の支払請求権を代位取得するものではない（最判平24・2・20民集66巻 2 号742頁ほか（自動車保険契約の人身傷害条項に基づく保険金の支払事例））。

(3) 文　献

　文献では、本書において交通事故の過失割合算定の基本として、下記の②の日弁連の「赤い本」等と対比している、①の東京地裁の「過失相殺率の認定基準」の内容の改訂がなされて全訂5版として刊行されたので、それに伴う内容の改定を行っている。

①　東京地裁民事交通訴訟研究会編『民事交通訴訟における過失相殺率の認定基準全訂4版』(別冊判例タイムズ16号)が改訂され、『同全訂5版』(別冊判例タイムズ38号)として刊行され、(1)四輪車同士の事故における基準の改訂、(2)高速道路の本線車道等に駐停車中の自動車に対する事故について、①過失等により本線車道等に駐停車した自動車に対する追突事故と、②過失なく本線車道等に駐停車した自動車に対する追突事故に分けての過失相殺率・修正要素の適用についての考え方の提示、および、(3)駐車場内の事故の基準の作成、などがされた。

②　通称「赤い本」と称される財団法人日弁連交通事故相談センター東京支部編『民事交通事故訴訟・損害賠償算定基準上巻・下巻2014（平成26年）』が刊行された。

　本書での四輪車同士の事故の過失割合は、東京地裁民事交通訴訟研究会編『民事交通訴訟における過失相殺率の認定基準全訂5版』(別冊判例タイムズ38号)を基本としながら（なお、同書の「交差点において右折車が優先道路から直進車が向かう非優先道路に入る場合」の【125】図の修正要素「早回り右折」については、その図に対応する本書の〈事故態様図28〉では同【125】図と異なり、通称「赤い本」(2015)と同様になっている)、通称「赤い本」等と対比しながら説明している。

　本書の第3版としての改訂にあたっては、各事故態様の想定する態様などを理解しやすくするために、必要な説明を加筆している。また、各事故態様の過失割合の修正要素等の説明においては、東京地裁の同書の事故態様図の注では、他の事故態様図の注を引用している箇所も、当該事故態様図に対応

第3版の刊行にあたって

した説明をしており、よりわかりやすいものとなっているのではないかとも思っている。

そのほかにも必要な改訂・加筆を行っており、よりわかりやすく、利用しやすいものになったのではないと思っている。

本書の物損交通事故紛争とともに、簡易裁判所の民事訴訟に多い類型である紛争については、同じ「わかりやすい紛争解決」シリーズとして、『わかりやすい労働紛争解決の手引〔第2版〕』、『わかりやすい敷金返還紛争解決の手引〔第2版〕』、『わかりやすい貸金・保証関係紛争解決の手引』、『わかりやすい消費者信用関係紛争解決の手引』『わかりやすい不動産登記関係紛争解決の手引』が出版されているので、あわせてご利用いただければ幸いである。

なお、本書の改訂にあたっては、民事法研究会の池田優氏に大変お世話になったことを記して感謝申し上げる次第である。

平成27年4月

園 部　　厚

はしがき

　現在、18歳以上の普通自動車免許取得可能年齢の者のほとんどが普通自動車免許を有しており、一家に１台の車があるのは当たり前で、一家に２台の車があるのも珍しくない時代となってきた。それだけ、車を運転することが当たり前の時代であるから、交通事故が起こることも珍しくはない。

　交通事故が起こり、損害が生じた場合、車同士の事故で双方に過失があるときは、自動車保険を利用すれば、保険会社の担当者が相手方と交渉をして、損害賠償の問題を解決してくれることもある。

　しかし、自動車保険を利用すれば、保険料が上がることになり、また、相手方との交渉がまとまらなければ解決はしないことになる。事故によって傷害が生じ、人身事故となったときは、その損害額の算定等について、専門的な知識がないとなかなか相手方との話もできないので、弁護士等の専門家に頼まないと、その解決は難しいと思われる。

　しかし、事故による損害が車の損傷等の物損事故の場合、損害額の算定等はそれほど難しいものではなく、専門家に頼まなくとも本人が解決することも可能であると思われる。そして、最終的に裁判所に訴えを提起する場合でも、少額訴訟制度により、１回の期日で事件を解決することもできるようになった。交通事故の示談等について解説した本はたくさんあるが、本人が解決することを前提として、その最終的な裁判所の手続までをわかりやすく解説した本はあまりないように思われる。

　本書では、不幸にして物損交通事故が起こってしまった場合、その解決のためには、どのような方法があり、どのようにして解決するかを、わかりやすく解説したものであり、専門家ではない当事者となった方々に利用していただければ幸いである。

　　平成21年５月

　　　　　　　　　　　　　　　　　　　　　　園　部　　　厚

わかりやすい物損交通事故紛争解決の手引〔第3版〕

【目　次】

序 …………………………………………………………………………… 1

第1章　損害および保険 …………………………………………… 3

第1節　損害の分類等 ………………………………………………… 3
第1　損害の分類 ………………………………………………… 3
第2　人身損害〔人的損害、人損〕 …………………………… 3
第3　物件損害〔物的損害、物損〕 …………………………… 4

第2節　自動車保険 …………………………………………………… 4
第1　自動車損害賠償制度の対象～自賠責保険〔強制保険〕の対象 ………………………………………………………… 4
第2　自動車保険の使用 ………………………………………… 5

第2章　損害賠償請求の当事者 …………………………………… 6

第1　物件損害〔物的損害、物損〕の損害賠償の請求権者 … 6
第2　信用購入あっせん等による購入〔所有権留保特約付売買〕等自動車の交通事故における損害賠償請求権者 ………………………………………………………………… 7
第3　損害賠償の相手方 ………………………………………… 8

第3章　物件損害〔物的損害、物損〕 …………………………… 9

第1節　修理費 ………………………………………………………… 9

目 次

   第1 修理費相当額の請求 ……………………………………… 9
   第2 修理のための塗装の範囲 ………………………………… 9
   第3 物理的全損～買替差額の請求 …………………………… 10
   第4 経済的全損〔修理費用が車両価格を超える場合〕……… 11
     1 修理費用が車両価格を超える場合～買替差額の請求 …… 11
     2 車両時価額を超える修理費の認容 ……………………… 12
   第5 市場価格〔評価額〕のない車両の車両損害額 …………… 13

 第2節 登録手続関係費 ……………………………………………… 14

 第3節 評価損〔格落損〕 …………………………………………… 17
   第1 評価損の定義 ……………………………………………… 17
   第2 みなし評価損 ……………………………………………… 18
   第3 評価損〔格落損〕の認定 ………………………………… 18

 第4節 代車料〔代車使用料〕 ……………………………………… 19
   第1 代車料〔代車使用料〕が認められる場合 ……………… 19
   第2 代車料を認める期間 ……………………………………… 20
   第3 代車料の金額 ……………………………………………… 21
   第4 仮定的代車料 ……………………………………………… 21

 第5節 休車損〔休車損害〕 ………………………………………… 22
   第1 休車損〔休車損害〕が認められる場合 ………………… 22
   第2 休車損の算出 ……………………………………………… 22
     【休車損害算定式】 ………………………………………… 23
   第3 予備車両〔遊休車〕がある場合の休車損 ……………… 23
   第4 代車料と休車損の関係 …………………………………… 24
   第5 民事訴訟法248条による休車損の認定 ………………… 24

 第6節 その他の物的損害 …………………………………………… 25

第1　レッカー代、事故車の保管料、修理見積費用、廃車料等……………………………………………………………………25
　　第2　着衣等の損害……………………………………………26
　　第3　ペットの治療費等………………………………………27
　第7節　財産的利益に関する慰謝料……………………………28
　　第1　物損に関する慰謝料……………………………………28
　　第2　ペットに関する慰謝料…………………………………29

第4章　その他の損害……………………………………………31
　第1　損害賠償請求関係費用……………………………………31
　第2　弁護士費用…………………………………………………31
　　1　弁護士費用の損害性………………………………………31
　　2　弁護士費用の認容額………………………………………32
　　3　弁護士費用と過失相殺……………………………………32
　第3　不法行為債務の遅延損害金………………………………33
　　1　遅延損害金…………………………………………………33
　　2　保険代位による求償金請求の場合の遅延損害金………33

第5章　因果関係…………………………………………………35

第6章　相殺禁止（民法509条）………………………………36
　第1　不法行為に基づく損害賠償請求権を受働債権とする相殺の禁止……………………………………………………36
　第2　不法行為に基づく損害賠償請求権を自働債権とする相殺……………………………………………………………36

第3 受働債権・自働債権の双方が不法行為に基づく損害
      賠償請求権である場合の相殺……………………………36
  第4 相殺契約………………………………………………………37

第7章　被害者側の過失……………………………………39
  第1 被害者側の過失の意味………………………………………39
  第2 被害者側の過失の斟酌〔過失相殺の主張立証責任〕……40
  第3 交通事故における過失割合…………………………………40
   1 物損交通事故における過失割合……………………………40
   2 四輪車同士の事故の過失割合………………………………43
    (1) 道路・車両・交通規制・運転態様等に関する用語および過失修
        正要素について…………………………………………43
     ア 道路・車両・交通規制・運転態様等に関する用語…………43
      (ア) 道路等に関する用語……………………………………43
      (イ) 車両等に関する用語……………………………………44
      (ウ) 交通規制に関する用語…………………………………45
      (エ) 運転態様に関する用語…………………………………46
     イ 過失修正要素……………………………………………48
    (2) 交差点における直進車同士の事故の過失割合………………54
     ア 信号機による交通整理が行われている交差点での事故の
        過失割合…………………………………………………54
      (ア) 青信号車と赤信号車の事故の過失割合…………………54
      (イ) 黄信号車と赤信号車の事故の過失割合…………………56
      (ウ) 赤信号車同士の事故の過失割合…………………………57
     イ 信号機により交通整理が行われていない交差点における
        事故の過失割合…………………………………………59
      (ア) 同幅員の交差点での事故の過失割合……………………59
      (イ) 一方車両に一方通行規制違反がある場合の交差点での
          事故の過失割合………………………………………61
      (ウ) 一方が明らかに広い道路である場合の交差点での事故

　　　　　の過失割合……………………………………………………63
　　　(エ)　一方に一時停止規制がある場合の交差点での事故の過
　　　　　失割合……………………………………………………65
　　　(オ)　一方が優先道路である場合の交差点での事故の過失割
　　　　　合…………………………………………………………67
　　　(カ)　車両用信号がない押しボタン式歩行者信号青色表示と
　　　　　交差道路車両用信号赤色表示の交差点での事故の過失割
　　　　　合…………………………………………………………69
　(3)　**交差点における右折車と直進車の事故の過失割合**……………71
　　ア　同一道路を対向方向から進行してきた右折車と直進車の
　　　事故の過失割合……………………………………………………72
　　　(ア)　信号機により交通整理が行われている交差点における
　　　　　事故の過失割合……………………………………………72
　　　　a　ともに青信号で進入した右折車と直進車の事故の過
　　　　　失割合……………………………………………………72
　　　　b　直進車が黄信号で進入し、右折車が青信号で進入し
　　　　　た後、黄信号で右折した場合の右折車と直進車の事故
　　　　　の過失割合………………………………………………74
　　　　c　ともに黄信号で進入した右折車と直進車の事故の過
　　　　　失割合……………………………………………………76
　　　　d　ともに赤信号で進入した右折車と直進車の事故の過
　　　　　失割合……………………………………………………78
　　　　e　直進車が赤信号で進入し、右折車が青信号で進入し
　　　　　た後、赤信号で右折した場合の右折車と直進車の事故
　　　　　の過失割合………………………………………………80
　　　　f　直進車が赤信号で進入し、右折車が黄信号で進入し
　　　　　た後、赤信号で右折した場合の右折車と直進車の事故
　　　　　の過失割合………………………………………………82
　　　　g　直進車が赤信号で進入し、右折車が青矢印による右
　　　　　折可の信号で右折した場合の右折車と直進車の事故の

9

目次

　　　　　　過失割合……………………………………………………84
　　　(イ)　信号機により交通整理が行われていない交差点におけ
　　　　　　る事故の過失割合……………………………………………86
　　イ　交差道路から進入した右折車と直進車の事故の過失割合…88
　　　(ア)　信号機により交通整理が行われている交差点における
　　　　　　事故の過失割合………………………………………………88
　　　(イ)　信号機により交通整理が行われていない交差点におけ
　　　　　　る事故の過失割合……………………………………………89
　　　　a　同幅員の交差点での事故の過失割合……………………90
　　　　　(a)　右折車が左方車である場合の過失割合………………90
　　　　　(b)　右折車が右方車である場合の過失割合………………92
　　　　b　一方が明らかに広い道路である場合の交差点での事
　　　　　　故の過失割合……………………………………………94
　　　　　(a)　右折車が狭路から広路に出る場合の交差点での事
　　　　　　　故の過失割合…………………………………………95
　　　　　(b)　右折車が広路から直進車の進行してきた狭路に入
　　　　　　　る場合の交差点での事故の過失割合………………97
　　　　　(c)　右折車が広路から直進車の向かう狭路に入る場合
　　　　　　　の交差点での事故の過失割合………………………99
　　　　c　一方に一時停止規制がある場合の交差点での事故の
　　　　　　過失割合…………………………………………………101
　　　　　(a)　右折車に一時停止義務違反がある場合の事故の過
　　　　　　　失割合……………………………………………………102
　　　　　(b)　直進車に一時停止義務違反があり、右折車が左方
　　　　　　　車である場合の事故の過失割合……………………104
　　　　　(c)　直進車に一時停止義務違反があり、右折車が右方
　　　　　　　車である場合の事故の過失割合……………………106
　　　　d　一方が優先道路である場合の交差点での事故の過失
　　　　　　割合………………………………………………………108
　　　　　(a)　右折車が非優先道路から優先道路に出る場合………108

　　　　　　(b)　右折車が優先道路から直進車が進行してきた非優
　　　　　　　　先道路に入る場合……………………………………111
　　　　　　(c)　右折車が優先道路から直進車の向かう非優先道路
　　　　　　　　に入る場合………………………………………………113
　　(4)　交差点における左折車と直進車の事故の過失割合………………115
　　　　ア　同幅員の交差点での事故の過失割合……………………………116
　　　　イ　一方が明らかに広い道路である場合の交差点での事故の
　　　　　　過失割合…………………………………………………………116
　　　　ウ　一方に一時停止規制がある場合の交差点での事故の過失
　　　　　　割合………………………………………………………………116
　　　　エ　一方が優先道路である場合の交差点での事故の過失割合
　　　　　　……………………………………………………………………119
　　(5)　交差点における右折車同士の事故の過失割合………………………119
　　　　ア　同幅員の交差点での事故の過失割合……………………………119
　　　　イ　一方が明らかに広い道路である場合の交差点での事故の
　　　　　　過失割合…………………………………………………………119
　　　　ウ　一方に一時停止規制がある場合の交差点での事故の過失
　　　　　　割合………………………………………………………………120
　　　　エ　一方が優先道路である場合の交差点での事故の過失割合
　　　　　　……………………………………………………………………120
　　(6)　交差点における左折車と対向右折車の事故の過失割合……………122
　　(7)　交差点における右左折車と後続直進車の事故の過失割合…………124
　　　　ア　右折車と追越直進車との事故（追越直進車が中央線ない
　　　　　　し道路中央を超えている場合）の過失割合……………………126
　　　　　　(ア)　追越しが禁止されている交差点での事故の過失割合……126
　　　　　　(イ)　追越しが禁止されていない交差点での事故の過失割合…128
　　　　イ　あらかじめ中央に寄らない右折車または左側端に寄らな
　　　　　　い左折車と後続直進車の事故（後続直進車が中央線ない
　　　　　　し道路中央を超えていない場合）の過失割合……………………131
　　　　　　(ア)　右折車が中央に寄るのにまたは左折車が左側端に寄る

　　　　　　のにそれぞれ支障がない場合……………………………131
　　　　⑷　あらかじめ右折車が中央に寄っては右折できないまた
　　　　　　は左折車が左側端に寄っては左折できない場合…………133
　⑻　丁字路交差点における事故の過失割合……………………………137
　　ア　直線路直進車と突き当たり路からの右左折車の事故の過
　　　　失割合………………………………………………………………137
　　　⑺　同幅員の丁字路交差点での事故の過失割合………………137
　　　⑷　一方が明らかに広い道路である場合の丁字路交差点で
　　　　　の事故の過失割合……………………………………………137
　　　⑼　一方に一時停止規制がある場合の丁字路交差点での事
　　　　　故の過失割合…………………………………………………137
　　　㈢　一方が優先道路である場合の丁字路交差点での事故の
　　　　　過失割合………………………………………………………137
　　イ　右折車同士の事故の過失割合…………………………………140
　　　⑺　同幅員の丁字路交差点での事故の過失割合………………140
　　　⑷　一方が明らかに広い道路である場合の丁字路交差点で
　　　　　の事故の過失割合……………………………………………141
　　　⑼　一方に一時停止規制がある場合の丁字路交差点での事
　　　　　故の過失割合…………………………………………………141
　　　㈢　一方が優先道路である場合の丁字路交差点での事故の
　　　　　過失割合………………………………………………………141
　⑼　道路外出入車と直進車の事故の過失割合…………………………143
　　ア　路外から道路に進入するための右折車との事故の過失
　　　　割合…………………………………………………………………144
　　イ　路外から道路に進入するための左折車との事故の過失
　　　　割合…………………………………………………………………146
　　ウ　路外に出るための右折車との事故の過失割合………………149
　⑽　対向車同士〔センターラインオーバー〕の事故の過失割合………152
　⑾　同一方向に進行する車両同士の事故の過失割合…………………155
　　ア　追越車と被追越車との事故の過失割合………………………155

　　　　　(ア)　追越禁止場所における事故の過失割合……………156
　　　　　(イ)　追越禁止場所でない場所における事故の過失割合……159
　　　イ　進路変更車と後続直進車との事故の過失割合…………161
　　　ウ　追突事故……………………………………………………164
(12)　転回〔Uターン〕車と直進車の事故の過失割合………………167
　　　ア　転回〔Uターン〕中の事故の過失割合……………………167
　　　イ　転回〔Uターン〕終了直後の事故の過失割合……………170
(13)　駐停車車両に対する追突事故の過失割合………………………173
(14)　緊急自動車と四輪車との事故の過失割合………………………177
　　　ア　信号機により交通整理が行われている交差点における
　　　　　出会い頭事故の過失割合…………………………………179
　　　イ　信号機により交通整理が行われていない交差点における
　　　　　出会い頭事故の過失割合…………………………………182
(15)　高速道路上の事故の過失割合……………………………………185
　　　ア　高速道路上の事故について………………………………185
　　　イ　過失修正要素について……………………………………186
　　　ウ　合流地点における事故の過失割合………………………190
　　　エ　進路変更に伴う事故の過失割合…………………………192
　　　　　(ア)　走行車線から追越車線へ進路変更する場合の事故の過
　　　　　　　失割合……………………………………………………192
　　　　　(イ)　その他の進路変更に伴う事故の過失割合……………194
　　　オ　追突事故の過失割合………………………………………197
　　　　　(ア)　過失等により本線車線等に駐停車した自動車に対する
　　　　　　　追突事故の過失割合……………………………………197
　　　　　(イ)　過失なく本線車線等に駐停車した自動車に対する追突
　　　　　　　事故の過失割合…………………………………………201
　　　　　　　a　被追突車に退避懈怠または停止表示器材設置懈怠の
　　　　　　　　過失がある場合の過失割合…………………………201
　　　　　　　b　被追突車の駐停車後の対応に過失がない場合の過失
　　　　　　　　割合……………………………………………………204

13

　　　　(ウ) 路肩等の駐停車車に対する追突事故の過失割合……… 206
　　　　(エ) 被追突車に道路交通法24条の急ブレーキ禁止違反が
　　　　　　ある場合の追突事故の過失割合……………………… 208
　　　カ　落下物による事故の過失割合………………………… 211
　　(16)　駐車場内の事故の過失割合…………………………………… 214
　　　ア　駐車場内の事故について………………………………… 214
　　　イ　過失修正要素について…………………………………… 214
　　　ウ　通路の交差部分における出会い頭事故の過失割合……… 216
　　　エ　通路を通行する車と駐車区画から通路に進入しようと
　　　　する車の事故の過失割合…………………………………… 219
　　　　(ア) 通路進行車の過失の有無が問題となるもの…………… 220
　　　　(イ) 通路を進行する車同士の衝突を考えられるもの……… 220
　　　オ　通路を通行する車と駐車区画に進入しようとする車の
　　　　事故の過失割合…………………………………………… 222
　3　単車〔自動二輪車および原動機付自転車〕と四輪車との事故
　　の過失割合、自転車と四輪車・単車〔自動二輪車および原動機
　　付自転車〕との事故の過失割合……………………………………… 225
　第4　過失相殺の対象………………………………………………… 226
　　1　過失相殺の対象となるもの………………………………………… 226
　　2　一部請求と過失相殺の対象金額…………………………………… 226

第8章　損益相殺〔損害のてん補〕……… 228

　第1　任意保険金〔損害保険金〕と民事上の損害賠償との
　　　　関係………………………………………………………………… 228
　第2　損益相殺と過失相殺の先後………………………………………… 228

第9章 不法行為における損害額の算定 ……230

第1 損害額の算定式 ……230
　【損害額の算定式】……230
第2 損害額算定式各項目の内容 ……230

第10章 使用者責任（民法715条）……231

第1 使用者等の責任とは ……231
第2 民法715条の使用関係 ……231
第3 事業の執行 ……232
第4 使用者の損害賠償債務と被用者の損害賠償債務の関係 ……233
　1 不真正連帯債務 ……233
　2 使用者から被用者への求償等 ……233

第11章 共同不法行為 ……234

第1節 共同不法行為とは ……234

第2節 民法719条1項前段の共同不法行為 ……234
　第1 民法719条1項前段の共同不法行為の意義 ……234
　第2 単一事故における共同不法行為 ……235
　第3 異時事故における共同不法行為 ……235

第3節 民法719条1項後段の共同不法行為 ……236

第4節 共同不法行為における過失相殺の方法 ……236

目次

- 第1 絶対的過失相殺〔加算的過失相殺〕 …………………… 236
  - 1 絶対的過失相殺〔加算的過失相殺〕の方法 …………… 236
  - 2 加害者に使用者がいる場合の絶対的過失相殺〔加算的過失相殺〕 …………………………………………………… 237
  - 3 絶対的過失相殺〔加算的過失相殺〕を採用する事例 …… 237
    - (1) 単一事故における絶対的過失相殺〔加算的過失相殺〕 … 237
    - (2) 異時事故における絶対的過失相殺〔加算的過失相殺〕 … 238
      - ア 第1事故と第2事故が時間的場所的に近接しており第1事故の第2事故への影響が存し各不法行為と損害の間に因果関係が存在する場合 ……………………………… 238
      - イ 民法719条1項後段の不法行為が成立する場合で第1事故が第2事故の原因となっており各不法行為を一体的にとらえて各加害者および被害者の過失割合を認定できる場合 ………………………………………………………… 238
- 第2 相対的過失相殺 ……………………………………………… 239
  - 1 相対的過失相殺の方法 …………………………………… 239
  - 2 相対的過失相殺を採用する事例 ………………………… 239
- 第3 絶対的過失相殺〔加算的過失相殺〕と相対的過失相殺の関係 ……………………………………………………………… 240

第5節 賠償すべき損害額が異なるときの共同不法行為者の損害の一部支払い …………………… 240

第6節 共同不法行為者間の求償 …………………………… 241
- 第1 不真正連帯債務 ……………………………………………… 241
- 第2 共同不法行為者の過失割合等に応じた負担 ……………… 241
- 第3 求償請求債権の性質 ………………………………………… 242
- 第4 使用者への求償 ……………………………………………… 242
- 第5 一部の共同不法行為者と被害者との間の和解の効力 … 242

第12章　損害賠償請求権の期間制限 …… 244

第1節　民法724条前段の期間制限 …… 244
第1　不法行為による損害賠償の請求権の時効消滅 …… 244
第2　弁護士費用の時効起算点 …… 245

第2節　民法724条後段の期間制限 …… 245

第13章　物損交通事故紛争解決のための手続 …… 246

第1節　示　談 …… 246
第1　示談による解決 …… 246
第2　公正証書〔執行証書〕の作成 …… 246

第2節　紛争処理機関の利用 …… 247
第1　公益財団法人日弁連交通事故相談センター …… 247
〈公益財団法人日弁連交通事故相談センター相談所一覧〉 …… 248
〈公益財団法人日弁連交通事故相談センターの弁護士による無料の電話相談〉 …… 261
〈公益財団法人日弁連交通事故相談センターの弁護士による示談成立のお手伝い〉 …… 263
第2　公益財団法人交通事故紛争処理センター …… 265
〈公益財団法人交通事故紛争処理センター所在地一覧〉 …… 265
第3　紛争解決センター …… 266
〈紛争解決センター一覧〉 …… 266

第3節　民事調停 …… 267
第1　民事調停の申立て …… 267
【書式1】調停申立書（交通事故に基づく損害賠償請求） …… 269

第2　民事調停の管轄〔申立先〕 ……………………………… 272
第3　調停調書の効力 …………………………………………… 272
第4　調停不成立の場合の訴訟の提起 ………………………… 272

第4節　裁判手続 …………………………………………… 273

第1　訴訟手続の種類・選択 ……………………………… 273
1　訴訟手続 ……………………………………………………… 273
2　督促手続の選択 ……………………………………………… 273
3　通常訴訟手続の選択 ………………………………………… 274
4　少額訴訟手続の選択 ………………………………………… 274
【書式2】少額訴訟の訴状書式──物損損害賠償請求 ……… 276
【書式3】少額訴訟の答弁書書式 ……………………………… 280
5　訴訟事件の管轄～訴訟事件の申立裁判所 ………………… 284
(1)　事物管轄～訴え提起をする第一審裁判所 ……………… 284
ア　通常訴訟の事物管轄～通常訴訟の第一審裁判所 ……… 284
イ　少額訴訟の事物管轄～少額訴訟の審理裁判所 ………… 284
(2)　土地管轄～訴え提起をする裁判所の場所 ……………… 284
ア　被告の普通裁判籍（住所等）所在地を管轄する裁判所へ
　　の訴え提起 ……………………………………………… 284
イ　義務履行地を管轄する裁判所への訴え提起 …………… 284
ウ　不法行為に関する訴えの不法行為地を管轄する裁判所へ
　　の訴え提起 ……………………………………………… 285
エ　業務に関する訴えの事務所・営業所所在地を管轄する裁
　　判所への訴え提起 ……………………………………… 285
6　訴訟代理人 …………………………………………………… 285
7　訴え手数料の納付 …………………………………………… 286
8　郵便切手等の納付 …………………………………………… 287
9　訴状副本、書証の写しの添付 ……………………………… 287
10　訴訟における主張立証の構造等 …………………………… 287
11　証拠の収集 …………………………………………………… 288

(1) 書証等の提出 ··· 288
　　【書式4】事務連絡（証拠書類について）〔原・被告用〕················ 289
　　(2) 物損交通事故訴訟における主な証拠································· 290
　　　ア　交通事故証明書 ··· 290
　〔記載例1〕交通事故証明書交付申請書······································· 291
　〔記載例2〕郵便振替申請用紙見本 ·· 292
　〔記載例3〕交通事故証明書 ··· 293
　　　イ　事故車両の車検証・登録事項証明書等························· 294
　　　ウ　実況見分調書・物件事故報告書（物件見取図）等········ 294
　　　エ　事故の概略図 ·· 295
　　　オ　事故車両の修理費の見積書等 ································· 296
　　　カ　レッドブック等 ·· 296
　　　キ　事故現場や事故車両の写真······································ 296
　　　ク　代車料の証拠 ·· 296
　　　ケ　休車損の証拠 ·· 297
　　　コ　事故状況報告書（陳述書）······································ 297
　　　サ　その他の証拠··· 297
　12　訴訟における和解 ··· 298
第2　一般不法行為における主張事実······································· 298
　1　一般不法行為の請求原因（民法709条）······························· 298
　　(1) 請求原因の要件事実 ··· 298
　　(2) 損害額の主張立証責任··· 299
　2　一般不法行為における抗弁等 ·· 299
　　(1) 違法性阻却事由の抗弁 ··· 299
　　(2) 責任阻却事由の抗弁等··· 300
　　　ア　責任能力の欠缺の抗弁（民法712条）························· 300
　　　イ　精神障害の抗弁等（民法713条）······························· 300
　　　　㋐　精神障害の抗弁（民法713条本文）························· 300
　　　　㋑　故意過失によって一時的心神喪失に陥ったことの再抗
　　　　　　弁（民法713条ただし書）······································ 300

ウ　過失の評価障害事実の抗弁 …………………………………… 301
　　　エ　被害者側の過失相殺の抗弁（民法722条2項）……………… 301
　　　オ　消滅時効・除斥期間の抗弁（民法724条）…………………… 301
　　　　(ｱ)　消滅時効の抗弁の要件事実（民法724条前段）………… 301
　　　　　a　被害者（原告）またはその法定代理人が損害および
　　　　　　　加害者（被告）を知ったこと並びにその日……………… 301
　　　　　b　aの日から3年の経過………………………………………… 302
　　　　　c　加害者（被告）から被害者（原告）側への時効援用
　　　　　　　の意思表示……………………………………………………… 302
　　　　(ｲ)　除斥期間の抗弁の要件事実（民法724条後段）………… 302
　第3　使用者等の責任……………………………………………………… 302
　　1　使用者責任の請求原因（民法715条）…………………………… 302
　　(1)　使用者責任の請求原因の要件事実 ……………………………… 302
　　(2)　実質的な指揮監督関係 …………………………………………… 303
　　(3)　職務執行関連性 …………………………………………………… 304
　　2　使用者責任における抗弁 ………………………………………… 304
　　(1)　被用者の損害賠償債務の発生障害・消滅事由の抗弁 ………… 304
　　(2)　選任監督上の注意義務の履行として相当と判断される行為履行
　　　　の抗弁（民法715条1項ただし書前段）………………………… 304
　　(3)　選任監督義務違反と損害との間の因果関係の不存在の抗弁
　　　　（民法715条1項ただし書後段）………………………………… 305
　　(4)　不法行為前の指揮監督関係消滅の抗弁 ………………………… 305
　　(5)　加害行為が職務権限内において適法に行われたものでないこと
　　　　の原告の悪意・重過失の抗弁 …………………………………… 305
　　(6)　消滅時効の抗弁 …………………………………………………… 306
　第4　共同不法行為 ………………………………………………………… 306
　　1　民法719条1項前段の共同不法行為 ……………………………… 306
　　2　民法719条1項後段の共同不法行為 ……………………………… 307
　　(1)　民法719条1項後段の共同不法行為とは ……………………… 307
　　(2)　民法719条1項後段の共同不法行為の請求原因 ……………… 307

(3) 民法719条1項後段の共同不法行為における抗弁 ······················308
第5　任意保険会社に対する被害者請求訴訟 ···················308
　1　被害者の任意保険の直接請求権 ································308
　2　被害者の任意保険の直接請求の訴訟物、請求の趣旨・認容判決主文 ··309
　　〔記載例4〕任意保険会社に対する被害者の直接請求の請求の趣旨・認容判決主文 ···309
　3　被害者の任意保険の直接請求の請求原因 ·····················310
　4　被害者の任意保険の直接請求における抗弁 ·····················310
第6　保険代位による不法行為に基づく損害賠償請求訴訟 ···311
　1　保険代位による不法行為に基づく損害賠償請求権の行使 ······311
　　(1) 保険代位による不法行為に基づく損害賠償請求権の取得 ··········311
　　(2) 被保険者の過失と代位取得の範囲 ·····················311
　　(3) 保険代位による不法行為に基づく損害賠償請求権の遅延損害金 ···312
　2　保険代位による不法行為に基づく損害賠償請求の請求原因 ····312

条文索引 ···314
事項索引 ···316
判例索引 ···321
著者紹介 ···324

凡 例

〔法令等〕

自賠＝自動車損害賠償保障法

道交＝道路交通法

保険＝保険法

民執＝民事執行法

民訴＝民事訴訟法

民訴規＝民事訴訟規則

民訴費＝民事訴訟費用等に関する法律

民訴費規＝民事訴訟費用等に関する規則

民調＝民事調停法

民調規＝民事調停規則

〔判例集、雑誌等〕

民録＝大審院民事判決録

民集＝最高裁判所民事判例集、大審院民事判例集

裁民＝最高裁判所裁判集（民事）

交民集＝交通事故民事裁判例集

刑集＝最高裁判所刑事判例集

裁刑＝最高裁判所裁判集（刑事）

判時＝判例時報

判タ＝判例タイムズ

金商＝金融・商事判例

最高裁HP＝最高裁判所ホームページ裁判例情報

〔文献〕

ア　裁判体系書等

・『最高裁判例解説民事平成〇年』＝「最高裁判所判例解説民事篇（平成〇年度）」（法曹会）

・『裁判実務体系(8)』＝吉田秀文・塩崎勤編『裁判実務体系第8巻　民事交通・労働災害訴訟法』（青林書院、1985）

イ　民事実体法等関係

- 『注釈民法(1)』〜＝中川善之助ほか編集代表『注釈民法(1)』〜（有斐閣）
- 内田『民法Ⅰ〔4版〕』、内田『民法Ⅱ〔3版〕』、内田『民法Ⅲ〔3版〕』＝内田貴著『民法Ⅰ〔第4版〕』(2008)、『民法Ⅱ〔第3版〕』(2011)、『民法Ⅲ〔第3版〕』(2005)、（東京大学出版会）
- 潮見『債権各論Ⅱ2版』＝潮見佳男著『ライブラリ法学基本講義＝6―Ⅱ 基本講義 債権各論Ⅱ 不法行為法 第2版』（新世社、2009）
- 萩本『一問一答保険法』＝萩本修編著『一問一答保険法』（商事法務、2009）
- 上松ほか『改正保険法早わかり』＝上松公孝・北沢利文著『改正保険法早わかり』（大蔵財務協会、2008）
- 梶村ほか『全訂割賦販売法』＝梶村太市・深沢利一・石田賢一編『全訂版割賦販売法』（青林書院、2004）
- 伊藤『民事要件事実講座〔1巻〜4巻〕』＝伊藤滋夫総括編集『民事要件事実講座第1巻〜第4巻』（青林書院、1巻〜3巻―2005、4巻―2007）
- 加藤ほか『要件事実の考え方と実務〔3版〕』＝加藤新太郎・細野敦著『要件事実の考え方と実務〔第3版〕』（民事法研究会、2014）
- 村田ほか『要件事実論30講〔3版〕』＝村田渉・山野目章夫編著『要件事実論30講〔第3版〕』（弘文堂、2012）
- 岡口『要件事実マニュアル1巻〔4版〕』＝岡口基一著『要件事実マニュアル第1巻〔第4版〕』（ぎょうせい、2013）
- 岡口『要件事実マニュアル2巻〔4版〕』＝岡口基一著『要件事実マニュアル第2巻〔第4版〕』（ぎょうせい、2014）

ウ 民事訴訟法関係

- 秋山ほか『コンメ民訴Ⅰ〔2版追補〕・Ⅱ〔2版〕』＝秋山幹男・伊藤眞・加藤新太郎・髙田裕成・福田剛久・山本和彦著『コンメンタール民事訴訟法Ⅰ〔第2版追補版〕・Ⅱ〔第2版〕』（日本評論社、Ⅰ―2014、Ⅱ―2006）
- 『和解条項実証的研究〔補訂・条項集〕』＝裁判所書記官研修所編『書記官事務を中心とする和解条項に関する実証的研究〔補訂版・和解条項記載事例集〕』（法曹会、2010）

エ 簡裁民事関係

- 大段『簡裁関係訴訟』＝大段亨代表編集『最新裁判実務体系第1巻 簡裁関係訴訟』（青林書院、2013）
- 岡久ほか『簡裁民事手続法』＝岡久幸治・横田康祐・石﨑實・今岡毅編『新・裁

凡　例

　　　　判実務体系第26巻　簡易裁判所民事手続法』（青林書院、2005）
・加藤『簡裁民事事件の考え方と実務〔4版〕』＝加藤新太郎編『簡裁民事事件の
　　　考え方と実務〔第4版〕』（民事法研究会、2011）
・園部『身近な損害賠償関係訴訟』＝園部厚著『身近な損害賠償関係訴訟　理論と
　　　裁判例』（青林書院、2014）
・中島ほか『少額訴訟の実務』＝中島寛・岡田洋佑編『少額訴訟の実務』（酒井書
　　　店、2008）
オ　交通事故関係
・木宮ほか『注釈自賠法〔新版〕』＝木宮高彦・羽成守・坂東司朗・青木莊太朗著
　　　『注釈自動車損害賠償保障法〔新版〕』（有斐閣、2003）
・東京地裁『過失相殺率認定基準全訂5版（別冊判タ38号）』＝東京地裁民事交通
　　　訴訟研究会編「民事交通訴訟における過失相殺率の認定基準全訂5版」（別
　　　冊判例タイムズ38号）（2014）
・日弁連東京『損害賠償額算定基準・上下2015』＝財団法人日弁連交通事故相談セ
　　　ンター東京支部編『民事交通事故訴訟・損害賠償額算定基準上巻・下巻
　　　2015（平成27年）』（2015）
・『三訂版注解損害賠償算定基準・上下』＝損害賠償算定基準研究会編『三訂版注
　　　解交通損害賠償算定基準(上)・(下)』（ぎょうせい、2002）
・佐久間ほか『交通損害賠償関係訴訟〔補訂版〕』＝佐久間邦夫・八木一洋編『交
　　　通損害賠償関係訴訟〔補訂版〕』（青林書院、2013）
・『例題解説交通損害賠償法』＝法曹会編『例題解説交通損害賠償法』（法曹会）
・『大阪地裁損害賠償算定基準〔3版〕』＝大阪地裁民事交通訴訟研究会編著『大阪
　　　地裁における交通損害賠償の算定基準〔第3版〕』（判例タイムズ社、2013）
・塩崎ほか『交通事故訴訟』＝塩崎勤・小賀野晶一・島田一彦編『【専門訴訟講座
　　　①】交通事故訴訟』（民事法研究会、2008）
・小川ほか『交通損害賠償基礎知識下』＝小川英明ほか編『交通損害賠償の基礎知
　　　識下巻』（青林書院、1995）

序

　現在、18歳以上の普通自動車免許取得可能年齢の者のほどんどが普通自動車免許を持っており（近時の運転免許保有者数は約8200万人である）、一家に1台の車があるのは当たり前で、一家に2台の車があるのも珍しくない時代となってきた。それだけ、車を運転するのが当たり前の時代であるから、交通事故が起こることも珍しくはない。

　交通事故が起こり、損害が生じた場合、車同士の事故で双方に過失があるときは、自動車保険を利用すれば、保険会社の担当者が相手方と交渉をして、損害賠償の問題を解決してくれることもある。しかし、自動車保険を利用すれば、保険料が上がることになり、また、相手方との交渉がまとまらなければ解決はしないことになる。

　そのような場合、事故による傷害が生じ、人身事故となったときは、その損害額の算定等ついて、専門的な知識がないとなかなか相手方との話もできないので、弁護士等の専門家に頼まないと、その解決は難しいと思われる。しかし、事故による損害が車の損傷等の物損事故の場合、損害額の算定等はそれほど難しいものではなく、専門家に頼まなくとも本人が解決することも可能であると思われる。そして、公益財団法人日弁連交通事故相談センターや公益財団法人交通事故紛争処理センター等における相談等を通して、物損交通事故紛争を解決することもでき、最終的に裁判所に訴えを提起する場合でも、少額訴訟制度により、1回の期日で事件を解決することもできるようになった。

　本書は、不幸にして物損交通事故が起こってしまった場合、その専門家ではない当事者となった方々にもわかりやすく、その解決のためには、どのような方法があり、どのように解決するかを、解説したものである。

　本書では、まず、物損交通事故における基本的事項について、第12章まで

で説明する。具体的には、損害および保険、損害賠償の請求権者、物件損害〔物的損害、物損〕、その他の損害、因果関係、相殺禁止、被害者側の過失、損益相殺、損害額の算定、使用者責任、共同不法行為、不法行為による損害賠償請求権の期間制限について説明する。そして、第13章で物損交通事故紛争解決のための手続について説明する。具体的には、示談、紛争処理機関の利用、民事調停、裁判手続について説明する。

第1章　損害および保険

第1節　損害の分類等

第1　損害の分類

　交通事故が起こった場合の損害を分類すると、以下のとおりとなる（『例題解説交通損害賠償法』144頁、『三訂版注解損害賠償算定基準・上』2頁・7頁、『大阪地裁損害賠償算定基準〔3版〕』23頁）。

損害 ┬ 人身損害〔人的損害、人損〕┬ 財産的損害 ┬ 積極的財産損害
　　 │　　　　　　　　　　　　　 │　　　　　　 └ 消極的財産損害
　　 │　　　　　　　　　　　　　 └ 精神的損害〔慰謝料〕
　　 └ 物件損害〔物的損害、物損〕

第2　人身損害〔人的損害、人損〕

　人身損害〔人的損害、人損〕とは、生命・身体に対する侵害により生じた損害である。そして、その中の財産的損害については、積極的財産損害と消極的財産損害に分かれる。積極的財産損害とは、死傷事故によって財産が滅失・毀損したために生じた損害あるいは死傷事故の結果実際に出資を余儀なくされたために生じた損害である。具体的には、身体損害に伴うものとして、治療関係費、付添看護費、将来の付添看護費があり、死亡に伴うものとして、葬儀費がある。消極的財産損害とは、不法行為により死傷した被害者が仮に生きていたならばまたは負傷していなければ得られたであろう利益を得べかりし利益として、これが得られなかった利益（損害）である。消極的財産損害として、具体的には、休業損害、逸失利益がある（『例題解説交通損

害賠償法』144頁～146頁)。

第3 物件損害〔物的損害、物損〕

物件損害〔物的損害、物損〕とは、人身損害〔人的損害、人損〕以外の物的損害である。具体的には、事故車両の修理費、代車使用料（事故車両の修理期間または買替期間中のレンタカー使用等により代車を利用した場合の使用料）、休車損（営業車の事故の場合の当該車両使用不能期間中の当該車両を使用していたならば得たであろう利益）等がある（日弁連東京『損害賠償額算定基準・上2015』205頁第6、『三訂版注解損害賠償算定基準・上』408頁・409頁）。

第2節 自動車保険

第1 自動車損害賠償制度の対象～自賠責保険〔強制保険〕の対象

自動車損害賠償保障法が適用される自動車損害賠償制度は、自動車および原動機付自転車による事故を対象とし、列車、電車、飛行機、船舶等の事故や軽車両（自転車、荷車、馬車等。道交2条1項11号）などによる事故は対象とならない（自賠1条・2条1項）（木宮ほか『注釈自賠法〔新版〕』13頁）。

自動車損害賠償保障法では、自己のために自動車を運行の用に供する者〔運行供用者〕は、①自己および運転者が自動車の運行に関し注意を怠らなかったこと、②被害者または運転者以外の第三者に故意または過失があったこと、③自動車に構造上の欠陥または機能の障害がなかったことの3つの事項をすべて証明しなければ、事故によって生じた損害を賠償する責任があるとされている（自賠3条）。つまり、自動車損害賠償保障法では、被害者の救済を実現するために、自動車事故についての民法の不法行為責任（民法709条）における故意または過失の立証責任（第13章第4節第2・1(1)（298頁）

参照）を被害者側から加害者側に転換しているのである。

　しかし、自動車損害賠償保障法では、自動車の運行によって人の生命または身体が害された場合における損害賠償〔人身事故における損害賠償、人身損害、人損〕を対象とし、物件損害〔物損〕が生じた事故は対象外とされている（自賠1条）。したがって、物損の損害賠償については、自賠責保険〔強制保険〕の請求をすることができず、請求する根拠も、自動車損害賠償保障法3条の運行供用者の自動車損害賠償責任ではなく、民法709条等の不法行為による損害賠償責任によらざるを得ないことになる（『三訂版注解損害賠償算定基準・上』7頁）。

第2　自動車保険の使用

　双方の過失による自動車事故において、任意保険を使用すると、当該事故における相手方との対応については、保険会社の担当者・弁護士等が行ってくれることになる。しかし、任意保険を使用すると、その保険料が上がってしまうことになる。

　また、相手方に100％の過失がある事故の場合、自己の保険を利用することは不要となり、自己の保険会社は相手方との対応はしてくれないことになる。これについては、当該保険に弁護士費用特約を付することによって、このような場合にも、弁護士が対応してくれることになる。しかし、これについても、限度額があり、使用すればその分使用できる限度額が減ることになる。

第2章　損害賠償請求の当事者

第1　物件損害〔物的損害、物損〕の損害賠償の請求権者

　交通事故により、車の修理代等の損害が生じた場合、その損害賠償を加害者に請求することができるのは、基本的には、修理代等の損害が生じた車の所有者ということになる。修理代等の損害が生じたとき当該車両を運転していた者は、当該車両の所有者でなければ、自己の物について損害が生じた者ということにならないので、損害賠償を請求することはできない[*1]。親名義で車を買い、実際にはその車を子供が使用して運転していて、その車が事故により損傷して修理代が生じた場合、損害が生じたのは車の所有者である親であり、当該親が損害賠償請求をすることができるのであり、当該車を使用運転していた子供には損害が生じていないことになり、損害賠償請求することができないことになるのである。

[*1] ①大阪地判平12・7・26交民集33巻4号1258頁（顧客名義の納車前の車の事故において、販売業者が支配管理しており、販売業者も実質的所有者であるとして、販売業者が別の車を顧客に納入したことによって被った損害賠償を認めた事例）。
　②名古屋地判平13・10・29交民集34巻5号1455頁（車検証上の所有者ではない者を所有者と認め、修理費用の損害賠償を認めた事例）。

第2 信用購入あっせん等による購入〔所有権留保特約付売買〕等自動車の交通事故における損害賠償請求権者

　信用購入あっせん等による自動車の買主は、信販会社等の所有権留保特約が付されている場合でも、実質的に自動車を自由に使用・収益することができ、自動車の占有者として、当該自動車について交通事故により修理代等の損害が生じたときは、加害者に対して損害賠償を請求することができる（熊本地判昭43・4・26交民集1巻2号499頁、水戸地判昭43・11・25交民集1巻4号1342頁、東京地判平15・3・12交民集36巻2号313頁（所有権留保特約付売買の買主は、代車使用料・修理費の請求はできるが、車両の評価損の請求はできないとした）、京都地判平24・3・19自保ジャーナル883号133頁（未完済のローンでの自動車買受人である原告に実質的所有権が帰属するとして修理費請求を認容））（梶村ほか『全訂割賦販売法』346頁）。

　信販会社等の所有権留保所有者が、加害者に対して、担保権の実行の意味での権利行使をしない場合、加害者は、買主に対して、当該自動車の交通事故による修理代等の損害の賠償をすべきである（小川ほか『交通損害賠償基礎知識下』416頁、梶村ほか『全訂割賦販売法』346頁）[*2]。

　自動車のいわゆるファイナンス・リースにおいて、リース物件である自動車が被害車両となった場合の修理代等の損害賠償請求権者についても、同様に、通常は、ユーザー（賃借人）になると考えるべきである（神戸地判平3・9・4判タ791号209頁）。

[*2]　東京地判平2・3・13判タ722号84頁・判時1338号21頁は、所有権留保売買の目的物である自動車が代金完済前に第三者の不法行為により毀損した場合の毀損自体の損害については、売主に賠償請求権があるとする。

第3 損害賠償の相手方

　未成年者は、自己の行為の責任を弁識するに足りる知識を備えていなかったときは、その行為について損害賠償の責任を負わないとされている（民法712条）。その場合、その責任無能力者を監督する法定の義務を負う親権者等は、義務を怠らなかったときまたはその義務を怠らなくても損害が生ずべきであったときを除き、その責任無能力者が第三者に加えた損害を賠償すべき責任を負うことになる（民法714条）。そうすると、加害車両の運転者が未成年者の場合、その行為の結果について、法的に非難を受け、何らかの法律的な責任が生じることを理解するだけの能力〔責任能力〕があれば、当該未成年者自身に損害賠償の責任が生じることになり、未成年者の親権者等は、監督義務者としての責任を負わないことになる。判例は、12歳前後を基準として、責任能力の有無を判断しているようである（大判大6・4・30民録23輯715頁（12歳2か月の少年が遊戯中に射的銃で友人を失明させた不法行為について責任能力を否定））。そうすると、運転免許取得年齢が16歳以上であるとすると、通常は、未成年者に責任能力があり、当該未成年者に対して損害賠償を求めることになり、その監督義務者である親権者等に対しては損害賠償を求めることができないことになる。ただ、未成年者に責任能力があっても、たとえば、当該未成年者がたびたび事故を起こしており、それを知りながら親権者が放置していたような場合は、親権者の監督が不十分として、民法709条に基づき、当該親権者等が責任を負う可能性はある（最判昭49・3・22民集28巻2号347頁・判タ308号194頁・判時737号39頁）。

第3章　物件損害〔物的損害、物損〕

第1節　修理費

第1　修理費相当額の請求

　事故車の修理費は、修理が相当な場合に、適正な修理費相当額が損害となる（日弁連東京『損害賠償額算定基準・上2015』205頁、東京地裁『過去相殺率の認定基準全訂5版（別冊判タ38号）』17頁、『大阪地裁損害賠償算定基準〔3版〕』10頁・63頁）。損傷を受けている以上、損害は現実に発生しており、修理を予定していなくとも同様である（中島ほか『少額訴訟の実務』332頁）。

　下記第3の物理的全損および第4の経済的全損の場合以外は、被害者が事故を理由として自動車を買い替えたとしても、買替えを正当とする理由が認められず、買替差額を請求することはできない（東京地裁『過失相殺率認定基準全訂5版（別冊判タ38号）』17頁）。

第2　修理のための塗装の範囲

　現在の修理のための車の塗装の塗膜性能は、新車時になされる焼付塗装によるものと異ならないとされており、塗装の違いも専門家でなければ判別できない程度のものであり、車両購入後の色褪せ等もあり、全部塗装をしなければならない合理的な理由がない限り部分塗装で足り、全塗装は相当な修理方法とは認められないとされている（札幌地室蘭支判昭51・11・26交民集9巻6号1591頁、東京地判平7・2・14交民集28巻1号188頁）（塩崎ほか『交通事故訴

訟』466頁・467頁)。

第3　物理的全損～買替差額の請求

　自動車のフレーム等車体の重要な本質的構造部分が事故によって重大な損傷を受けた場合等、自動車の基幹部分に損害が加わり、修理によって回復不可能な損害が生じた場合は、物理的全損として、事故車と同等の車両の事故時における市場価格（取引価格、時価額）が損害と認められる[*3]。この場合、事故車の売却代金〔スクラップ代金〕は損益相殺し、事故車の市場価格との差額が損害となる〔買替差額〕（最判昭49・4・15民集28巻3号385頁・交民集7巻2号275頁）（日弁連東京『損害賠償額算定基準・上2015』207頁、『三訂版注解交通損害賠償算定基準・上』390頁・391頁・395頁、東京地裁『過失相殺率の認定基準全訂5版（別冊判タ38号）』17頁、『大阪地裁損害賠償算定基準〔3版〕』10頁・63頁)。

　車両価格は、当該車両の時価（中古車市場における価格）をいい、同一車種、年式、型、同程度の使用状態、走行距離等の自動車を中古車市場で取得するための価格である（最判昭49・4・15民集28巻3号385頁ほか）。自動車の中古車市場における価格は、「オートガイド自動車価格月報」（通称「レッドブック」＝オートガイド社）[*4]、「中古車価格ガイドブック」（通称「イエローブック」＝一般財団法人日本自動車査定協会）や、「建設車両・特殊車両標準価格表」（全国技術アジャスター協会）などが参考とされる（『三訂版注解損害賠償算定基準・上』390頁・391頁・395頁、東京地裁『過失相殺率認定基準全訂5版（別冊判タ38号）』17頁、『大阪地裁損害賠償算定基準〔3版〕』10頁・63頁)。

[*3]　東京地判平22・1・27交民集43巻1号48頁（事故車両の全損によって同種同等の車両購入が必要となった場合、当該車両時価額の消費税相当分も相当因果関係のある損害と認められる)。

[*4]　大阪地判昭59・10・4判タ545号252頁・交民集17巻5号1398頁（「オートガイド自動車価格月報」の被害車と同種同型車両の中古車販売価格を基に損害を算定した)。

第4 経済的全損〔修理費用が車両価格を超える場合〕

1 修理費用が車両価格を超える場合〜買替差額の請求

　修理費用が車両価格を超える場合には、現実に事故前の車両価格を超える修理費を支出していても事故前の車両価格（原則として、これと同一の車種・年式・型、同程度の使用状態・走行距離等の自動車を中古車市場において取得しうるに要する価格（最判昭49・4・15民集28巻3号385頁・交民集7巻2号275頁））の限度でしか賠償請求できない。この場合、事故前の車両価格の損害賠償を受けると、被害者の手元に残っている事故車の売却代金（スクラップ代金）を二重に取得することになるので、そのスクラップ代金を損益相殺し、事故前の事故車の時価額と事故車の売却代金（スクラップ代金）の差額を損害とする〔買替差額〕（最判昭49・4・15民集28巻3号385頁ほか）（『三訂版注解損害賠償算定基準・上』390頁・391頁・396頁、日弁連東京『損害賠償額算定基準・上2015』206頁、東京地裁『過失相殺率認定基準全訂5版（別冊判タ38号）』17頁、『大阪地裁損害賠償算定基準〔3版〕』10頁・63頁）[*5]。

[*5] ①東京高判昭57・6・17判タ478号129頁・判時1051号95頁・交民集15巻3号611頁。
　「交通事故により中古車両を破損された場合において、当該車両の修理費相当額が破損前の当該車両と同種同等の車両を取得するのに必要な代金額の基準となる客観的交換価格（以下単に交換価格という。）を著しく超えるいわゆる全損にあたるときは、特段の事情のない限り、被害者は、交換価格を超える修理費相当額をもって損害であるとしてその賠償を請求することは許されず、交換価格からスクラップ代金を控除した残額の賠償で足るものというべきである。蓋し、不法行為による損害賠償の制度は不法行為がなかったならば維持しえたであろう利益状態を回復することを目的とするものであるところ、中古車両を毀損された所有者は、通常破損箇所の修復をすることにより右利益状態の回復をなしうるのであるから、修理費がこの場合の損害額であるとみるべきであるが、先にも述べたとおり自動車は時の経過に伴い修理費及び整備費がかさむものであり、まして事故により毀損された場合の修理費は、毀損の程度、態容の如何により経常の修理、整備費をはるかに上廻り、該費用額が前記交換価格を著しく超える結果となることもあ

第3章　物件損害〔物的損害、物損〕

　車両価格については、物理的全損の場合と同様である（前記第3（10頁）参照）（『三訂版注解損害賠償算定基準・上』390頁、日弁連東京『損害賠償額算定基準・上2015』207頁、東京地裁『過失相殺率の認定基準全訂5版（別冊判タ38号）』17頁、『大阪地裁損害賠償算定基準〔3版〕』10頁・63頁）。

　なお、経済的全損か否かは、修理費の額と事故車両時価額および新たな車両購入諸費用等（後記第2節（14頁）参照）を含めた額を比較し、事故車両時価額および新たな車両購入諸費用等を含めた額が修理費の額を超える場合に経済的全損となる（東京地判平14・9・9交民集35巻6号1780頁）。

2　車両時価額を超える修理費の認容

　1で述べたように、基本的には、修理費用が当該車両の車両価格等を超える場合には、現実に車両価格を超える修理費を支出しても、車両価格の限度でしか損害賠償請求することができないのが原則である（東京高判昭57・6・17判タ478号129頁・判時1051号95頁・交民集15巻3号611頁、東京高判平4・7・20交民集25巻4号787頁）。

　ただ、これについては、他に代え難い価値があるなどの特別の事情があれば、場合によっては、車両価格を超える修理費用の損害賠償請求が認められ

　　りうるのであり、このような場合には、被害者は、より低廉な価格で代物を取得することによって前記利益状態を回復しうるのであるから、該交換価格が損害額となるものというべく、交換価格より高額の修理費を要する場合にもなお修理を希望する被害者は、修理費のうち交換価格を超える部分については自ら負担すべきものとするのが公平の観念に合致するからである。本件において、(イ)被害車両と同種同等の自動車を中古車市場において取得することが至難であり、あるいは、(ロ)被控訴人が被害車両の代物を取得するに足る価格相当額を超える高額の修理費を投じても被害車両を修理し、これを引き続き使用したいと希望することを社会観念上是認するに足る相当の事由が存するなどの特段の事情は見当らない」。
　②名古屋地判平15・2・28交民集36巻1号279頁・自動車保険ジャーナル1499号17頁（初年度登録から11年目の乗用車（車種不明）につき、時価額は新車価格の1割の26万円、修理費は39万8870円であるが、経済的全損とすると自動車税、登録費用、納車整備費用等の買替費用合計11万4615円が必要となるので、修理費が経済的全損とする場合を著しく上回るとはいえず、修理費用相当額をもって損害とした）。

る可能性はある。これについては、交換価値を超える修理費相当額を損害として請求することの許される特段の事情として、①被害車両と同種同等の自動車を取得することが至難であること、②被害車両の価格相当額を超える修理費を投じて被害車両を修理・使用することを社会観念上是認するに足る相当の事由が存することなどが考えられるとする裁判例がある（大阪高判平9・6・6交民集30巻3号659頁）[*6]。

これについては、登録後7年経過した時価70万円のシボレー・カマロについて、同種同等の自動車を取得することが困難であり、被害者が自動車に強い愛着を抱き、被害車両を20年は乗り続け、実際に修理をしたとして、修理費276万4314円を認めた裁判例がある（神戸地判平8・5・24交民集29巻3号771頁）。

第5 市場価格〔評価額〕のない車両の車両損害額

では、年式が古い理由などにより中古車市場価格〔評価額〕のない車両については、損害額がゼロとなるのであろうか。

これについては、事故により損傷を受けた自動車の取引価格について判示した最高裁昭和49年4月15日判決（民集28巻3号385頁・交民集7巻2号275頁）（前記第3（10頁）参照）では、課税または会計上の減価償却の方法である定

[*6] 大阪高判平9・6・6交民集30巻3号659頁（登録後7年経過した時価70万円のシボレー・カマロについて、同種同等の自動車を入手することが困難であり、被害者が自動車に強い愛着を抱き、被害車両を20年乗り続け、実際に修理をしたとして、修理費276万4314円を認めた原審（神戸地判平8・5・24交民集29巻3号771頁）に対する控訴審として、交換価値を超える修理費相当額を損害として請求することの許される特段の事情として、被害車両と同種同等の自動車を取得することが困難であること、被害車両の価格相当額を超える修理費を投じて被害車両を修理・使用することを社会観念上是認するに足る相当の事由が存することなどが考えられ、自動車に対する愛着といった個人的・主観的事情は、当該特段の事情に当たらないとして、修理費より低廉な交換価値70万円範囲で損害として認め（賠償価格として、交換価値から控除すべきスクラップ代金額の立証がないから、これを控除しない）、原判決を変更した）。

率法または定額法によって定めることは、加害者および被害者がこれによることに異議がない等の特段の事情がない限り、許されないとしたが、自動車の初年度登録から長期間が経過し、車両の中古車市場における価格を算定すべき適切な資料がない場合には、減価償却の方法を参考として車両の時価額を認定することは、必ずしも不合理とはいえず、減価償却資産の耐用年数等に関する省令（昭和40年3月31日号外大蔵省令第15号）1条1号別表第一によれば、自家用自動車（新車）の耐用年数は6年であり、定率法により減価償却した6年後の残存率は10％とされており、新車価格の1割の価格を被害車両の時価額としている裁判例がある（東京地判平13・4・19交民集34巻2号535頁、東京地判平15・8・4交民集36巻4号1028頁）。ただ、平成19年の税制改正により残存価値が廃止され、耐用年数経過時に残存簿価1円まで償却できるようになったので、その考えを現時点でそのまま適用はできないが、現実に走行している自動車の価値を、中古車市場価格〔評価額〕が認められないとしてゼロとすることは相当ではなく、何らかの価値を認めるべきではあると思われ、実際に新車価格の1割程度の損害を認めている裁判例も多い（東京地判平22・2・25（平21(レ)602,675）判例秘書、東京地判平26・3・27（平25(ワ)12228）判例秘書）[*7]。

第2節　登録手続関係費

　自動車取得税とは、地方税法（4条、2章7節（113条～））に基づいて、自動車の取得者に対し、当該自動車の主たる定置場所在地の都道府県において、当該自動車の取得者に対し課される普通税である（地方税法113条（1条2項）。平成30年3月31日までは、取得価額が50万円以下の場合は課税され

[*7]　大阪地判平2・12・20交民集23巻6号1507頁・自動車保険ジャーナル911号（登録後14年余を経過し、評価額がゼロとされた車両につき、車検期限までの96日間、1日2000円の割合による使用価値を認め、19万2000円の車両損害を認定した）。

ない（地方税法120条（1条2項）、制定附則12条の2の4）。自動車税とは、地方税法（4条、2章8節（145条〜））に基づいて、その主たる定置場所在の都道府県において、その所有者に課される、普通税である（地方税法145条（1条2項））。原則、毎年5月中に納める（地方税法149条（1条2項））。4月からの年度の途中で廃車等を行い、運輸支局で抹消登録を行った場合、抹消登録を行った翌月以降の税額が還付される（地方税法150条2項（1条2項））。自動車重量税は、自動車重量税法に基づいて、自動車を新規登録する時や、継続検査をする時など、自動車検査証等の交付を受ける際に納付するものである（自動車重量税法8条〜10条の2）。また、自動車リサイクル法〔使用済自動車の再資源化等に関する法律〕により、自動車の所有者は、自動車の自動車登録ファイルへの登録を受けるときには、リサイクル料金〔再資源化等預託金〕を預託し（同法73条）、それを証するリサイクル券〔預託証明書〕を提示しなければならないとされている（同法74条）。

　交通事故に伴う事故車両の物理的・経済的全損による買替が必要となった場合、ⅰ新たに取得する自動車取得税は損害として認められる（東京地判平6・10・7交民集27巻5号1388頁、東京地判平25・9・30自保ジャーナル1911号119頁）。なお、自動車の取得価格が50万円以下の場合には自動車取得税は課税されないので（地方税法120条（1条2項）、制定附則12条の2の4）、被害車両の事故時の時価が50万円以下で、それと同程度のものとして新たに取得することが認められる車両の価格が50万円以下となる場合は、現実に新たに取得した車両の価格が50万円を超えて自動車取得税がかかったとしても、当該自動車取得税は、事故による損害とは認められない（神戸地判平18・11・17交民集39巻6号1620頁）

　ⅱ㋐新たに取得した車両の自動車重量税については損害として認めることはできない（名古屋地判平10・10・2自動車保険ジャーナル1297号2頁）が、㋑事故車両の自動車重量税の未経過分については、自動車税および自賠責保険料のように還付制度がないことから、事故による損害というべきであるとさ

れている（東京地判平15・8・4交民集36巻4号1028頁）。

　ⅲ㋐新たに取得した車両の自動車税・自賠責保険料は損害として認められず（大阪地判平26・1・21交民集47巻1号68頁）、㋑事故車両について支払われていた自動車税・自賠責保険料のうち未経過分については、原告において返還を求めることができるから、事故と相当因果関係を有する損害とは認められず（東京地判平13・12・26交民集34巻6号1687頁、東京地判平13・12・26交民集34巻6号1687頁、大阪地判平26・1・21交民集47巻1号68頁）、返還を求めうる未経過分の自動車税・保険料の額は損害から控除すべきとされている（東京地判平元・10・26交民集22巻5号1192頁）。

　また、交通事故に伴う事故車両の物理的・経済的全損による買替が必要となった場合、ⅳリサイクル料金〔再資源化等預託金〕も事故と相当因果関係のある損害として認められている（東京地判平25・9・30自保ジャーナル1911号119頁）。

　交通事故に伴う事故車両の物理的・経済的全損による買替のために必要となった車両購入諸費用として、検査・登録手続費用および車庫証明費用があり、それらは、「車両を取得する都度出捐を余儀なくされる法定の費用（手数料）」として（東京地判平14・9・9（平13(ワ)23505、14(ワ)2770）判例秘書）、損害賠償請求の対象とすることができるとされている（名古屋地判平21・2・13交民集42巻1号148頁）。

　検査・登録手続代行費用、車庫証明手続代行費用および納車費用については、車を購入する際に、自動車販売店の提供する労務に対する報酬であり、車の購入者が自ら手続を行えば出費を免れることになり、車を購入する際に当然発生する費用といえるか、その額を、交通事故に伴う事故車両の物理的・経済的全損による買替のために必要となった費用として、損害賠償請求の対象とすることができるかが問題となる。これらの費用については、車両購入者が通常それらを販売店に依頼している実情から、車両の取得行為に付随するものとして損害賠償の対象となるとした裁判例が多い（東京地判平

14・9・9交民集35巻6号1780頁、東京地判平15・8・4交民集36巻4号1028頁、東京地判平15・8・26交民集36巻4号1067頁、東京地判平26・2・28（平25㈹23950）判例秘書）。

第3節　評価損〔格落損〕

第1　評価損の定義

　評価損〔格落損〕とは、損害車両に対して十分な修理がなされた場合であっても、修理後の車両価格が、事故前の価格を下回ることをいう。具体的には、①修理技術上の限界から、顕在的に、自動車の性能、外観等が、事故前より低下すること、②事故による衝撃のため、車体、各種部品等に負担がかかり、修理後間もなくは不具合がなくとも経年的に不具合の発生することが起こりやすくなること、③修理の後も隠れた損傷があるかもしれないとの懸念が残ること、④事故にあったことが縁起が悪いということで嫌われる傾向にあること等の諸点により、中古車市場の価格が事故にあっていない車両よりも減価することをいうものと解されている（東京地判昭61・4・25判時1193号116頁・判タ605号96頁）（東京地裁『過失相殺率認定基準全訂5版（別冊判タ38号）』17頁・18頁、日弁連東京『損害賠償額算定基準・上2015』211頁5、『三訂版注解損害賠償算定基準・上』400頁・401頁、『大阪地裁損害賠償算定基準〔3版〕』11頁・64頁、塩崎ほか『交通事故訴訟』469頁）[*8]。

[*8] ①横浜地判平7・7・31交民集28巻4号1120頁
　　　「右修理の内容はフロントバンパー及びヘッドランプ左の脱着、フロントフエンダー左及びエンブレムの交換等であり、車体の本質的構成部分に重大な損傷が生じたものではないから、修理により原状回復がなされ、機能、外観ともに事故前の状態に復したものと認められる。しかし、事故歴ないし修理歴のあることにより商品価値の下落が見込まれることは否定できず、右評価損としては修理費の3割をもつて相当と考える」。
　②神戸地判平9・2・12交民集30巻1号222頁
　　　「原告は、原告車を新車として購入の約4か月後に本件事故により損傷を受けたことが

第3章 物件損害〔物的損害、物損〕

第2　みなし評価損

　事故車の査定価格が下落したということは、交換価値の減少であり、それは車両を使用している限り現実化しないので、事故前に具体的な売却予定があった場合にのみ肯定すべきであるとの主張がなされることがある。これについては、事故車の査定価格の下落は、交換価値の減少ではあるが、車両を使用している限り、その損害が現実化しないとして、損害額の算定に際し、全く考慮しないのは、被害者に著しい不利益を負わせることになって妥当ではないとの裁判例がある（東京地裁『過失相殺率認定基準全訂5版（別冊判タ38号）』18頁）*9。

第3　評価損〔格落損〕の認定

　評価損については、初年度登録からの期間、走行距離、修理の程度、車種等を考慮して認定することになる。修理しても原状回復ができない欠陥が残った事例、購入して間もない事例等で評価損が認められている。具体的に

　　認められる。（中略）前記認定によると、原告車は、未だ修理はなされていないものの、前記業者のもとで、前記修理費用をかけて修理がなされれば、完全に復元するものと推測できるが、事故歴のある車両は、そのこと自体で交換価値が下落するというわが国の実体を考えると、初度登録からあまり年数が経過していない場合、相当の車両評価損を認めるのが相当である」。
　③神戸地判平9・7・22交民集30巻4号1015頁
　　「事故歴のある車両は、そのこと自体で交換価値が下落するのがわが国の実体であることは顕著であり、前記のとおり、（中略）ハンドルが多少右にとられる状態になったこと、被害車の車種、年数、損傷の内容、程度、修理費用額等諸般の事情を総合考慮のうえ、前記修理費用の3分の1強である130万円をもって被害者の格落損とみることとする」。
*9　東京地判平8・3・6交民集29巻2号346頁
　　「交通事故によつて車両が重大な損傷を受けた場合、修理が完了しても、事故車の査定価格が、いわゆる格落ちとして下落することは顕著な事実である。（中略）このような場合における査定価格の下落を、交換価値の減少であり、車両を使用している限り、その損害が現実化しないとして、損害額の算定に際し、全く考慮しないのは、被害者に著しい不利益を負わせることになつて妥当ではない」。

は、①修理費を基準にして評価損を認めた事例、②車の時価を基準にして評価損を認めた事例、③財団法人日本自動車査定協会等の査定等を考慮して評価損を算定した事例等がある。具体的事例としては、初年度登録からの期間（たとえば、3年以内程度）、走行距離、修理の程度、車種等を考慮し、修理費を基準にして30％程度を上限として認めている事例が多く、車の時価を基準にして評価損を認めた事例等、修理費以外の基準で評価損を認めたものも、修理費の半額程度の金額で収まっている事例が多く、少なくとも修理費金額の範囲内で収まっているようである（『三訂版注解損害賠償算定基準・上』402頁(2)、東京地裁『過失相殺率認定基準全訂5版（別冊判タ38号）』18頁、塩崎ほか『交通事故訴訟』470頁）。

第4節　代車料〔代車使用料〕

第1　代車料〔代車使用料〕が認められる場合

　事故車両を営業用に用いていた場合、当該事故車両を修理している間代車使用は不可欠であり、代車料〔代車使用料〕が損害として認められる。自家用車〔マイカー〕の場合は、事故車両の使用が日常生活に不可欠で、現実に代車料〔代車使用料〕を支出したときは、代車料〔代車使用料〕を損害として認める場合がある（東京地判平13・11・29交民集34巻6号558頁）（塩崎ほか『交通事故訴訟』470頁）[*10]。

　代車を借りなくても、他の公共交通機関を利用することにより格別の不具合が生じない場合には、公共交通機関を利用すべきであり、公共交通機関の

[*10]　東京地判平6・10・7交民集27巻5号1388頁（通院、通勤、日常の買物・外出等に使用するため新車購入までの1か月間のレンタカー代金13万4930円を認めた）、大阪地判平14・12・12自動車保険ジャーナル1488号11頁（娘がアルバイトや通学に毎日使用していた場合に代車使用の必要性肯定）。

利用限度で損害を認めるべきである(東京地判平13・8・30交民集34巻4号1141頁、東京地判平13・11・29交民集34巻6号1558頁)(塩崎ほか『交通事故訴訟』470頁・471頁)。

第2 代車料を認める期間

　事故により損傷した自動車の修理をする期間あるいは買替えまでの期間中、代車を使用しそれに伴う支出をした場合、その費用〔代車料〕は、相当な修理期間または買替期間の範囲内で損害として認められる(名古屋地判平12・3・17交民集33巻2号546頁(修理に関する期間を約10日間とした)、大阪地判平14・12・12自動車保険ジャーナル1488号11頁(相当な修理期間は2週間程度とした))(東京地裁『過失相殺率の認定基準全訂5版(別冊判タ38号)』18頁、『大阪地裁損害賠償算定基準〔3版〕』11頁(3)・64頁、日弁連東京『損害賠償額算定基準・上2015』214頁)。

　代車料が認められる修理期間は、1週間から2週間が通例であるが、部品の調達や営業車登録等の必要があるときは、長期間認められる場合もある(日弁連東京『損害賠償額算定基準・上2015』214頁、『三訂版注解損害賠償算定基準・上』407頁)。

　加害者が対物保険に加入している場合には、保険会社のアジャスターが事故車を確認し、修理の範囲、方法について修理業者と協議するのが一般的であり、これらの協議ができないと修理に着手しないのが普通であるから、修理期間は、厳密に修理行為そのものに必要な期間というのではなく、当該対物保険の査定実務を踏まえた修理の準備を含めた修理期間を考えるべきである(東京地判平12・3・15交民集33巻2号535頁、東京地判平14・10・15交民集35巻5号1371頁)(『三訂版注解損害賠償算定基準・上』407頁・408頁)[11]。

　[11]　東京地判平8・5・29交民集29巻3号810頁(ロールスロイスの代車について、国産最高級車クラスの1日2万円で80日間の代車料を認めた)、大阪地判平9・6・27交民集30巻3号915頁(要修理期間30日を超えて45日間の代車使用を認めた)、東京地判平14・10・15交民集35巻5号1371頁(修理期間半月＋見積交渉期間1か月、合計1か月半を相当期間とし

事故車両が経済的全損の場合には、代車の必要期間としては、買替相当期間1か月程度が相当である（大阪地判平13・6・8交民集34巻3号738頁、大阪地判平24・3・26交民集45巻2号395頁、大阪地判平24・3・26交民集45巻2号395頁）*12。

第3　代車料の金額

代車料は、通常の国産車で1日あたり5000円から1万5000円程度、高級車で1日あたり1万5000円から2万5000円程度認められることが多い。被害車両が高級外車の場合、被害車両の利用目的や利用状況に照らし、高級外車を使用する合理的必要性を認めるに足りる特別の事情が存しない限り、国産高級車の代車料の限度で認めるものが多い（東京地判平2・2・8判時1353号68頁・交民集23巻1号122頁（ベンツ）、東京地判平7・2・14交民集28巻1号188頁（キャデラック）、名古屋地判平9・9・24交民集30巻5号1427頁（ジャガー）、神戸地判平9・7・22交民集30巻4号1015頁（ベンツ）、東京地判平15・7・29交民集36巻4号995頁）（『三訂版注解損害賠償算定基準・上』408頁、塩崎ほか『交通事故訴訟』471頁、野中利次「交通事故の損害賠償請求訴訟（物損）」市民と法52号67頁）。

第4　仮定的代車料

代車を使用しなかった場合や自己所有の他の自動車を使用した場合など代車料を支出しなかったときに、それを仮定的代車料として、損害を認めることはできない（東京地判平12・8・23交民集33巻4号1312頁、東京地判平13・1・25交民集34巻1号56頁）（東京地裁『過失相殺率認定基準全訂5版（別冊判夕38号）』18頁、『大阪地裁損害賠償算定基準〔3版〕』64頁、『三訂版注解損害賠償算

た）。

*12　東京地判平13・5・29交民集34巻3号659頁（買替期間＋見積交渉期間として3か月を認定）。

定基準・上』408頁、塩崎ほか『交通事故訴訟』470頁）*13。

第5節　休車損〔休車損害〕

第1　休車損〔休車損害〕が認められる場合

　運送会社の貨物自動車、タクシー等、営業車が事故により損傷して営業ができなかったために損害が生じた場合、その損害を休車損として、当該被害車の相当な修理期間または買替期間の範囲内で、損害が認められる（日弁連東京『損害賠償額算定基準・上2015』217頁7、東京地裁『過失相殺率認定基準全訂5版（別冊判タ38号）』18頁、『大阪地裁損害賠償算定基準〔3版〕』11頁・64頁、塩崎ほか『交通事故訴訟』471頁・472頁）。

第2　休車損の算出

　休車損は、被害車両によって1日当たりに得られる利益額に相当な修理期間または買替期間を乗じて算出される（東京地裁『過失相殺率認定基準全訂5版（別冊判タ38号）』18頁）。

　具体的には、被害者の確定申告等で1日当たりの利益を算出し、これを車両の保有台数で除する方法や、1台当たりの売上げから経費を控除する方法で、1日当たりの利益を算出する。1日当たりの営業収入は、事故前3か月ないし1年の売上実績を基に算出する。経費としては、流動経費（神戸地判平8・7・19交民集29巻4号1061頁）をはじめ、稼働しないことによって支出を

＊13　東京地判平10・10・7交民集31巻5号1483頁（一定限度の代車料が損害となることに当事者間に争いがない事案で、原告の努力で友人からシボレーのキャンピング車を借り受け、そのお礼を考えていること、レンタカーとしてワゴン車を借りると国産車で1日9000円から1万5000円かかること、被害車両がマーキュリーコロニーパークワゴンという外国車両であることなどを考慮して、1日当たり1万5000円の代車料を認めた）。

免れた経費を控除する（東京地裁『過失相殺率認定基準全訂 5 版（別冊判タ38号）』18頁、塩崎ほか『交通事故訴訟』472頁）。

売上げから控除されるべき経費は、車両を使用しないことによって免れた変動経費（車両の実働率に応じて発生額が比較的に増減する経費）として、燃料費（大阪地判平 5・1・29交民集26巻 1 号152頁、名古屋地判平10・10・2 自動車保険ジャーナル1297号 2 頁）、通行料（大阪地判平 5・1・29交民集26巻 1 号152頁、名古屋地判平10・10・2 自動車保険ジャーナル1297号 2 頁）、修理代（名古屋地判平10・10・2 自動車保険ジャーナル1297号 2 頁）、運転手の乗務手当（東京地判平18・8・28交民集39巻 4 号1160頁）等に限るべきであり、固定経費（車両の実働率にかかわらず休車期間における発生額が一定である費用）である、乗務手当以外の人件費（横浜地判平元・6・26判時1350号96頁・交民集22巻 3 号714頁）、減価償却費、保険料、駐車場使用料、税金等は控除すべきではない（札幌地判平11・8・23自動車保険ジャーナル1338号 2 頁）（加藤『簡裁民事事件の考え方と実務〔4 版〕』367頁、塩崎ほか『交通事故訴訟』472頁・473頁、岡口『要件事実マニュアル 2 巻〔4 版〕』505頁 b）。

【休車損害算定式】（『大阪地裁損害賠償算定基準〔3 版〕』65頁）

> ・休車損害
> ＝〔被害車両の 1 日当たりの売上高－変動経費（燃料費等）〕×必要な休車期間

第 3　予備車両〔遊休車〕がある場合の休車損

予備車両〔遊休車〕がある場合は、現実に休車損は発生しないので、休車損は認められない（東京簡判平25・6・25（平24(ハ)9363、33958）最高裁 HP）（東京地裁『過失相殺率認定基準全訂 5 版（別冊判タ38号）』18頁、『大阪地裁損害賠償算定基準〔3 版〕』65頁）。

遊休車の存在については、立証資料が加害者の手元になく、証拠への距離等を考えれば、被害者が遊休車の不存在について立証責任を負担すると考えるべきである（東京地判平15・3・24交民集36巻2号350頁、神戸地判平18・11・7交民集39巻6号1620頁）（森剛「休車損害の要件及び算定方法」（日弁連東京『損害賠償額算定基準2004』）481頁、佐久間ほか『交通損害賠償関係訴訟〔補訂版〕』235頁・236頁、塩崎ほか『交通事故訴訟』472頁）。

第4　代車料と休車損の関係

代車料と休車損は、いずれも事故車を使用できなかったことによる損害であり、両方を重複して請求することはできない（『三訂版注解損害賠償算定基準・上』411頁、東京地裁『過失相殺率認定基準全訂5版（別冊判タ38号）』18頁、『大阪地裁損害賠償算定基準〔3版〕』11頁・64頁・65頁）。

第5　民事訴訟法248条による休車損の認定

休車損害の算出にあたり、経費率を認めるに足りる証拠がないとして、民事訴訟法248（（損害額の認定）「損害が生じたことが認められる場合において、損害の性質上その額を立証することが極めて困難であるときは、裁判所は、口頭弁論の全趣旨及び証拠調べの結果に基づき、相当な損害額を認定することができる。」）に基づき相当な損害額を認定するとし、弁論の全趣旨により、被害車両の収入から経費を控除した後の1日当たりの利益を算出した裁判例がある（神戸地判平10・5・21交民集31巻3号717頁）。

また、交通事故による被害車両（14t車）の休車損を証拠上認定することは困難であるとして、民事訴訟法248条により、原告の所有車両中、目的用途等を同じくする中距離用大型車12台の過去4か月分の総売上金額の5割が人件費総額と仮定し、売上粗利益から人件費総額を控除し、1日当たりの平均収益1万3000円を休車損と認定した裁判例もある（名古屋簡判平18・4・11

最高裁 HP)。

第6節　その他の物的損害

第1　レッカー代、事故車の保管料、修理見積費用、廃車料等

　事故によって被害車両が運転できなくなった場合、事故現場からの被害車両の引き揚げ費用、レッカー代については、特に高額すぎるなどの事情のない限り、事故と相当因果関係のある損害と認められる（大阪地判平13・12・19交民集34巻6号1642頁、東京地判平14・8・30交民集35巻4号1193頁、大阪地判平16・2・13交民集37巻1号192頁）。

　事故車両を修理するか買替をするかを判断するために必要な期間において保管料を支出した場合、その保管料は加害者が賠償すべき損害と解される（大阪地判平10・2・20交民集31巻1号243頁、東京地判平13・5・29交民集34巻3号659頁、東京地判平21・1・21交民集42巻1号31頁）[*14]。

　結果として全損となった被害車両について業者に依頼して修理費見積費用を支出している場合、当該修理費見積費用は損害として認められる（大阪地判平16・2・13交民集37巻1号192頁、名古屋地判平21・2・13交民集42巻1号148頁）。

　[*14]　東京地判平13・5・29交民集34巻3号659頁（事故における損害賠償紛争解決のために重要な物的証拠としての事故車両の保管料に請求については、事故態様、事故現場への進入の先後関係等を明らかにする上で事故車両は重要な証拠の1つであるが、通常は写真をもって車両の破損状態を保全すれば足りるとして、車両の保管料は、車両自体が事案の解明に不可欠であるような特段の事情があるのでない限り、事故と相当因果関係のある損害とは認められないとした）、東京地判平14・8・30交民集35巻4号1193頁（事故車両の修理をする場合、修理費用のほかに保管料を要するのかの点は問題になるが、被害者が実際に保管料を支払っていることなどに鑑み、相当額保管料を損害と認めるのが相当であるとした）。

事故車両が全損となり買替をする場合、事故車両の廃車費用を要したとすれば、それも事故と相当因果関係のある損害として認められる（大阪地判平10・2・20交民集31巻1号243頁、東京地判平13・5・29交民集34巻3号659頁、名古屋地判平21・2・13交民集42巻1号148頁）。

第2 着衣等の損害

事故時に着用していた衣服等の損害については、以下の裁判例がある。

① 名古屋地判平20・5・16交民集41巻3号616頁

被害者の事故の約1か月前に購入したスーツ・ワイシャツ・靴の着衣の時価相当額として購入額の約7割10万円の損害を認めた。

② 東京地判平24・10・24自保ジャーナル1886号69頁

購入時期・価格について立証がない事故当時身につけていたヘルメット、ジャンパー、ズボン、グローブ、スニーカーの損傷に係る損害額について、民事訴訟法248条を適用して、1万円と認めた。

③ 大阪地判平25・12・3交民集46巻6号1543頁

ヘルメット、シャツ、ズボン、靴の損害について、民事訴訟法248条の法意に照らし、適宜減価償却等の方法によって事故当時の時価額を算定すべきとした。

④ 東京地判平25・7・16交民集46巻4号915頁

被告タクシーに乗っていた際の事故による当該タクシー運転手・勤務会社に対する損害賠償請求において、損傷状況、事故までの経過年数等から、靴（7年近く経過）について購入価格の1割4515円程度、スカート（おおむね10年経過）について購入価格の1割1万円程度、バック（1年程度経過）について購入価格の5割7万5000円程度、ピアス（片方紛失、2年経過）について購入価格の3割5万9850円程度、の各損害（合計14万9365円）を認め、コートについては損傷状況が明らかでないとして物的損害を被ったと認めることはできないとし、紛失したハードコ

ンタクトレンズについては、事故による角膜炎に伴い必要となった約1年間の使い捨てコンタクトレンズの購入代金については事故と相当因果関係のある人的損害として認定済みで、その後ハードコンタクトレンズの使用の必要性はあるがその時点では同レンズの買替時期が到来しているとして、それぞれ事故による損害を認めなかった。

第3 ペットの治療費等

一般に、不法行為によって物が毀損した場合の修理費等については、そのうちの不法行為時における当該物の時価相当額に限り、これを不法行為との間に相当因果関係がある損害を律すべきものであるとされている（本章第1節第3（10頁）および第4（11頁）参照）。動物であるペットに関して生じた損害も、人に関する損害ではないので、物件損害〔物的損害、物損〕として扱われ（第1章第1節第1（3頁）参照）、同様に考えることになる（園部『身近な損害賠償関係訴訟』102頁）。

しかし、愛玩動物（ペット）のうち家族の一員であるかのように扱われているものが、不法行為によって負傷した場合の治療費等については、生命をもつ動物の性質上、必ずしも当該動物の時価相当額に限られるとすべきではなく、そのペットの当面の治療費や、その生命の確保・維持に必要不可欠なものについては、時価相当額を念頭においたうえで、社会通念上、相当と認められる限度で、不法行為との間に相当因果関係のある損害に当たると解すべきである[15][16]（園部『身近な損害賠償関係訴訟』102頁）。

---

[15] 名古屋高判平20・9・30交民集41巻5号1186頁（6万5000円で購入した飼い犬が自動車事故で負傷した場合に、合計13万6500円の治療費等を損害として認め、犬用シートベルトをしていなかったとして1割の過失相殺をし、飼い主2名に対しそれぞれ合計6万1425円の支払いを命じた事例）。

[16] ペットに関する慰謝料→本章第7節第2（29頁）参照。

第7節 財産的利益に関する慰謝料

第1 物損に関する慰謝料

　財産的利益に関する契約締結等についての意思決定に関し、仮に相手方からの情報の提供や説明に何らかの不十分、不適切な点があったとしても、特段の事情がない限り、これをもって慰謝料請求権の発生を肯定しうる違法行為と評価することはできないとされている（最判平15・12・9民集57巻11号1887頁・判タ1143号243頁・判時1849号93頁、さいたま地判平19・8・17（平19(ワ)381）最高裁HP）。そして、一般に、物損に対する慰謝料は認められないとされている（大阪地判平12・10・12自動車保険ジャーナル1406号4頁）（日弁連東京『損害賠償額算定基準・上2015』225頁11、『三訂版注解損害賠償算定基準・上』420頁、『大阪地裁損害賠償算定基準〔3版〕』11頁(6)・66頁(6)、園部『身近な損害賠償関係訴訟』102頁）。

　物損であっても、被害者のその物に対する特別の愛情が侵害されたようなときや、その物損が被害者の精神的平穏を著しく害するような場合には、慰謝料が認められることがある。ただ、この場合でも、被害者の個人の極めて特殊な感情まで保護するわけではなく、結局は、一般人の常識に照らして判断される（『三訂版注解交通損害賠償算定基準・上』421頁・422頁、園部『身近な損害賠償関係訴訟』102頁）*[17]。

---

*[17]① メルセデスベンツの車両損害に対する慰謝料請求を否定した事例（東京地判平元・3・24交民集22巻2号420頁）
　　「不法行為によつて財産的権利を侵害された場合であつても、財産以外に別途に賠償に値する精神上の損害を被害者が受けたときには、加害者は被害者に対し慰藉料支払の義務を負うものと解すべきであるが、通常は、被害者が財産的損害の填補を受けることによつて、財産的侵害に伴う精神的損害も同時に填補されるものといえるのであつて、財産的権利を侵害された場合に慰藉料を請求しうるのには、目的物が被害者にとつて特段

第7節　財産的利益に関する慰謝料

第2　ペットに関する慰謝料

　近時、愛玩動物（ペット）は、飼い主との間の交流を通じて、家族の一員であるかのようになり、飼い主にとってかけがえのない存在になっていることが少なくない。そして、そのような動物が不法行為によって、死亡したり、死亡にも匹敵する重い傷害を負って、飼い主が精神的苦痛を受けたときは、それは社会通念上、合理的な一般人の被る精神的損害ということができ、このような場合は、財産的損害の賠償によっては慰謝されることのできない精神的苦痛があるものとみることができる。したがって、このような場合、財産的損害の賠償のほかに、慰謝料を請求することができると解される[18][19]（園部『身近な損害賠償関係訴訟』103頁イ）。

　　の愛着をいだかせるようなものである場合や、加害行為が害意を伴うなど相手方に精神的打撃を与えるような仕方でなされた場合など、被害者の愛情利益や精神的平穏を強く害するような特段の事情が存することが必要であるというべきである。これを本件についてみるに、原告A本人尋問の結果によれば、原告Aは原告車を仕事に使用していたものであるが、前記修理の期間中（約1か月間）はタクシーを利用して仕事をせざるをえなかつたことが認められるものの、原告Aに前記特段の事情が存したことを認めるに足りる証拠はなく、右による原告Aの精神的苦痛は財産的損害の賠償とは別に慰藉料を認めるべき程度には至らないものというべきであるから、原告Aの慰藉料請求は失当といわざるをえない」。

②　岡山地判平8・9・19交民集29巻5号1405頁（深夜の大型トラックの民家への飛び込み事故による建物・庭の被害につき、既補修工事費491万円で、未補修工事費465万9720円および弁護士費用50万円を認め、慰謝料50万円を認めた）。

③　神戸地判平13・6・22交民集34巻3号772頁（大型貨物自動車が被害者家屋に衝突し、約半年間のアパート生活を余儀なくされた事例で、家屋所有・居住者に対し、家屋修復費用1227万4185円、移転に伴う費用66万6490円、弁護士費用130万円の他に、同屋所有・居住者および同居の養母に対し、慰謝料各30万円を認容した）。

④　大阪地判平15・7・30交民集36巻4号1008頁（被告運転の普通乗用自動車が他の自動車を回避しようとして左転把したところ、原告X1所有建物玄関前にいた原告X2をはね、同玄関を損壊した事故について、被告との交渉が難航し、年末年始を含む1か月以上にわたって玄関にベニヤ板を打ち付けた状態で過ごすことを余儀なくされ、生活上等の不便を被ったことが認められるとして、原告X1の100万円の慰謝料請求に対し、これらによる精神的苦痛に対する慰謝料として20万円を認めた）。

第 3 章　物件損害〔物的損害、物損〕

＊18①　東京高判平16・2・26交民集37巻1号1頁（愛犬の死亡による火葬費用2万7000円と慰謝料5万円を認めた）。
　　②　大阪地判平18・3・22判時1938号97頁（自動車との衝突により、セラピー犬であるパピヨンが死亡し、シーズーが傷害した事故において、当該家族同然の飼い犬の死傷等を理由にした100万円の慰謝料請求に対し、精神的ショックにより病院への通院日数が増えたとして、精神的苦痛に対する慰謝料として10万円を認めた）。
　　③　名古屋高判平20・9・30交民集41巻5号1186頁（6万5000円で購入した飼い犬が自動車事故で後肢麻痺、自力での排尿・排便ができない状態になった場合に、飼い主2名にそれぞれ20万円の慰謝料を損害として認め、犬用シートベルトをしていなかったとして1割の過失相殺をし、飼い主2名に対しそれぞれ18万円の支払いを命じた）。
＊19　ペットの治療費等→本章第6節第3（27頁）参照

第4章 その他の損害

第1 損害賠償請求関係費用

　交通事故による損害賠償請求のために支出した、交通事故証明取得費用（東京地判平14・8・30交民集35巻4号1193頁、東京地判平22・1・27交民集43巻1号48頁）、刑事記録閲覧・謄写費用（東京地判平22・1・27交民集43巻1号48頁）も、交通事故と相当因果関係のある損害と認められる。また、保険金請求手続費用などは、損害賠償請求に必要で、かつ、相当な範囲で、損害として認められる（東京地判昭54・4・19交民集12巻2号504頁）（日弁連東京『損害賠償額算定基準・上2015』56頁、『大阪地裁損害賠償算定基準〔3版〕』4頁・32頁）。

第2 弁護士費用

1 弁護士費用の損害性

　債務不履行による損害賠償の場合とは異なり、不法行為による損害賠償の場合、弁護士費用は、事案の難易、請求額、認容された額、その他諸般の事情を斟酌して相当と認められる額の範囲内のものに限り、不法行為と相当因果関係に立つ損害として認められている（最判昭44・2・27民集23巻2号441頁・判タ232号276頁・判時548号19頁、最判昭57・1・19民集36巻1号1頁・判タ463号123頁・判時1031号120頁）（『例題解説交通損害賠償法』36頁、東京地裁『過失相殺率の認定基準全訂5版（別冊判タ38号）』19頁、『大阪地裁損害賠償算定基準〔3版〕』11頁・67頁、塩崎ほか『交通事故訴訟』406頁）[20]。

---

[20]　最判昭44・2・27民集23巻2号441頁ほか
　　　「わが国の現行法は弁護士強制主義を採ることなく、訴訟追行を本人が行なうか、弁護士を選任して行なうかの選択の余地が当事者に残されているのみならず、弁護士費用は訴訟費用に含まれていないのであるが、現在の訴訟はますます専門化された訴訟追行を当事者

そして、不法行為の被害者が自己の権利擁護のため訴えを提起することを余儀なくされた場合の弁護士費用に関する損害は、被害者が当該不法行為に基づくその余の費目の損害の賠償を求めるについて弁護士に訴訟の追行を委任し、かつ、相手方に対して勝訴した場合に限って、弁護士費用の全部または一部が損害と認められるとされている（最判昭58・9・6民集37巻7号901頁・判タ509号123頁・判時1092号34頁）。

2　弁護士費用の認容額

交通事故においては、おおむね、認容損害額の1割程度を、弁護士費用の損害として認めている場合が多い（日弁連東京『損害賠償額算定基準・上2015』60頁、東京地裁『過失相殺率認定基準全訂5版（別冊判タ38号）』19頁、木宮ほか『注釈自賠法〔新版〕』88頁、『大阪地裁損害賠償算定基準〔3版〕』11頁・67頁、塩崎ほか『交通事故訴訟』406頁）。

認容損害額が100万円未満の場合には増額され、逆に認容損害額が高額になる場合は減額される傾向にある（木宮ほか『注釈自賠法〔新版〕』88頁・89頁、『三訂版注解損害賠償算定基準・上』128頁・129頁、『大阪地裁損害賠償算定基準〔3版〕』67頁、塩崎ほか『交通事故訴訟』406頁）[*21]。

3　弁護士費用と過失相殺

弁護士費用は、過失相殺後の認容損害額を考慮して算定するため、それに

に対して要求する以上、一般人が単独にて十分な訴訟活動を展開することはほとんど不可能に近いのである。したがつて、相手方の故意又は過失によつて自己の権利を侵害された者が損害賠償義務者たる相手方から容易にその履行を受け得ないため、自己の権利擁護上、訴を提起することを余儀なくされた場合においては、一般人は弁護士に委任するにあらざれば、十分な訴訟活動をなし得ないのである。そして現在においては、このようなことが通常と認められるからには、訴訟追行を弁護士に委任した場合には、その弁護士費用は、事案の難易、請求額、認容された額その他諸般の事情を斟酌して相当と認められる額の範囲内のものに限り、右不法行為と相当因果関係に立つ損害というべきである」。

[*21]　訴訟における和解→（第13章第4節第1・12（298頁）参照）。

対してさらに過失相殺をすることはない（最判昭49・4・5裁民111号521頁・交民集7巻2号263頁、最判昭52・10・20判時871号29頁・裁民122号55頁・金商548号46頁）（『三訂版注解損害賠償算定基準・上』129頁、『大阪地裁損害賠償算定基準〔3版〕』68頁、塩崎ほか『交通事故訴訟』406頁）[*22]。

第3 不法行為債務の遅延損害金

1 遅延損害金

　不法行為債務は、期限の定めのない債務であり、履行の請求の時から遅滞となるのが原則である（民法412条3項）が、不法行為に基づく損害賠償債務は、人的損害、物的損害を問わず、不法行為時から催告を待たずに、当然に遅滞に陥るとされている（最判昭37・9・4民集16巻9号1834頁・判タ139号51頁、最判平7・7・14交民集28巻4号963頁）。弁護士費用についても、他の損害と同様に不法行為時から履行遅滞に陥る（最判昭58・9・6民集37巻7号901頁・判タ509号123頁・判時1092号34頁）。したがって、付帯請求としての遅延損害金の発生日は不法行為時となる（最判平7・7・14交民集28巻4号963頁）（東京地裁『過失相殺率認定基準全訂5版（別冊判タ38号）』19頁、日弁連東京『損害賠償額算定基準・上2015』61頁、木宮ほか『注釈自賠法〔新版〕』89頁、『三訂版注解損害賠償算定基準・上』131頁・132頁、『大阪地裁損害賠償算定基準〔3版〕』11頁(2)・68頁、『例題解説交通損害賠償法』36頁、塩崎ほか『交通事故訴訟』406頁・407頁・408頁、加藤ほか『要件事実の考え方と実務〔3版〕』318頁）。

2 保険代位による求償金請求の場合の遅延損害金

　保険代位による求償金請求の場合、保険会社が、自動車保険契約に基づいて、被保険者に交通事故による保険金を支払ったときに、その支払った限度で、被保険者が第三者（加害者）に対して有する権利を取得する（法律上当

[*22] 過失相殺の対象となるもの→（第7章第4・1（226頁）参照）。

然の権利移転）（保険25条）。この場合に損害保険金を支払った保険会社がその支払時に代位取得するのは、当該保険金に相当する額の保険金請求権者の加害者に対する損害金元本の支払請求権であって、損害金元本に対する遅延損害金の支払請求権を代位取得するものではないとされている（最判平24・2・20民集66巻2号742頁・判タ1366号83頁・判時2145号103頁）。その保険会社が支払った保険金（損害金）に対する遅延損害金の起算日は、保険金支払いの日の翌日である（神戸地判平10・5・21交民集31巻3号709頁）（岡久ほか『簡裁民事手続法』247頁・248頁）。

第 5 章　因果関係

相当因果関係〜民法416条（損害賠償の範囲）の不法行為への適用

　債務不履行における損害賠償の範囲について、相当因果関係の範囲と定めた民法416条は、債務不履行、不法行為を問わず規定していると解し、不法行為における損害賠償の範囲についても民法416条が類推適用されると解されている（大判大15・5・22民集5巻386頁、最判昭48・6・7民集27巻6号681頁・金法690号37頁）。したがって、不法行為による損害賠償の範囲は、通常生ずべき範囲の損害の全部と、特別事情によって生じた損害のうち、加害者が加害行為の際に発生が予見できた範囲に限定される（加藤ほか『要件事実の考え方と実務〔3版〕』321頁、『例題解説交通損害賠償法』270頁）。

第6章　相殺禁止（民法509条）

第1　不法行為に基づく損害賠償請求権を受働債権とする相殺の禁止

　不法行為に基づく損害賠償請求権を受働債権（相殺の意思表示をする者が債務者となる債権）とする相殺は禁止されている（民法509条）。つまり、不法行為に基づく損害賠償責任を負う債務者が、当該不法行為に基づく損害賠償請求債権の債権者に対して反対債権を有する場合に、その反対債権と損害賠償債務を相殺することは禁止されているのである。

第2　不法行為に基づく損害賠償請求権を自働債権とする相殺

　これに対し、不法行為の被害者の方から不法行為に基づく損害賠償請求権を自働債権とし、不法行為に基づかない債権を受働債権として相殺することは、民法509条の禁止するところではないとされている（最判昭42・11・30民集21巻9号2477頁・判タ216号118頁・判時509号30頁）（『例題解説交通損害賠償法』38頁）。

第3　受働債権・自働債権の双方が不法行為に基づく損害賠償請求権である場合の相殺

　受働債権・自働債権の双方が不法行為に基づく損害賠償請求権である場合

にも、民法509条の相殺禁止規定の適用があるかが問題となるが、二つの損害賠償請求権が異なる事実から発生した場合には、相殺し得ないことに争いはないとされている（大判昭3・10・13民集7巻780頁）（『例題解説交通損害賠償法』38頁・39頁、四宮和夫『不法行為』643頁）。

　自動車等が双方の過失によって衝突した場合のように、1個の社会的事実とみられる事故から、当事者双方が互いに損害を受けた（与えた）場合には、各当事者は、互いに相手方に対して別々の損害賠償請求権を取得するとみる見解（交叉責任説）が通説・判例である（『例題解説交通損害賠償法』39頁、幾代『不法行為』303頁、四宮和夫『不法行為』619頁）。

　判例は、このような場合も民法509条の趣旨が不法行為の被害者に現実の賠償を得させることにある等を理由として民法509条を適用し相殺を認めていない（最判昭32・4・30民集11巻4号646頁・判タ70号64頁・判時111号10頁（受働債権――人損、自働債権――物損）、最判昭49・6・28民集28巻5号666頁・判タ311号140頁・判時745号49頁（物損相互間）、最判昭54・9・7判タ407号78頁・判時954号29頁・裁民127号415頁（物損相互間））（『例題解説交通損害賠償法』40頁、『和解条項実証的研究〔補訂・条項集〕』55頁）。

　現在の交通損害賠償訴訟の実務は、上記判例に従って処理されており、被害者から損害賠償請求の訴訟が提起された場合、相手方からの相殺の抗弁は認めていない。したがって、他方当事者が自らの損害賠償請求権を行使するためには、反訴を提起する必要がある（『例題解説交通損害賠償法』41頁）。

第4　相殺契約

　1個の社会的事実とみられる事故における訴訟が和解によって終了する場合、当事者のそれぞれの損害を算定して過失相殺を行い、相殺勘定をしたうえで、支払分の残る当事者のみの支払いを行う旨の和解条項が作成されることがある（『例題解説交通損害賠償法』41頁、『和解条項実証的研究〔補訂・条項集〕』55頁）。

第6章 相殺禁止（民法509条）

　交通損害賠償訴訟で行われるような、交叉的不法行為について相殺勘定して和解を行うといった、すでに発生している不法行為による損害賠償請求権について、両当事者が相殺契約をすることについては許されるとされている（『例題解説交通損害賠償法』42頁、『和解条項実証的研究〔補訂・条項集〕』55頁、『注釈民法(12)』434頁、四宮和夫『不法行為』641頁、内田『民法Ⅲ〔3版〕』256頁）。

第7章　被害者側の過失

第1　被害者側の過失の意味

　交通事故の不法行為による損害賠償請求において、被害者側に過失があったときは、裁判所は、これを考慮して、損害賠償の額を定めることができるとされている（民法722条2項）。

　たとえば、被害車両の運転手と所有者が異なる場合で、被害車両の所有者が被害車両の修理費等を加害者に請求する場合、被害車両の運転手と所有者（被害者）の間に一定の関係がある場合、被害車両の運転手の過失を被害者側の過失として斟酌することがあり得る。

　この場合の被害者側の過失とは、「被害者と身分上ないし生活関係上一体をなすと見られるような関係にある者」をいうとされている（最判昭42・6・27民集21巻6号1507頁・判タ209号143頁・判時490号47頁、最判昭51・3・25民集30巻2号160頁・判タ336号220頁・判時810号11頁、最判平19・4・24判タ1240号118頁・判時1970号54頁・裁民224号261頁）。

　具体的には、判例は、被害車両運転者が被害者の配偶者または内縁の配偶者の場合に被害者側の過失の斟酌を認め（最判昭51・3・25民集30巻2号160頁ほか（運転者が配偶者）、最判平19・4・24判タ1240号118頁ほか（運転者が内縁の配偶者））、被害車両運転者が単に被害者と恋愛関係にあった者の場合に被害者側の過失の斟酌を認めなかった（最判平9・9・9判タ955号139頁・判時1618号63頁・裁民185号217頁）。さらに、判例は、被害車両運転者が被害者と共同暴走行為者の関係にある場合にも被害者側の過失の斟酌を認めており、この判例は、「被害者と身分上ないし生活関係上一体をなすと見られるような関係にある者」でない共同暴走行為者の過失について、民法722条の過失相殺をするに当たって考慮することができるとしたことになる（最判平20・7・4

判タ1279号106頁・判時2018号16頁・交民集41巻4号839頁)。

第2　被害者側の過失の斟酌〔過失相殺の主張立証責任〕

　不法行為による損害賠償額の算定について、被害者側の過失を斟酌するか否かは、裁判所の自由裁量に属し（最判昭34・11・26民集13巻12号1562頁)、裁判所は職権をもって斟酌でき、当事者からの過失相殺の主張を要しないとされている（大判昭3・8・1民集7巻648頁、最判昭41・6・21民集20巻5号1078頁・判タ194号83頁・判時454号39頁、最判平20・3・27判タ1267号156頁・判時2003号155頁・裁民227号585頁）（加藤ほか『要件事実の考え方と実務〔3版〕』324頁、村田ほか『要件事実講30講〔3版〕』443頁、『例題解説交通損害賠償法』234頁、『大阪地裁損害賠償算定基準〔3版〕』71頁・72頁）。

　被害者側の過失を基礎づける具体的事実についても、当事者の主張は不要であり、主要事実の観念を受け入れる余地はないとする考えもあるが、加害者において主張する必要があると考えるべきではなかろうか（最判昭43・12・24民集22巻13号3454頁・判タ230号170頁・判時547号37頁は、債務不履行に関する事例ではあるが、「民法418条による過失相殺は、債務者の主張がなくても、裁判所が職権ですることができるが、債権者に過失があつた事実は、債務者において立証責任を負うものと解すべきである」とする）（加藤ほか『要件事実の考え方と実務〔3版〕』324頁、村田ほか『要件事実論30講〔3版〕』442頁・443頁、『例題解説交通損害賠償法』234頁・235頁、『大阪地裁損害賠償算定基準〔3版〕』71頁・72頁）。

第3　交通事故における過失割合

1　物損交通事故における過失割合

　車同士の衝突事故による物損の交通事故の場合、通常、双方の車に損害が

生ずることになり、双方の過失によって、相手方の車に損害を生じさせたことになる。これは、双方が、被害者であり、かつ、加害者でもあるという関係になり、被害者側の過失の斟酌により、それぞれの過失割合に従った責任を負うことになるということである。

交通事故における過失相殺は、事故の態様ごとに類型化され、基準化されている（東京地裁『過失相殺率認定基準全訂5版（別冊判タ38号）』、日弁連東京『損害賠償額算定基準・上2015』255頁第10。非典型事例における交通事故の過失割合について、東京三弁護士会『寄与度と非典型過失相殺』）。事故の当事者、事故の態様ごとに、基本過失割合が定められ、それぞれの事故態様ごとにそれを修正する要素・率が定められている。その態様数も相当あり、すべての基本過失割合や修正要素について説明することはできないが、以下、基本的と思われる部分についてのみ説明する。

個々の事故態様の中の修正要素に出てくる、「著しい過失」とは、事故態様とごに通常想定されている程度を超えるような過失をいい、「重過失」とは、著しい過失よりも更に重い、故意に比肩する重大な過失をいう（東京地裁『過失相殺率認定基準全訂5版（別冊判タ38号）』206頁）。その一般的内容としては、「著しい過失」としては、脇見運転等前方不注視の著しい場合（道交70条）、著しいハンドル・ブレーキ操作不適切（道交70条）、携帯電話等の通話装置を通話のために使用したり映像を注視しながら運転をすること（道交71条5号の5）、おおむね時速15km以上30km未満の速度違反（高速道路を除く）、酒気帯び運転（道交65条1項）等が挙げられ、「重過失」としては、酒酔い運転（道交117条の2第1号）、居眠り運転、無免許運転（道交64条1項）、おおむね時速30km以上の速度違反（高速道路を除く）、過労・病気及び薬物の影響その他の理由により正常な運転ができないおそれがある場合（道交66条）等があげられる（東京地裁『過失相殺率認定基準全訂5版（別冊判タ38号）』206頁）。

なお、前掲の東京地裁『過失相殺率認定基準全訂5版（別冊判タ38号）』、

41

第7章 被害者側の過失

　日弁連東京『損害賠償額算定基準・上2015』255頁第10の、事故の当事者、事故の態様ごとの基本過失割合やそれぞれの事故態様ごとの修正する要素・率については、若干異なるところもあるが、本書では、基本的には、東京地裁の『過失相殺率認定基準全訂5版（別冊判タ38号）』に従った、事故の当事者、事故の態様ごとの基本過失割合やそれぞれの事故態様ごとの修正する要素・率の表を掲載している。

　なお、東京地裁『過失相殺率認定基準全訂5版（別冊判タ38号）』は、『同全訂4版（別冊判タ16号）』の改訂版として、平成26年7月に刊行されたが、以下のような内容の改訂がなされている。

① 四輪車同士の事故における基準の改訂（ⅰ直進車・右折車共に黄信号で進入した場合の過失相殺率の修正、ⅱ追越しが禁止されていない交差点において後続直進車が中央線ないし道路中央を越えて右折車を追い越そうとした場合の基準の修正、ⅲ大型車による修正の削除（大型車であることが事故発生の危険性を高くしたと考えられる事故類型においては、個別に、大型車であることにより5％程度の修正をする）、ⅳ緊急自動車と四輪車の事故の基準の設定）（東京地裁『過失相殺率の認定基準全訂5版（別冊判タ38号）』45頁(3)）

② 高速道路の本線車道等に駐停車中の自動車に対する事故について、ⅰ過失等により本線車道等に駐停車した自動車に対する追突事故と、ⅱ過失なく本線車道等に駐停車した自動車に対する追突事故に分けての過失相殺率・修正要素の適用についての考え方の提示（東京地裁『過失相殺率の認定基準全訂5版（別冊判タ38号）』46頁(6)）

③ 駐車場内の事故の基準の作成（東京地裁『過失相殺率の認定基準全訂5版（別冊判タ38号）』47頁(7)）

2　四輪車同士の事故の過失割合

(1)　道路・車両・交通規制・運転態様等に関する用語および過失修正要素について

　以下、四輪車同士の事故の過失割合を、事例毎に分けて掲げることにする。その前提として、必要な道路・車両・交通規制等に関する用語について説明する。また、その各事例の中に過失修正要素が出てくるので、各事例ごとの過失割合についての説明の前に、考慮すべき主な過失修正要素として、注意すべき点について説明する。

ア　道路・車両・交通規制・運転態様等に関する用語

　(ｱ)　道路等に関する用語
　①　走行車線
　２以上の車両通行帯の設けられた道路において、その最も右側の車両通行帯以外をいう（道交20条１項）。
　②　追越車線
　２以上の車両通行帯が設けられた道路において、その最も右側の車両通行帯をいう（道交20条１項・３項）。
　③　高速道路
　高速自動車国道法４条１項に定める高速自動車国道および道路法48条の２第１項に定める自動車専用道路をいう。
　④　路肩・路側帯
　路肩とは、道路の主要構造部を保護し、または車道の効用を保つために、車道等に接続して設けられている帯状の道路部分をいう（道路構造令２条12号）。
　これに対し、路側帯とは、歩行者の通行の用に供し、または車道の効用を保つため、歩道の設けられていない道路または道路の歩道の設けられていない側の路端寄りに設けられた帯状の道路の部分で、道路標示によって区画さ

れたものをいう（道交2条1項3号の4）。

　路側帯には、①軽車両の通行および車両の駐停車が可能な路側帯（道路の端に白の実線により表示される（道路標識、区画線及び道路標示に関する命令9条別表第5番号108、10条別表第6番号108）。）、ⅱ車両の駐停車が禁止されている駐停車禁止路側帯（路側帯の内側に、さらにもう一本の白の破線があるもの（白の実線と白の破線1本ずつ）（道路標識、区画線及び道路標示に関する命令9条別表第5番号108の2、10条別表第6番号108の2））、ⅲ軽車両の通行および車両の駐停車がいずれも禁止されている歩行者用路側帯（路側帯の内側に、さらにもう一本の白の実線があるもの（白の実線2本）（道路標識、区画線及び道路標示に関する命令9条別表第5番号108の3、10条別表第6番号108の3））がある。

　⑤　交通整理が行われている・いない交差点

　「交通整理」とは、信号機の表示する信号または警察官の手信号等により、一定の時間は一方の道路を自由に通行させて、その間他の交通を停止することを交互に反復する措置をいう（東京高判昭46・12・22刑集27巻5号1106号）。信号機が設置されていても、黄点滅信号または赤点滅信号が表示されているだけの交差点は、「交通整理が行われていない交差点」（道交36条）である（最決昭44・5・22刑集23巻6号918頁・判タ236号207頁・判時560号91頁（一方が黄点滅信号、他方が赤点滅信号）、最判昭48・9・27判時715号112頁・裁刑190号391頁（黄点滅信号））（東京地裁『過失相殺率の認定基準全訂5版（別冊判タ38号）』50頁(25)）。

　(イ)　車両等に関する用語

　①　前照灯、車幅灯、尾灯、非常点滅表示灯、駐車灯

　車両は、夜間、道路にあるときは、前照灯、車幅灯、尾灯その他の灯火をつけなければならない（道交52条）。また、自動車は、夜間、道路の幅員が5.5m以上の道路に停車し、または停止しているときは、非常点滅表示灯（ハザードランプ）または尾灯を点けなければならない。ただし、駐車灯をつ

けて停車し、もしくは駐車しているとき、または高速道路以外の道路において後方50mの距離から当該自動車が明確に見える程度に照明が行われている場所に停車し、もしくは駐車しているとき、もしくは高速道路以外の道路において夜間用停止表示器材もしくは警告反射板を後方から進行してくる自動車の運転者が見やすい位置に置いて停車し、もしくは駐車しているときは、除かれる（道交施行令18条2項）。

② 停止表示器材

高速道路において、自動車の運転者は、故障その他の理由により本線車道もしくはこれに接する加速車線、減速車線もしくは登坂車線またはこれらに接する路肩もしくは路側帯において当該自動車を運転することができなくなったときは、当該自動車が故障その他の理由により停止しているものであることを表示しなければならない（道交75条の11第1項）。その表示方法は、夜間においては夜間用停止表示器材（道交施行規則17条）を、夜間以外の時間においては昼間用停止表示器材（道交施行規則18条）を、後方から進行してくる自動車の運転車が見やすい位置に置いて行うものとされている（道交施行令27条の6）。

③ 初心者マーク等

初心運転者標識（いわゆる「初心者マーク」）（表示義務—道交71条の5第1項）、高齢運転者標識（いわゆる「シルバーマーク」）（表示義務（75歳以上）—道交71条の5第2項、努力義務（70歳以上75歳未満）—道交71条の5第3項）、仮免許を受けた者の練習運転のための標識（表示義務—道交87条3項）をいう（東京地裁『過失相殺率の認定基準全訂5版（別冊判タ38号）』53頁[17]）。

(ｳ) 交通規制に関する用語

① 黄信号

黄信号は、車両にとって、「停止位置を超えて進行してはならないこと。ただし、黄色の灯火の信号が表示された時において当該停止位置に近接しているため安全に停止することができない場合を除く」を意味する（道交施行

②　黄点滅信号

黄点滅信号は、車両にとって、「他の交通に注意して進行することができること」を意味する（道交施行令2条1項）。

③　赤点滅信号

赤点滅信号は、車両にとって、「停止位置において一時停止しなければならないこと」を意味する（道交施行令2条1項）。

④　追越禁止場所

道路標識等により追越しが禁止された場所、道路の曲がり角付近、上り坂の頂上付近、勾配の急な下り坂、トンネル（車両通行帯の設けられている道路を除く）、交差点（優先道路の場合を除く）、踏切、横断歩道および自転車横断帯並びに交差点、踏切、横断歩道または自転車横断帯の手前側端から前に30m以内の部分は、追越禁止場所とされている（道交30条）。

⑤　導流帯（ゼブラゾーン）

導流帯（ゼブラゾーン）は、車両の安全かつ円滑な走行を誘導するために設けられた場所である（道路標識、区画線及び道路標示に関する命令5条別表第3番号107、9条別表第5番号208の2）。その立入りについては、安全地帯や立入禁止部分の場合のような禁止条項（道交17条6項）や罰則（道交119条1項2号の2）はなく、単に車両の走行を誘導するものにすぎないが、車両の運転者等の意識としても、導流帯（ゼブラゾーン）にみだりに進入すべきではないと考えているのが一般的である（東京地裁『過失相殺率の認定基準全訂5版（別冊判タ38号）』55頁(11)）。

(エ)　運転態様に関する用語

①　駐　車

駐車とは、車両が客待ち、荷待ち、貨物の積卸し、故障その他の理由により継続的に停止すること（貨物の積卸しのための停止で5分を超えない時間内のものおよび人の乗降のための停止を除く）または車両等が停止し、かつ、当

該車両等の運転者がその車両を離れて直ちに運転することができない状態にあることをいう（道交2条1項18号）。

② 停　車

停車とは、車両が停止することで駐車以外のものをいい（道交2条1項19号）、貨物の積卸しのための5分以内の停止、人の乗降のために停止で、運転者が直ちに運転できる状態の停車等がある。

③ 徐　行

徐行とは、車両が直ちに停止できるような速度で進行することをいう（道交2条1項20号）。「直ちに停止することができるような速度」とは、一般的には、状況に応じて、停止の措置をとった場合、停止するまでの惰性前進距離を進行しても、事故の発生を避けることができる速度をいい、直ちに停止することができるということを停止距離1m以内と解すると時速8km以下となるが、裁判例では、時速10km以下とするものが多いようである（名古屋高判昭41・12・20判時474号58頁、最判昭44・7・11判タ237号252頁・判時562号80頁・裁刑172号151頁）（東京地裁『過失相殺率の認定基準全訂5版（別冊判タ38号）』55頁・56頁）。

ただ、右左折における修正要素としての「徐行」は、右左折車としての通常の速度を意味し、必ずしも法律上要求される徐行（道交34条1項（左折時徐行）・2項（右折時徐行）、2条1項20号（徐行の意義））でなくてもよい（東京地裁『過失相殺率の認定基準全訂5版（別冊判タ38号）』56頁）。

④ 一時停止

一時停止とは、車両の車輪の回転が完全に止まることをいう。

交差点の直前に一時停止の標識があるにもかかわらずその場所では左右に見とおしができない場合には、交差点の直前の一時停止の位置で停止し（名古屋高金沢支判昭37・2・8判タ133号55頁）その場所で左右の見とおしがきかないときは徐行して左右の見とおしの可能な地点まで進出し、必要があればそこで再び停止すべきであると解されている（東京高判昭54・12・18判タ420

号131頁)。

⑤　追越し

追越しとは、一般には、車両が他の車両等に追い付いた場合において、その進路を変えてその追い付いた車両等の側方を通過し、かつ、当該車両等の前方に出ることをいう（道交2条1項21号）。進路の変更をしないで前車の側方を通過して前方に出る行為は、追越しに当たらず、これを「追抜き」として「追越し」と区別している。以下の過失割合の類型では、車両が他の車両に追い付いた場合に、その進路を変更してその追い付いた車両の側方を通過した後、さらに進路変更をして当該車両の進路前方に出る場合を想定しており、道交2条1項21号のいう「追越し」（追い付いた車両の側方を通過した後の2度目の進路変更をしたうえで当該車両の進路前方に出ることを要求していない）よりも制限的に捉えている。

イ　過失修正要素

①　幹線道路

歩車道の区別があって、車道幅員が概ね14m以上（片側2車線以上）で、車両が高速で走行し、通行量の多い国道や一部の都道府県道を想定している（東京地裁『過失相殺率の認定基準全訂5版（別冊判タ38号）』203頁）。

道路外出入車と直進車の事故（後記(9)（143頁）参照）においては、路外車としては、幹線道路に進入する際は、通常の道路に比べ、幹線道路の直進車の動静により強く注意を払う必要があり、幹線道路の直進車としても、路外車との衝突を回避する余地がかなり制限させるから、このような道路における事故の場合には、路外車に過失加算修正をする（東京地裁『過失相殺率の認定基準全訂5版（別冊判タ38号）』203頁）。

②　見とおしがきく交差点

「見とおしがきく交差点」とは、「見とおしがきかない交差点」以外の交差点をいい、「見とおしがきかない交差点」とは、交差点進入直前において沿道の建物、駐車車両、広告塔、看板その他道路の状況等により、車両が進行

している道路と左右に交差する道路の見とおしがきかない交差点をいう。「見とおしがきかない交差点」では、車両は原則として徐行しなければならない（道交42条1号）。

　交通整理の行われていない交差点における出会い頭事故の過失割合は、基本的には、左右の見とおしがきかない交差点であることを前提としている。見とおしのきく交差点である場合は、左方車の存在を認識するのが容易であり、左方優先の原則を適用しやすい場合であるから、同幅員の交差点での事故の類型等において、見とおしのきく交差点であることを右方車に不利に修正する過失修正要素とする（東京地裁『過失相殺率の認定基準全訂5版（別冊判タ38号）』203頁）。

　③　大型車

　修正要素としての大型車とは、大型自動車、すなわち、大型特殊自動車、大型自動二輪車、普通自動二輪車および小型特殊自動車以外の自動車で、車両総重量が11000kg以上のもの、最大積載量が6500kg以上のものまたは乗車定員が30人以上のもの（道交施行規則2条）並びに中型自動車のうち、平成16年法律第90号・平成18年内閣府令第4号による道交3条および同法施行規則2条の改正前において大型自動車であったもの（車両総重量が8000kg以上のもの、最大積載量5000kg以上のものまたは乗車定員が11名以上のもの）をいう（東京地裁『過失相殺率の認定基準全訂5版（別冊判タ38号）』203頁）。

　東京地裁『過失相殺率の認定基準全訂5版（別冊判タ38号）』では、各基準の修正要素から大型車による過失修正を削除しているが、これは、同書全訂4版までの基準では、大型車による修正のあるものとないものがあり、必ずしも統一がとれていなかったことや、大型車であることと事故発生の危険性に関連がない場合にまで大型車であることのみを理由に一律に過失修正要素とするのは妥当でないと考えられることによるものである。したがって、大型車であることが事故発生の危険性を高くしたと考えられる態様の事故においては、大型車であることにより5％程度の過失修正をするのが相当である

(前記1参照)。たとえば、交差点に直進進入した車両が交差道路から直進進入した大型車の側面後方に衝突した事故、交差点に直進進入した車両が右折する大型車の側面後方に衝突した場合などである（東京地裁『過失相殺率の認定基準全訂5版（別冊判タ38号）』203頁・204頁)。

④　徐行なし

「徐行」とは、車両が直ちに停止することができるような速度で進行することをいう（道交2条1項20号）。

右左折車に徐行がない場合を、右左折車に不利に過失修正する要素として多く用いており、ここでの「徐行」とは、右左折車としての通常の速度を意味し、必ずしも法律上要求される徐行（道交34条1項（左折時徐行）・2項（右折時徐行）、2条1項20号（徐行の意義））でなくてもよい（東京地裁『過失相殺率の認定基準全訂5版（別冊判タ38号）』204頁オ)。

⑤　減　速

法定の徐行（道交2条1項20号）の程度に達している必要はないが、当該道路を通行する車両の通常の速度（制限速度規制が参考となる）より明らかに減速していることをいう。一般に時速40km制限の場所では、おおむね時速20km前後まで減速した場合を想定しており、このような場所で時速60kmを時速30kmに減速しただけでは足りない。また、当該事故態様において衝突の危険が具体的となった時点での速度を基準に考えるべきであり、衝突直前の急ブレーキによる減速は該当しない（東京地裁『過失相殺率の認定基準全訂5版（別冊判タ38号）』204頁)。

減速をしていることを想定して基本過失割合を定めた事故態様では、減速していないことを不利な過失修正要素とする。

⑥　一時停止後進入

修正要素としての「一時停止後進入」は、一時停止規制側の車両が、一時停止をし、左右を見て交差道路を進行する相手方車両の接近を認めたが、その速度と距離の判断を誤って、低速度で交差点に進入し、減速しなかった相

手方車両と衝突したという事故態様を想定しており、一時停止規制側の車両が一時停止位置において停止したとしても、直ちにこの修正要素が適用されるわけではない（東京地裁『過失相殺率の認定基準全訂5版（別冊判タ38号）』204頁）。

交差道路の一方に一時停止規制がある交差点における事故類型では、一時停止規制の車両に一時停止義務違反があることを前提としており、一時停止規制側車両が一時停止後に上記修正要素の態様で交差点に進入した場合には、一時停止規制なし車両について過失加算の修正要素としている（東京地裁『過失相殺率の認定基準全訂5版（別冊判タ38号）』204頁）。

⑦　明らかな先入

たとえば、広路車と狭路車との衝突の場合、狭路車は通常低速であり、ほとんど常に狭路車が先入となると思われるが、これがすべて過失修正要素となるわけではなく、広路車の通常の速度（制限速度内）を基準として、狭路車の交差点進入時に直ちに制動または方向転換の措置をとれば容易に衝突を回避することができる関係にある場合に限って「明らかな先入」として広路車に過失加算修正をする（東京地裁『過失相殺率の認定基準全訂5版（別冊判タ38号）』204頁ク）。

⑧　早回り右折

「早回り右折」とは、交差点の中心の直近の内側（道路標識等により通行すべき部分が指定されているときは、その指定された部分）を進行しない右折をいう（道交34条2項）。

右折車が交差点の中心の直近の内側に寄らないで早回りに右折する場合には、対向直進車および右方車に対する関係で事故の危険性が増大するので、過失修正要素としている（東京地裁『過失相殺率の認定基準全訂5版（別冊判タ38号）』205頁ケ）。

⑨　大回り右折

「大回り右折」とは、あらかじめ道路の中央に寄らない右折をいう（道交

34条2項)。

　右折車があらかじめ道路の中央に寄らないで右折する場合には、他方の車両から右折車が右折することの予見可能性が低くなり、事故の危険性が増大するので、過失修正要素としている（東京地裁『過失相殺率の認定基準全訂5版（別冊判タ38号）』205頁コ)。

⑩　直近右折

「直近右折」とは、直進車の至近距離で右折する場合をいう。たとえば、対抗直進車が通常の速度で停止線を越えて交差点に入る付近まで来ている場合に右折を開始したときがこれに当たる。この場合、直進車の回避可能性が低くなるので、事故の危険性が増大するので、過失修正要素とする（東京地裁『過失相殺率の認定基準全訂5版（別冊判タ38号）』205頁サ)。

⑪　既右折

「既右折」とは、直進車が交差点に進入する時点において、右折車が右折を完了していることまたはそれに近い状態にあることをいう。

　右折車と対抗直進車・対抗左折車との関係および右折車と左方直進車との関係では、右折車の右折開始の時点が早ければ、直進車・左折車としてもそれだけ事故回避措置を取り得る余地が大きくなるから、直進車・左折車に過失加算修正をする（東京地裁『過失相殺率の認定基準全訂5版（別冊判タ38号)』205頁)。

⑫　道路交通法50条違反の交差点進入

「道路交通法50条違反の交差点進入」とは、交通整理の行われている交差点に入ろうとする車両は、進路方向の車両等の状況（たとえば渋滞）により、交差点に入ると当該交差点内で停止することとなって、交差道路における車両等の通行の妨害となるおそれがあるときは、当該交差点に入ってはならない（道交50条1項）ということに反して、当該交差点に入ることをいう。交差点がこのような状況にあるときは、対抗右折車は、直進車の進入がないことを期待して右折をすることが定型的に予想されるから、直進車に過失加算

修正する（東京地裁『過失相殺率の認定基準全訂 5 版（別冊判タ38号）』205頁ス）。

⑬　夜　間

「夜間」とは、日没時から日出時までの時間をいう。車両は、夜間において灯火の点灯義務があり、夜間以外の時間であっても、トンネルの中、濃霧がかかっている場所その他の場所で、視界が高速道路（高速自動車国道および自動車専用道路）においては200m、その他の道路においては50m以下であるような暗い場所は同様とされており（道交52条 1 項、道交施行令19条）、これらの場所は夜間と同様に解される。

夜間は、自動車の前照灯によって交差道路からの車両があることを容易に認識することができるから、同幅員の交差点における事故類型等においては、見とおしがきく交差点である場合と同様に、右方車への過失加算修正要素とする（東京地裁『過失相殺率の認定基準全訂 5 版（別冊判タ38号）』205頁ソ）。

⑭　著しい過失・重過失

著しい過失とは、事故態様ごとに通常想定されている程度を超えるような過失をいう。重過失とは、著しい過失よりもさらに重い、故意に匹敵する重大な過失をいう。著しい過失と重過失が過失修正要素として区別されている場合には、択一的に適用され、重複しては適用されない（東京地裁『過失相殺率の認定基準全訂 5 版（別冊判タ38号）』206頁）。

著しい過失の例として、脇見運転等の著しい前方不注視（道交70条）、著しいハンドル・ブレーキ操作不適切（道交70条）、携帯電話等の無線通話措置を通話のため使用したり、画像を注視したりしながら運転をすること（道交71条 5 号の 5 ）、おおむね時速15km以上30km未満の速度違反（高速道路を除く）、酒気帯び運転（道交65条 1 項）等が挙げられる（東京地裁『過失相殺率の認定基準全訂 5 版（別冊判タ38号）』206頁）。

重過失の例としては、無免許運転（道交64条 1 項）、酒酔い運転（道交117条

の2第1号)、居眠り運転、過労、病気および薬物の影響その他の理由により正常な運転ができないおそれがある場合(道交66条)、おおむね時速30km以上の速度違反(高速道路を除く)等がある(東京地裁『過失相殺率の認定基準全訂5版(別冊判タ38号)』206頁)。

(2) 交差点における直進車同士の事故の過失割合

ア 信号機による交通整理が行われている交差点での事故の過失割合

信号機により交通整理の行われている交差点とは、信号機の信号により交互に一方の通行を止め、他方を通す方式による交通規制が行われている場合をいう(東京地裁『過失相殺率認定基準全訂5版(別冊判タ38号)』207頁)。信号機が設置されていても、黄色や赤色の灯火の点滅信号が表示されているだけの交差点は、「交通整理が行われていない交差点」(道交36条)である(最決昭44・5・22刑集23巻6号918頁・判タ236号207頁・判時560号91頁、最判昭48・9・27判時715号112頁・裁刑190号391頁)(東京地裁『過失相殺率認定基準全訂5版(別冊判タ38号)』207頁)。また、歩行者専用の押しボタン式信号機が設置され、一方道路の信号が常時青色灯火を示し、歩行者が押しボタンを押したときだけ赤色灯火を表示する場合も、その交差道路を走行する車両に対する関係では、「信号により交通整理が行われていない交差点」である(東京地裁『過失相殺率認定基準全訂5版(別冊判タ38号)』207頁)。

(ア) 青信号車と赤信号車の事故の過失割合

青信号車と赤信号車の事故における基本過失割合は、青信号車:赤信号車＝0:100となる(東京地裁『過失相殺率認定基準全訂5版(別冊判タ38号)』208頁【98】、日弁連東京『損害賠償額算定基準・上2015』271頁〔29〕、『三訂版注解損害賠償算定基準・下』67頁・69頁)。

道路交通法36条4項は「車両等は、交差点に入ろうとし、及び交差点内を通行するときは、当該交差点の状況に応じ、交差道路を通行する車両等、反対方向から進行してきて右折する車両等及び当該交差点又はその直近で道路を横断する歩行者に特に注意し、かつ、できる限り安全な速度と方法で進行

しなければならない」と規定し、同70条（安全運転の義務）は「車両等の運転者は、当該車両等のハンドル、ブレーキその他の装置を確実に操作し、かつ、道路、交通及び当該車両等の状況に応じ、他人に危害を及ぼさないような速度と方法で運転しなければならない」と規定している。信号に従っている車両でも、通常の前方に対する注意を払っていれば容易に違反車を発見して衝突を回避しうるのに、その措置をとらなかった場合等には、道路交通法36条4項または70条違反の過失を認めてよいとされている。しかし、自動車運転手は、通常、信号機の表示するところに従って自動車を運転すれば足

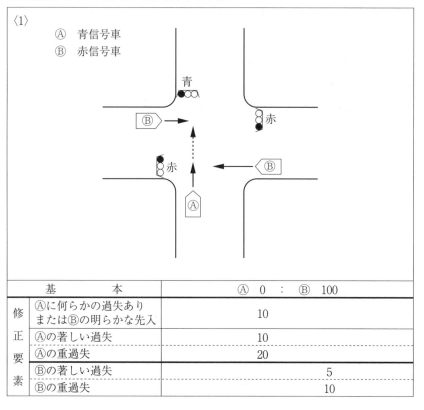

〈事故態様図1〉　青信号車と赤信号車の事故

〈1〉
Ⓐ　青信号車
Ⓑ　赤信号車

	基　本	Ⓐ　0　：　Ⓑ　100	
修正要素	Ⓐに何らかの過失ありまたはⒷの明らかな先入	10	
	Ⓐの著しい過失	10	
	Ⓐの重過失	20	
	Ⓑの著しい過失		5
	Ⓑの重過失		10

り、信号違反車を予想していちいち徐行して交差点の車両との安全を確認すべき注意義務はないとするのが判例であるから（最判昭43・12・24判タ230号254頁・判時544号89頁・裁刑169号905頁、最決昭45・9・29判タ253号233頁・判時606号94頁・裁刑177号1185頁）、信号に従っている車両に過失が認められるのは、交差点に入るに際し、特に減速することなく通常の速度で交差点に進入した際に、通常の前方（交差点内ないしそれに近接する場所）に対する注意を払っていれば衝突を回避しうるような場合に限定すべきである（東京地裁『過失相殺率認定基準全訂5版（別冊判タ38号）』207頁、『三訂版注解損害賠償算定基準・下』67頁・68頁）。

　(イ)　黄信号車と赤信号車の事故の過失割合

　黄信号車と赤信号車の事故の基本過失割合は、黄信号車：赤信号車＝20：80となる（東京地裁『過失相殺率認定基準全訂5版（別冊判タ38号）』210頁【99】、日弁連東京『損害賠償額算定基準・上2015』271頁〔30〕、『三訂版注解交通損害賠償算定基準・下』71頁）。

　進入する際黄信号でも、道路交通法施行令2条黄色の灯火2「車両及び路面電車……は、停止位置をこえて進行してはならないこと。ただし、黄色の灯火の信号が表示された時において当該停止位置に近接しているため安全に停止することができない場合を除く。」のただし書に該当し、停止位置に近接しているため安全に停止することができない場合は、青信号進入と同視すべきである（東京地裁『過失相殺率認定基準全訂5版（別冊判タ38号）』210頁、『三訂版注解損害賠償算定基準・下』70頁）。

　また、一方に赤色灯火の点滅があり、他方に黄色灯火の点滅がある場合は、交通整理の行われている交差点に当たらず、黄色灯火の点滅側の車両が他の交通に注意して通行することができるのに対し、赤色灯火の点滅側の車両は停止位置において一時停止しなければならないものとされているから（道交施行令2条1項）、このような交差点における出会い頭の事故については、基本的には後記(エ)の〈事故態様図7〉（66頁）で処理するのが相当であ

〈事故態様図２〉　黄信号車と赤信号車の事故

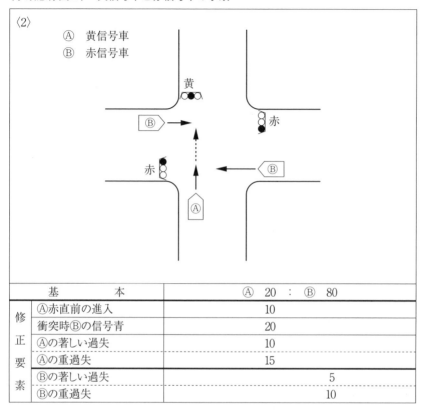

	基　　　　本	Ⓐ　20　：　Ⓑ　80	
修正要素	Ⓐ赤直前の進入	10	
	衝突時Ⓑの信号青	20	
	Ⓐの著しい過失	10	
	Ⓐの重過失	15	
	Ⓑの著しい過失		5
	Ⓑの重過失		10

る（東京地裁『過失相殺率認定基準全訂５版（別冊判タ38号）』209頁）。

　(ウ)　赤信号車同士の事故の過失割合

　全赤信号の場合、双方とも赤信号を無視しもしくは見落としているので、基本過失割合は、50：50となる（東京地裁『過失相殺率認定基準全訂５版（別冊判タ38号）』211頁・212頁【100】、日弁連東京『損害賠償額算定基準・上2015』272頁〔31〕、『三訂版注解損害賠償算定基準・下』72頁・73頁）。

〈事故態様図３〉　赤信号車同士の事故

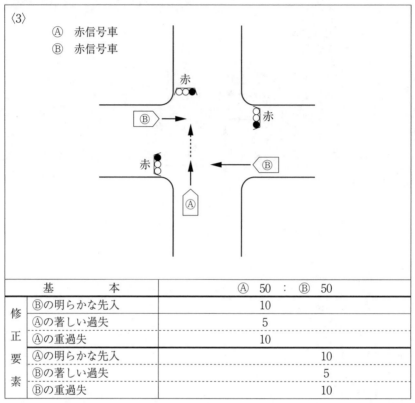

	基　　　本	Ⓐ　50　：　Ⓑ　50
修正要素	Ⓑの明らかな先入	10
	Ⓐの著しい過失	5
	Ⓐの重過失	10
	Ⓐの明らかな先入	10
	Ⓑの著しい過失	5
	Ⓑの重過失	10

（注）　日弁連東京『損害賠償算定基準・上2015』272頁〔32〕および『三訂版注解損害賠償算定基準・下』75頁〔23〕では、「青信号車Ⓐと信号残り車Ⓑの事故としての類型を設け、基本過失割合をⒶ車：Ⓑ車＝30：70とし、「修正要素」として、「Ⓐの著しい過失」でⒶ車に10％の過失加算、「Ⓐの重過失」でⒶ車に20％の過失加算、「Ⓑが黄信号進入」でⒷ車に10％の過失加算、「Ⓑの著しい過失」でⒷ車に５％の過失加算、「Ⓑの重過失」でⒷ車に10％の過失加算、をそれぞれしている。

　「信号残り」とは、青信号で交差点に進入した後、赤になるまでに交差点を通過できないで残る場合のことである。Ⓑ車には道路交通法50条１項の交差点への進入禁止違反の過失がある場合を想定しており、Ⓐ車にとって交差点を一瞥しただけではⒷ車を発見しにくい態様を想定している。Ⓐ車にとってⒷ車を発見容易な場合には、Ⓐ車の著しい前方不注意となり、更にⒷ車が交差点で抜けられずに立ち往生しているような場合で、Ⓐ車が信号のみを頼りに進行してⒷ車に衝突したような場合は、この態様の基準外としてⒶ車の過失の方が大となるとしている（日弁連東京『損害賠償算定基準・上2015』272頁）。

イ　信号機により交通整理が行われていない交差点における事故の過失割合

　信号機により交通整理が行われていない交差点における出会い頭の衝突事故のほとんどは、見とおしがきかない交差点において発生することから、これを基本として、見とおしきく交差点であることは、修正要素として、基本過失割合を考える（東京地裁『過失相殺率の認定基準全訂5版（別冊判タ38号）』213頁）。

　車両は、左右の見とおしがきかない交差点に入ろうとし、または交差点内で左右の見とおしがきかない部分を通行しようとする場合は、当該交差点において交通整理が行われているときおよび優先道路を進行しているときを除き、徐行しなければならない（道交42条1号）。すなわち、信号により交通整理が行われていない見とおしのきかない交差点においては、優先道路以外の道路（同幅員の道路、広路、狭路、非優先道路）を走行する車両には、徐行義務がある（東京地裁『過失相殺率の認定基準全訂5版（別冊判タ38号）』213頁）。

　㈦　同幅員の交差点での事故の過失割合

　交通整理が行われていない同幅員の交差点においては、交差道路を左方から進行してくる車両の進行妨害をしてはならないとされている（道交36条1項1号）。

　これらを前提に、交通整理が行われていない同幅員の左右の見とおしがきかない交差点に、双方同速度で進入してきた場合の基本過失割合は、左方車：右方車＝40：60となる（東京地裁『過失相殺率認定基準全訂5版（別冊判タ38号）』215頁【101】、日弁連東京『損害賠償額算定基準・上2015』272頁〔33〕、『三訂版注解損害賠償算定基準・下』78頁・79頁）。

第7章 被害者側の過失

〈事故態様図4〉 同幅員の交差点での事故

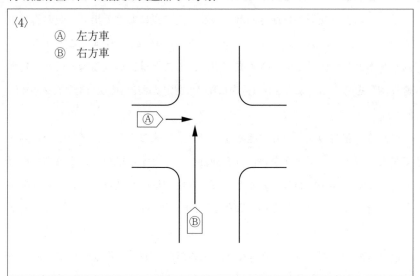

速度等		ⒶⒷ同程度の速度	Ⓐ減速せず Ⓑ減速	Ⓐ減速 Ⓑ減速せず
基本		Ⓐ 40：Ⓑ 60	Ⓐ 60：Ⓑ 40	Ⓐ 20：Ⓑ 80
修正要素	Ⓐの著しい過失（注）1	10	10	10
	Ⓐの重過失	20	20	20
	見とおしのきく交差点（注）2	10	10	10
	夜間	5	5	5
	Ⓑの著しい過失（注）3	10	10	10
	Ⓑの重過失	20	20	20

（注） 1 左方車Ⓐが幅員の余裕があるにもかかわらず道路右側部分を通行していたことが事故の原因となっているような場合の左方車Ⓐや、一方の車両の先入が明らかな場合の他方の車両には、著しい過失があるとしてよい（東京地裁『過失相殺率の認定基準全訂5版（別冊判タ38号）』215頁③）。

2 双方が十分な減速をして法定の徐行を実行し、交差点進入前に相手方を認識し得たときには、見とおしがきく交差点であるときと同様に、左方車Ⓐについて減算修正（右方車Ⓑについて加算修正）をすべきである（東京地裁『過失相殺率の認定基準全訂5版（別冊判タ38号）』215頁①）。

3 一方の車両の先入が明らかな場合の他方の車両には、著しい過失があるとしてよい（東京地裁『過失相殺率の認定基準全訂5版（別冊判タ38号）』215頁③）。

4 東京地裁『過失相殺率の認定基準全訂5版（別冊判タ38号）』では、大型車による修正項目を削除し、大型車であることが事故発生の危険性を高くしたと考えられる事故類型においては、個別に、大型車であることにより5％程度の修正をすることとされた（東京地裁『過失相殺率の認定基準全訂5版（別冊判タ38号）』45頁(3)）が、日弁連東京

『損害賠償額算定基準・上2015』272頁〔33〕・『三訂版注解損害賠償算定基準・下』79頁〔24〕では、左方車Ⓐおよび右方車Ⓑそれぞれについて大型車ということで5％の過失割合加重の修正要素を設けている。

(ｲ)　一方車両に一方通行規制違反がある場合の交差点での事故の過失割合

　一方の車両が一方通行規制に違反して進行し、交差点に進入した場合であっても、当該交差点が見とおしがきかない交差点であるときには、他方の車両にも徐行義務があり（道交42条1号）、一方通行違反となる方向に対する安全確認義務も全くないとはいえない（東京地裁『過失相殺率の認定基準全訂5版（別冊判タ38号）』216頁）。

　一方車両に一方通行規制違反がある場合の、交通整理が行われていない交差点での事故の基本過失割合は、一方通行無違反車：一方通行違反車＝20：80となる（東京地裁『過失相殺率認定基準全訂5版（別冊判タ38号）』217頁【102】、日弁連東京『損害賠償額算定基準・上2015』273頁〔34〕、『三訂版注解損害賠償算定基準・下』81頁〔25〕）。

〈事故態様図5〉　一方車両に一方通行規制違反がある場合の事故

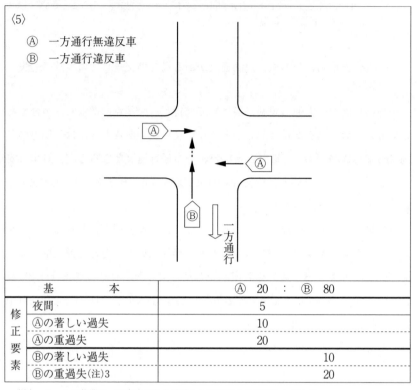

	基　　本	Ⓐ　20　：　Ⓑ　80	
修正要素	夜間	5	
	Ⓐの著しい過失	10	
	Ⓐの重過失	20	
	Ⓑの著しい過失		10
	Ⓑの重過失(注)3		20

（注）　1　この基準は、双方車両とも減速している場合を前提としている。
　　　　　一方の車両が減速していない場合は、著しい過失の一態様として、減速していない車両に10％不利に修正するのが妥当である（東京地裁『過失相殺率の認定基準全訂5版（別冊判タ38号）』217頁）。
　　　2　『三訂版注解損害賠償算定基準・下』81頁〔25〕では、「見通しのきく交差点」で、一方通行無違反車Ⓐについて、10％の過失加算をしている。
　　　3　一方通行違反車Ⓑが後退で交差点に進入してきた場合には、重過失によるⒷ車への加算修正がされてよい（東京地裁『過失相殺率の認定基準全訂5版（別冊判タ38号）』217頁）。
　　　4　東京地裁『過失相殺率の認定基準全訂5版（別冊判タ38号）』では、大型車による修正項目を削除し、大型車であることが事故発生の危険性を高くしたと考えられる事故類型においては、個別に、大型車であることにより5％程度の修正をすることとされた（東京地裁『過失相殺率の認定基準全訂5版（別冊判タ38号）』45頁(3)）が、日弁連東京『損害賠償額算定基準・上2015』273頁〔34〕・『三訂版注解損害賠償算定基準・下』81頁〔25〕では、一方通行無違反車Ⓐおよび一方通行違反車Ⓑそれぞれについて大型車ということで5％の過失割合加重の修正要素を設けている。

㊂　一方が明らかに広い道路である場合の交差点での事故の過失割合

　一方が明らかに広い道路である場合の、交通整理が行われていない交差点での、双方車両の速度が同程度の場合の基本過失割合は、広路車：狭路車＝30：70となる（東京地裁『過失相殺率認定基準全訂5版（別冊判タ38号）』218頁【103】、日弁連東京『損害賠償額算定基準・上2015』273頁〔35〕、『三訂版注解損害賠償算定基準・下』83頁）。

　「明らかに広い道路＝広路」とは、交差する道路の一方の幅員が明らかに広い道路をいい（道交36条2項・3項）、「明らかに広い」とは、自動車の運転手が交差点の入り口においてその判断により道路の幅員が客観的にかなり広いと一見して見分けられるものをいうとされている（最決昭45・11・10刑集24巻12号1603頁・判タ256号184頁・判時616号105頁）（東京地裁『過失相殺率認定基準全訂5版（別冊判タ38号）』218頁①、『三訂版注解損害賠償算定基準・下』82頁）。

　最高裁昭和63年4月28日決定（刑集42巻4号793頁・判タ665号149頁・判時1277号164頁）が、車両等が見とおしのきかない交差点に入ろうとする場合には、広路を進行しているときであっても徐行義務は免除されないと判示したことから、過失割合の決定においては、双方の減速の有無を考慮するのが相当であるとされ、車両の速度差に応じた基本過失割合が設定されている（東京地裁『過失相殺率認定基準全訂5版（別冊判タ38号）』218頁③、『三訂版注解損害賠償算定基準・下』84頁）。

〈事故態様図6〉　一方が明らかに広い道路である場合の事故

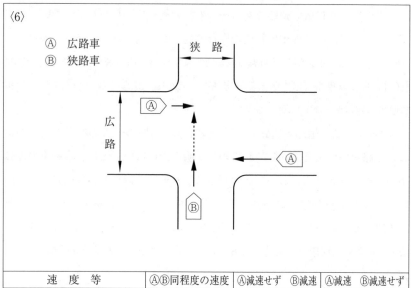

速　度　等	Ⓐ Ⓑ同程度の速度	Ⓐ減速せず　Ⓑ減速	Ⓐ減速　Ⓑ減速せず
基　　本	Ⓐ　30：Ⓑ　70	Ⓐ　40：Ⓑ　60	Ⓐ　20：Ⓑ　80
修正要素　Ⓑの明らかな先入(注)1	10	10	10
修正要素　Ⓐの著しい過失	10	10	10
修正要素　Ⓐの重過失	20	20	20
修正要素　見とおしのきく交差点(注)2	10	10	10
修正要素　Ⓑの著しい過失	10	10	10
修正要素　Ⓑの重過失	20	20	20

（注）　1　広路車Ⓐの通常の速度（制限速度内）を基準として、広路車Ⓐが、狭路車Ⓑの交差点進入時に直ちに制動または方向転換の措置をとれば容易に衝突を回避することができる関係にある場合を「明らかな先入」として修正要素とするのが相当である（東京地裁『過失相殺率の認定基準全訂5版（別冊判タ38号）』218頁）。

　　　　なお、狭路車Ⓑが既に交差点内に入って停止しているところに広路車Ⓐが衝突した場合のように、およそ出会い頭事故と呼ぶにふさわしくないほどに先入の程度が著しい場合は、この基準の対象外である（東京地裁『過失相殺率の認定基準全訂5版（別冊判タ38号）』218頁・219頁）。

　　　2　『三訂版注解損害賠償算定基準・下』83頁〔26〕では、「見とおしのきく交差点」を過失の修正要素とはしていない。

　　　3　東京地裁『過失相殺率の認定基準全訂5版（別冊判タ38号）』では、大型車による修正項目を削除し、大型車であることが事故発生の危険性を高くしたと考えられる事故類型においては、個別に、大型車であることにより5％程度の修正をすることとされた（東京地裁『過失相殺率の認定基準全訂5版（別冊判タ38号）』45頁(3)）が、日弁連東京

『損害賠償額算定基準・上2015』273頁〔35〕では、狭路車Ⓑについてのみ大型車ということで5％の過失割合加重の修正要素を設け、『三訂版注解損害賠償算定基準・下』83頁〔26〕では、広路車Ⓐおよび狭路車Ⓑそれぞれについて大型車ということで5％の過失割合加重の修正要素を設けている。

㈦　一方に一時停止規制がある場合の交差点での事故の過失割合

　一方に一時停止の規制がある交差点では、交差点の形状により停止線の直前で停止したままでは左右の安全を確認することができない場合、さらに徐行発進しつつ左右の安全を確認しなければならない。また、一時停止しても、左右の安全を確認することを怠り、もしくは不十分であったことにより、または交差道路を進行する車両の速度等に対する判断を誤ったことにより、同車両との衝突事故を惹起した場合は、一時停止の規制がある側が不利に扱われることになる（東京地裁『過失相殺率の認定基準全訂5版（別冊判タ38号）』220頁）。

　なお、信号機が設置されていても、一方に赤点滅信号があり、他方に黄点滅信号がある交差点における出会い頭事故については、この基準による（東京地裁『過失相殺率の認定基準全訂5版（別冊判タ38号）』220頁）。

　このような、一方に一時停止規制がある場合の、交通整理が行われていない交差点での、双方車両の速度が同程度の場合の基本過失割合は、一時停止規制無車：一時停止規制車＝20：80となる（東京地裁『過失相殺率認定基準全訂5版（別冊判タ38号）』221頁【104】、日弁連東京『損害賠償額算定基準・上2015』273頁〔36〕、『三訂版注解損害賠償算定基準・下』89頁）。

第7章　被害者側の過失

〈事故態様図7〉　一方に一時停止規制がある場合の事故

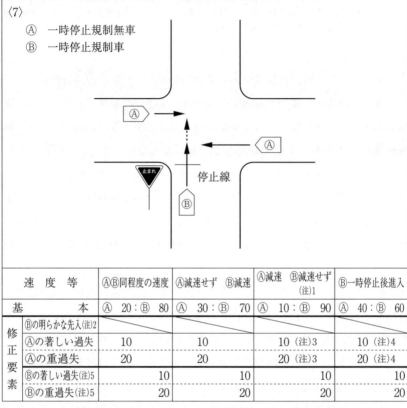

速　度　等	Ⓐ Ⓑ同程度の速度	Ⓐ減速せず　Ⓑ減速	Ⓐ減速　Ⓑ減速せず (注)1	Ⓑ一時停止後進入
基　　本	Ⓐ　20：Ⓑ　80	Ⓐ　30：Ⓑ　70	Ⓐ　10：Ⓑ　90	Ⓐ　40：Ⓑ　60
修正要素　Ⓑの明らかな先入(注)2				
修正要素　Ⓐの著しい過失	10	10	10（注)3	10（注)4
修正要素　Ⓐの重過失	20	20	20（注)3	20（注)4
修正要素　Ⓑの著しい過失(注)5	10	10	10	10
修正要素　Ⓑの重過失(注)5	20	20	20	20

（注）1　一時停止規制無車Ⓐ—徐行、一時停止規制車Ⓑ—減速せずの場合は、Ⓐ車：Ⓑ車＝0：100と考えるのが相当である（東京地裁『過失相殺率認定基準全訂5版（別冊判タ38号）』221頁⑤、日弁連東京『損害賠償額算定基準・上2015』273頁〔36〕、『三訂版注解損害賠償算定基準・下』89頁〔28〕）。

　　　2　ここでの「Ⓑの明らかな先入」は、一時停止の規制がある道路からの一時停止規制車Ⓑの先入に気付いた一時停止規制無車Ⓐにおいて、通常の注意義務を尽くせば衝突を回避することができたにもかかわらず、そのような注意義務を怠ったこと意味する。この基準の態様の事故においては、Ⓑ車に一時停止義務違反という重大な義務違反があることから、Ⓐ車の上記のような軽度の注意義務違反をもってⒷ車に有利に修正するのは相当でないし、また、Ⓑ車が一時停止している場合には、Ⓑ車の先入は、既に基本の過失割合において考慮済みであるから、それぞれ修正要素として考慮しない（東京地裁『過失相殺率の認定基準全訂5版（別冊判タ38号）』221頁③）。

　　　3　日弁連東京『損害賠償額算定基準・上2015』273頁〔36〕および『三訂版注解損害賠償算定基準・下』89頁〔28〕は、「Ⓐ減速、Ⓑ減速せず」および「Ⓐ徐行、Ⓑ減速せず」

の場合の一時停止規制無車Ⓐの著しい過失およびⒶ車の重過失のⒶ車への過失加算を、それぞれ、15％、25％としている。
4　『三訂版注解損害賠償算定基準・下』89頁〔28〕、「Ⓑ一時停止後進入」の場合の一時停止規制無車Ⓐの著しい過失およびⒶ車の重過失のⒶ車への過失加算を、それぞれ15％、25％としている。
5　日弁連東京『損害賠償額算定基準・上2015』273頁〔36〕および三訂版注解損害賠償算定基準・下』89頁〔28〕は、一時停止規制無車Ⓐ、一時停止規制車Ⓑの速度等の態様に関するすべての事例において、Ⓑ車の著しい過失およびⒷ車の重過失のⒷ車への過失加算を、それぞれ、10％、15％としている。
6　東京地裁『過失相殺率の認定基準全訂5版（別冊判タ38号）』では、大型車による修正項目を削除し、大型車であることが事故発生の危険性を高くしたと考えられる事故類型においては、個別に、大型車であることにより5％程度の修正をすることとされた（東京地裁『過失相殺率の認定基準全訂5版（別冊判タ38号）』45頁(3)）が、日弁連東京『損害賠償額算定基準・上2015』273頁〔36〕では、一時停止規制車Ⓑについてのみ大型車ということで5％の過失割合加重の修正要素を設け、『三訂版注解損害賠償算定基準・下』89頁〔28〕では、一時停止規制無車Ⓐについては「ⒶⒷ同程度速度」・「Ⓐ減速せずⒷ減速」の場合だけ大型車ということで5％の過失割合加重の修正要素を設け、一時停止規制車Ⓑについてはすべての場合に大型車ということで5％の過失割合加重の修正要素を設けている。

(ｵ)　一方が優先道路である場合の交差点での事故の過失割合

　優先道路とは、道路標識等で優先道路と指定されているものおよび当該交差点において当該道路における車両の通行を規制する道路標識等による中央線または車両通行帯が設けられているものをいう（道交36条2項）（東京地裁『過失相殺率認定基準全訂5版（別冊判タ38号）』49頁・223頁、『三訂版注解損害賠償算定基準・下』85頁）。この一方が優先道路である場合の、交通整理が行われていない交差点での基本過失割合は、優先道路進行車：非優先道路進行車＝10：90となる（東京地裁『過失相殺率認定基準全訂5版（別冊判タ38号）』223頁【105】、日弁連東京『損害賠償額算定基準・上2015』274頁〔37〕、『三訂版注解損害賠償算定基準・下』86頁）。

　優先道路といっても、その態様はさまざまであり、幹線道路もあれば、単に中央に線が引かれているだけで非優先道路の道路幅と差がない道路もある。幹線道路、片側二車線以上ある道路および中央分離帯が設置されている道路など、優先性が明らかな優先道路以外は、一方に一時停止規制がある場

〈事故態様図 8〉 一方が優先道路である場合の事故

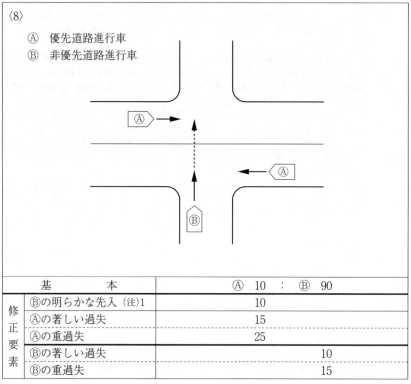

〈8〉 Ⓐ 優先道路進行車　Ⓑ 非優先道路進行車		
基　　本	Ⓐ 10	： Ⓑ 90
修正要素	Ⓑの明らかな先入（注）1	10
	Ⓐの著しい過失	15
	Ⓐの重過失	25
	Ⓑの著しい過失	10
	Ⓑの重過失	15

（注） 1　優先道路進行車Ⓐの通常の速度（制限速度内）を基準とし、Ⓐ車が、非優先道路進行車Ⓑの交差点進入時に直ちに制動または方向転換の措置をとれば容易に衝突を回避することができる関係にある場合を「Ⓑの明らかな先入」として修正要素とするのが相当である（東京地裁『過失相殺率の認定基準全訂5版（別冊判タ38号）』223頁③）。
　　　　　非優先道路進行車Ⓑが既に交差点に入って停止しているところに優先道路進行車Ⓐが衝突した場合で、およそ出会い頭事故と呼ぶにふさわしくないほどに先入の程度が著しい場合は、この基準の対象外である（東京地裁『過失相殺率の認定基準全訂5版（別冊判タ38号）』223頁③）。
　　　2　東京地裁『過失相殺率の認定基準全訂5版（別冊判タ38号）』では、大型車による修正項目を削除し、大型車であることが事故発生の危険性を高くしたと考えられる事故類型においては、個別に、大型車であることにより5％程度の修正をすることとされた（東京地裁『過失相殺率の認定基準全訂5版（別冊判タ38号）』45頁(3)）が、日弁連東京版『損害賠償額算定基準・上2015』274頁〔37〕および『三訂版注解損害賠償算定基準・下』86頁〔27〕では、非優先道路進行車Ⓑについてのみ大型車ということで5％の過失割合加重の修正要素を設けている。

合の交差点での事故の基準（前記(エ)（65頁）・〈事故態様図7〉（66頁）参照）に準じて考えてよい場合もあると思われる（東京地裁『過失相殺率の認定基準全訂5版（別冊判タ38号）』223頁①、日弁連東京『損害賠償額算定基準・上2015』274頁）。また、一方が優先道路に該当しない道路の場合でも、一方の広路が幹線道路で他方の狭路が路地に類するときなど、広路の優先性が特に顕著であるときは、この基準に準じて考えてもよいと思われる（東京地裁『過失相殺率の認定基準全訂5版（別冊判タ38号）』223頁①）。

　優先道路進行車両は、見とおしのきかない交差点においても徐行義務がない（道交42条1号）。しかし、その場合でも、交差点に入る際の交差道路を通行する車両等に注意し、安全な速度と方法で進行すべき注意義務が要求されており（道交36条4項）、具体的な事故の場面では、優先道路進行車両にも前方不注視や若干の速度違反等の何らかの過失が肯定されることが多いと思われる（東京地裁『過失相殺率認定基準全訂5版（別冊判タ38号）』223頁②）。

　(カ)　車両用信号がない押しボタン式歩行者信号青色表示と交差道路車両用信号赤色表示の交差点での事故の過失割合

　交通量の少ない交差点で、一方道路の車両用信号が常時青色灯火の表示をしていて、その道路を横断する横断歩道の歩行者専用押しボタン式信号機のボタンを押したときにのみ、当該道路の車両用信号が赤色を表示することになり、それに伴って当該道路を横断する横断歩道の歩行者専用押しボタン式信号が青色を表示することになる信号機が設置されている場合がある。ここで問題にするのは、車両用信号がない交差道路から（交差点の手前での一時停止規制があるのが普通）、当該歩行者専用押しボタン式信号の青色表示を信頼して交差点に入った車両と、車両用の信号が赤色表示をしているのに交差点に進入した車両の出会い頭に衝突した事故である。この場合、車両用の信号が赤色表示をしている道路を進行している車両は、信号により規制されているが、車両用信号がない交差道路から進入する車両は、信号により規制がされていないことになる。

〈事故態様図9〉　車両用信号がない歩行者用信号青色と車両用信号赤色での事故

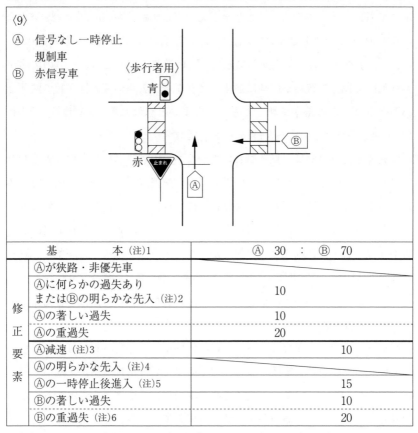

	基　　本　(注)1	Ⓐ　30　：　Ⓑ　70
修正要素	Ⓐが狭路・非優先車	
	Ⓐに何らかの過失ありまたはⒷの明らかな先入　(注)2	10
	Ⓐの著しい過失	10
	Ⓐの重過失	20
	Ⓐ減速　(注)3	10
	Ⓐの明らかな先入　(注)4	
	Ⓐの一時停止後進入　(注)5	15
	Ⓑの著しい過失	10
	Ⓑの重過失　(注)6	20

(注)　1　この基本過失割合は、東京地裁『過失相殺率認定基準全訂5版（別冊判タ38号）』225頁【106】のものである（本文参照）。

2　ここでいう信号なし一時停止規制車Ⓐの何らかの過失とは、通常の前方（交差店内ないしそれに近接する場所）に対する安全不確認または発見後の回避措置懈怠を意味する（東京地裁『過失相殺率認定基準全訂5版（別冊判タ38号）』225頁④）。

日弁連東京『損害賠償額算定基準・上2015』274頁〔38〕は、赤信号車Ⓑの明らかな先入のみをあげ、Ⓐ車に10％の過失加算をしている。

3　基本の過失割合は、双方の車両とも、徐行ないしそれに近い減速をすることなく同程度の速度で交差点に進入していることを想定しているから、信号なし一時停止規制車Ⓐが減速した場合には、赤信号車Ⓑに10％の加算修正をする（東京地裁『過失相殺率の認定基準全訂5版（別冊判タ38号）』226頁⑥）。

日弁連東京『損害賠償額算定基準・上2015』274頁〔38〕は、Ⓐ車の徐行または一時停止後進入として、Ⓑ車に10％の過失加算をしている。

4　信号なし一時停止車Ⓐの先入は、基本過失割合において考慮済みであるから、修正要素として考慮しない（東京地裁『過失相殺率の認定基準全訂5版（別冊判タ38号）』226頁⑦）。
　5　基本過失割合は、信号なし一時停止車Ⓐに一時停止義務違反があることを前提としている。Ⓐ車が一時停止し、左右を見て赤信号車Ⓑの接近を認めたものの、その速度と距離の判断を誤って交差点に進入したため衝突した場合には、Ⓐ車を具体的に認識することができたⒷ車の過失も相当程度あるものといえるから、この場合のⒷ車に対する加算修正値を15％としている（東京地裁『過失相殺率の認定基準全訂5版（別冊判タ38号）』226頁⑧）。
　　なお、一時停止後進入は、減速しているのが通常であるから、「Ⓐ減速」の修正要素を重ねて適用することはしない（東京地裁『過失相殺率の認定基準5全訂版（別冊判タ38号）』226頁⑧）。
　　日弁連東京『損害賠償額算定基準・上2015』274頁〔38〕は、Ⓐ車の徐行または一時停止後進入として、Ⓑ車に10％の加算をしている。
　6　日弁連東京『損害賠償額算定基準・上2015』274頁〔38〕は、赤信号車Ⓑの重過失のⒷ車への過失加算率を15％としている。

　この場合の、車両用信号がない交差道路から（交差点の手前での一時停止規制あり）、当該歩行者専用押しボタン式信号の青色表示を信頼して交差点に入った車両と、車両用の信号が赤色表示をしているのに交差点に進入した車両の出会い頭に衝突した事故の基本過失割合については、日弁連東京『損害賠償額算定基準・上2015』274頁〔38〕では、信号なし一時停止規制車：赤信号車＝20：80としている。これに対し、東京地裁『過失相殺率認定基準全訂5版（別冊判タ38号）』225頁【106】では、信号なし一時停止規制車：赤信号車＝30：70としている。

　ここでは、車両用信号が赤信号であるのに減速することなく交差点に進入した赤信号車Ⓑと歩行者用信号が青信号であることを信頼して減速することなく交差道路から交差点に進入した信号なし一時停止規制車Ⓐとが、出会い頭に衝突した事故を想定している（東京地裁『過失相殺率の認定基準全訂5版（別冊判タ38号）』225頁①）。

(3)　交差点における右折車と直進車の事故の過失割合

　車両等は、交差点で右折する場合において、当該交差点において直進し、または左折しようとする車両等があるときは、当該車両等の通行を妨害して

はならないとされている（道交37条）。この場合の進行妨害とは、右折車が進行を継続し、または始めた場合において、直進車が危険を防止するためその速度または方向を急に変更しなければならないこととなるおそれがあるときに、右折車がその進行を継続し、または始めることである（道交2条1項22号）。したがって、右折車が進行を継続し、または始めた場合において、直進車が危険を防止するためその速度または方向を急に変更しなければならないこととなるおそれがあるときは、右折車は直進車の通過を待たなければならない。つまり、この場合、直進車が右折車に優先することになるが、直進車には、道路交通法36条4項の、交差点に入り通行する際の、交差点の情況に応じて、右折車両等に注意して、できる限り安全な速度と方法で進行する義務は免除されていない。

　ア　同一道路を対向方向から進行してきた右折車と直進車の事故の過失割合

　双方の車両が同一道路を対抗方向から進入した場合、通常、対面信号は同一である。

　信号が設置されていても、一方に赤点滅信号があり、他方に黄点滅信号がある交差点における事故は、信号機により交通整理が行われていない交差点における事故となる（後記(ｲ)（86頁）・〈事故態様図17〉（87頁）参照）（東京地裁『過失相殺率の認定基準全訂5版（別冊判タ38号）』227頁）。

　　(ｱ)　信号機により交通整理が行われている交差点における事故の過失
　　　　割合

　　　　a　ともに青信号で進入した右折車と直進車の事故の過失割合

　信号機により交通整理が行われている交差点での、同一道路を対向方向から進行してきた、ともに青信号で進入した右折車と直進車の事故の基本過失割合は、直進車：右折車＝20：80となる（東京地裁『過失相殺率認定基準全訂5版（別冊判タ38号）』228頁【107】、日弁連東京『損害賠償額算定基準・上2015』274頁〔39〕、『三訂版注解損害賠償算定基準・下』93頁〔29〕）。

〈事故態様図10〉　ともに青信号で進入した右折車と直進車の事故

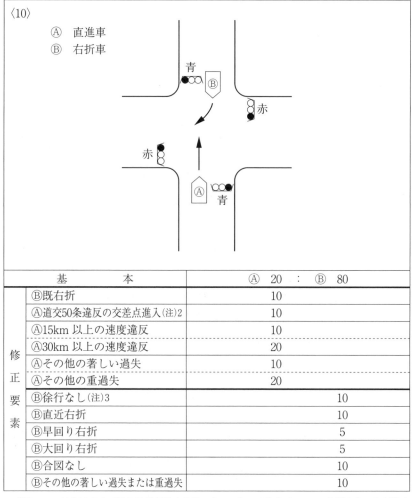

	基　　本	Ⓐ　20　：　Ⓑ　80
修正要素	Ⓑ既右折	10
	Ⓐ道交50条違反の交差点進入(注)2	10
	Ⓐ15km以上の速度違反	10
	Ⓐ30km以上の速度違反	20
	Ⓐその他の著しい過失	10
	Ⓐその他の重過失	20
	Ⓑ徐行なし(注)3	10
	Ⓑ直近右折	10
	Ⓑ早回り右折	5
	Ⓑ大回り右折	5
	Ⓑ合図なし	10
	Ⓑその他の著しい過失または重過失	10

(注)　1　日弁連東京『損害賠償額算定基準・上2015』274頁〔39〕では、右折車Ⓑの右折禁止違反で右折車Ⓑの過失割合を10％加算している。
　　　2　道路前方の車両等の状況により、交差点に入ると当該交差点内で停止することになって、交差道路における車両等の通行の妨害となるおそれがあるときは、当該交差点に入ってはならないとされている（道交50条1項）。
　　　3　徐行は、右折車としての通常の速度を意味し、必ずしも法律上要求される徐行でなくてもよい（東京地裁『過失相殺率の認定基準全訂5版（別冊判タ38号）』228頁②）。
　　　4　東京地裁『過失相殺率の認定基準全訂5版（別冊判タ38号）』では、大型車による修

正項目を削除し、大型車であることが事故発生の危険性を高くしたと考えられる事故類型においては、個別に、大型車であることにより5％程度の修正をすることとされた（東京地裁『過失相殺率の認定基準5版（別冊判タ38号）』45頁(3)）が、日弁連東京『損害賠償額算定基準・上2015』274頁〔39〕および『三訂版注解損害賠償算定基準・下』93頁〔29〕では、右折車⑧についてのみ大型車ということで5％の過失割合加重の修正要素を設けている。

b　直進車が黄信号で進入し、右折車が青信号で進入した後、黄信号で右折した場合の右折車と直進車の事故の過失割合

　対向直進車がいるためなどの理由で、右折車が青信号で適法に交差点に進入した後対面信号が黄色になり、対向直進車の交差点進入が禁止されている状態で右折を開始した場合、右折車には信号違反がないことになる。ただ、黄信号になってからも交差点に進入する直進車があることはかなり一般的であるうえ、右折待機車としても対向直進車の動静を確認することは比較的容易であるといえる。これらを前提に、信号機により交通整理が行われている交差点での、同一道路を対向方向から進行してきて、直進車が黄信号で進入し、右折車が青信号で進入した後黄信号で右折した場合の右折車と直進車の事故の基本過失割合は、直進車：右折車＝70：30となる（東京地裁『過失相殺率認定基準全訂5版（別冊判タ38号）』229頁【108】、日弁連東京『損害賠償額算定基準・上2015』275頁〔40〕、『三訂版注解損害賠償算定基準・下』93頁〔30〕）。

　なお、進入する際黄信号でも、道路交通法施行令2条黄色の灯火2「車両及び路面電車……は、停止位置をこえて進行してはならないこと。ただし、黄色の灯火の信号が表示された時において当該停止位置に近接しているため安全に停止することができない場合を除く。」のただし書に該当し、停止位置に近接しているため安全に停止することができない場合は、青信号進入と同視すべきであり、前記ａの基準によるべきである（前記ａ（72頁）・〈事故態様図10〉（73頁）参照）（東京地裁『過失相殺率認定基準全訂5版（別冊判タ38号）』229頁②、『三訂版注解損害賠償算定基準・下』70頁）。

第3　交通事故における過失割合

〈事故態様図11〉　直進車が黄信号で進入し、右折車が青信号で進入した後黄信号で右折した場合の事故

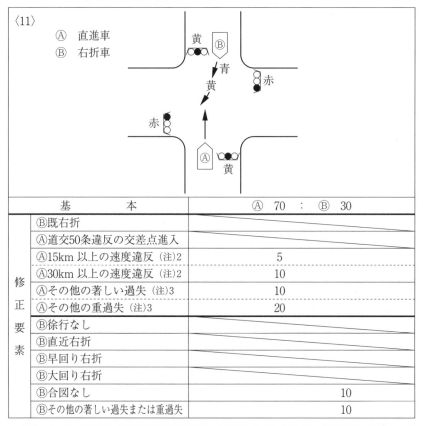

基　　本	Ⓐ　70　：　Ⓑ　30
Ⓑ既右折	
Ⓐ道交50条違反の交差点進入	
Ⓐ15km以上の速度違反（注）2	5
Ⓐ30km以上の速度違反（注）2	10
Ⓐその他の著しい過失（注）3	10
Ⓐその他の重過失（注）3	20
Ⓑ徐行なし	
Ⓑ直近右折	
Ⓑ早回り右折	
Ⓑ大回り右折	
Ⓑ合図なし	10
Ⓑその他の著しい過失または重過失	10

（修正要素）

（注）　1　日弁連東京『損害賠償額算定基準・上2015』275頁〔40〕は、右折車Ⓑの右折禁止違反として、右折車Ⓑへ10％の過失加算をとしている。

　　　2　日弁連東京『損害賠償額算定基準・上2015』275頁〔40〕は、直進車Ⓐの15km/h以上の速度違反で直進車Ⓐへの過失加算を10％とし、直進車Ⓐの30km/h以上の速度違反で直進車Ⓐへの過失加算を20％としている。

　　　　　『三訂版注解損害賠償算定基準・下』93頁〔30〕は、直進車Ⓐの15km/h以上の速度違反および直進車Ⓐの30km/h以上の速度違反での直進車Ⓐへの過失加算を、ともに10％としている。

　　　3　日弁連東京『損害賠償額算定基準・上2015』275頁〔40〕および『三訂版注解損害賠償算定基準・下』93頁〔30〕は、直進車Ⓐのその他の著しい過失での直進車Ⓐへの過失加算を5％とし、直進車Ⓐの重過失での直進車Ⓐへの過失加算を10％としている。

75

c　ともに黄信号で進入した右折車と直進車の事故の過失割合

　信号機により交通整理が行われている交差点での、同一道路を対向方向から進行してきた、ともに黄信号で進入した右折車と直進車の事故の基本過失割合は、日弁連東京『損害賠償額算定基準・上2015』275頁〔41〕、『三訂版注解損害賠償算定基準・下』94頁〔31〕では、直進車：右折車＝40：60となっている。東京地裁『過失相殺率認定基準全訂4版（別冊判タ16号）』135頁【62】では、従前、直進車：右折車＝40：60となっていたものを、双方とも信号違反である以上、信号関係は対等であること、黄信号のうちに進入して右折する車が多く存在することからすると、直進車としてもその優先制をあまり強く主張し得ないとして、双方赤信号で進入した場合と同様に、直進車：右折車＝50：50としていたが、同『同全訂5版（別冊判タ38号）』230頁【109】では、直進車Ⓐと右折車Ⓑがともに黄信号で進入した場合と直進車Ⓐと右折車Ⓑがともに赤信号で進入した場合とでは、直進車の優先性の程度に差があると考えるのが相当であり、直進車Ⓐと右折車Ⓑがともに黄信号で進入した場合の直進車Ⓐ：右折車Ⓑの基本過失割合を40：60と改めた。

　なお、進入する際黄信号でも、道路交通法施行令2条黄色の灯火2「車両及び路面電車……は、停止位置をこえて進行してはならないこと。ただし、黄色の灯火の信号が表示された時において当該停止位置に近接しているため安全に停止することができない場合を除く。」のただし書に該当し、停止位置に近接しているため安全に停止することができない場合は、青信号進入と同視すべきであり、前記ａの基準によるべきである（前記ａ（72頁）・〈事故態様図10〉（73頁）参照）（東京地裁『過失相殺率認定基準全訂5版（別冊判タ38号）』230頁①、『三訂版注解損害賠償算定基準・下』70頁）。

第3 交通事故における過失割合

〈事故態様図12〉 ともに黄信号で進入した右折車と直進車の事故

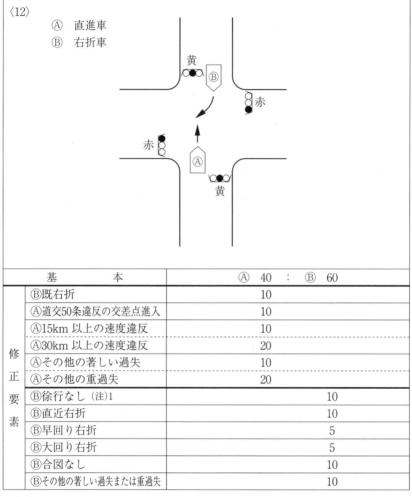

	基　　　本	Ⓐ 40 ： Ⓑ 60
修正要素	Ⓑ既右折	10
	Ⓐ道交50条違反の交差点進入	10
	Ⓐ15km以上の速度違反	10
	Ⓐ30km以上の速度違反	20
	Ⓐその他の著しい過失	10
	Ⓐその他の重過失	20
	Ⓑ徐行なし（注）1	10
	Ⓑ直近右折	10
	Ⓑ早回り右折	5
	Ⓑ大回り右折	5
	Ⓑ合図なし	10
	Ⓑその他の著しい過失または重過失	10

（注） 1 徐行は、右折車としての通常の速度を意味し、必ずしも法律上要求される徐行でなくてもよい（東京地裁『過失相殺率の認定基準全訂5版（別冊判タ38号）』230頁②・228頁②）。

2 日弁連東京『損害賠償額算定基準・上2015』275頁〔41〕では、右折車Ⓑの右折禁止違反で右折車Ⓑの過失割合を10％加算している。

3 東京地裁『過失相殺率の認定基準全訂5版（別冊判タ38号）』では、大型車による修正項目を削除し、大型車であることが事故発生の危険性を高くしたと考えられる事故類型においては、個別に、大型車であることにより5％程度の修正をすることとされた

77

（東京地裁『過失相殺率の認定基準全訂5版（別冊判タ38号）』45頁(3)）が、日弁連東京『損害賠償額算定基準・上2015』275頁〔41〕および『三訂版注解損害賠償算定基準・下』94頁〔31〕では、右折車Ⓑについてのみ大型車ということで5％の過失割合加重の修正要素を設けている。

  d ともに赤信号で進入した右折車と直進車の事故の過失割合

 信号機により交通整理が行われている交差点での、同一道路を対向方向から進行してきた、ともに赤信号で進入した右折車と直進車の事故の基本過失割合は、直進車：右折車＝50：50となる（東京地裁『過失相殺率認定基準全訂5版（別冊判タ38号）』231頁【110】、日弁連東京『損害賠償額算定基準・上2015』276頁〔45〕、『三訂版注解損害賠償算定基準・下』95頁〔35〕）。

〈事故態様図13〉 ともに赤信号で進入した右折車と直進車の事故

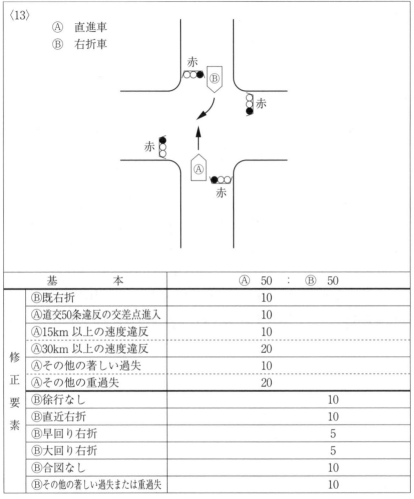

	基　　本	Ⓐ　50　：　Ⓑ　50	
修正要素	Ⓑ既右折	10	
	Ⓐ道交50条違反の交差点進入	10	
	Ⓐ15km以上の速度違反	10	
	Ⓐ30km以上の速度違反	20	
	Ⓐその他の著しい過失	10	
	Ⓐその他の重過失	20	
	Ⓑ徐行なし		10
	Ⓑ直近右折		10
	Ⓑ早回り右折		5
	Ⓑ大回り右折		5
	Ⓑ合図なし		10
	Ⓑその他の著しい過失または重過失		10

（注）　1　日弁連東京『損害賠償額算定基準・上2015』276頁〔45〕では、右折車Ⓑの右折禁止違反で右折車Ⓑの過失割合を10％加算している。

2　東京地裁『過失相殺率の認定基準全訂5版（別冊判タ38号）』では、大型車による修正項目を削除し、大型車であることが事故発生の危険性を高くしたと考えられる事故類型においては、個別に、大型車であることにより5％程度の修正をすることとされた（東京地裁『過失相殺率の認定基準全訂5版（別冊判タ38号）』45頁(3)）が、日弁連東京『損害賠償額算定基準・上2015』276頁〔45〕および『三訂版注解損害賠償算定基準・下』95頁〔35〕では、右折車Ⓑについてのみ大型車ということで5％の過失割合加重の

修正要素を設けている。

　e　直進車が赤信号で進入し、右折車が青信号で進入した後、赤信号で右折した場合の右折車と直進車の事故の過失割合

　右折車が青信号で交差点に進入し、対面信号が赤信号に変わるのを待って右折を開始し、対向直進車が赤信号で同交差点に進入した場合は、前記 b (72頁) の直進車が黄信号で進入し、右折車が青信号で進入した後黄信号で右折した場合よりも、直進車の優先性の程度をさらに減じて考えるのが相当である。そして、対向直進車側の信号が赤信号になった段階で、右折車は初めて右折できるのが実情であることも考慮すると、信号機により交通整理が行われている交差点での、同一道路を対向方向から進行してきて、直進車が赤信号で進入し、右折車が青信号で進入した後赤信号で右折した場合の右折車と直進車の事故の基本過失割合は、直進車：右折車＝90：10となる（東京地裁『過失相殺率認定基準全訂5版（別冊判タ38号）』232頁【111】、日弁連東京『損害賠償額算定基準・上2015』276頁〔43〕、『三訂版注解損害賠償算定基準・下』95頁〔33〕）。

〈事故態様図14〉 直進車が赤信号で進入し、右折車が青信号で進入した後赤信号で右折した場合の事故

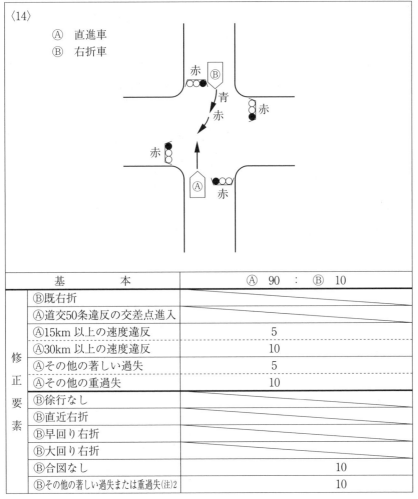

	基　　本	Ⓐ 90 : Ⓑ 10
修正要素	Ⓑ既右折	
	Ⓐ道交50条違反の交差点進入	
	Ⓐ15km 以上の速度違反	5
	Ⓐ30km 以上の速度違反	10
	Ⓐその他の著しい過失	5
	Ⓐその他の重過失	10
	Ⓑ徐行なし	
	Ⓑ直近右折	
	Ⓑ早回り右折	
	Ⓑ大回り右折	
	Ⓑ合図なし	10
	Ⓑその他の著しい過失または重過失(注)2	10

(注)　1　日弁連東京『損害賠償額算定基準・上2015』276頁〔43〕では、右折車Ⓑの右折禁止違反で右折車Ⓑの過失割合を10％加算している。
　　　2　日弁連東京『損害賠償額算定基準・上2015』276頁〔43〕および『三訂版注解損害賠償額算定基準・下』95頁〔33〕では、右折車Ⓑの「その他著しい過失または重過失」での右折車Ⓑへの過失加算率を20％としている。

f 　直進車が赤信号で進入し、右折車が黄信号で進入した後、赤信号で右折した場合の右折車と直進車の事故の過失割合

　右折車が黄信号で交差点に進入し、対面信号が赤信号に変わるのを待って右折を開始し、対向直進車が赤信号で同交差点に進入した場合は、対向直進車側の信号が赤信号になった段階で、右折車は初めて右折できるのが実情であることや、直進車に赤信号無視の違法性があることを考慮すべきである。それを前提に、信号機により交通整理が行われている交差点での、同一道路を対向方向から進行してきて、直進車が赤信号で進入し、右折車が黄信号で進入した後赤信号で右折した場合の右折車と直進車の事故の基本過失割合は、直進車：右折車＝70：30となる（東京地裁『過失相殺率認定基準全訂5版（別冊判タ38号）』233頁【112】、日弁連東京『損害賠償額算定基準・上2015』276頁〔44〕、『三訂版注解損害賠償算定基準・下』95頁〔34〕）。

第3 交通事故における過失割合

〈事故態様図15〉 直進車が赤信号で進入し、右折車が黄信号で進入した後赤信号で右折した場合の事故

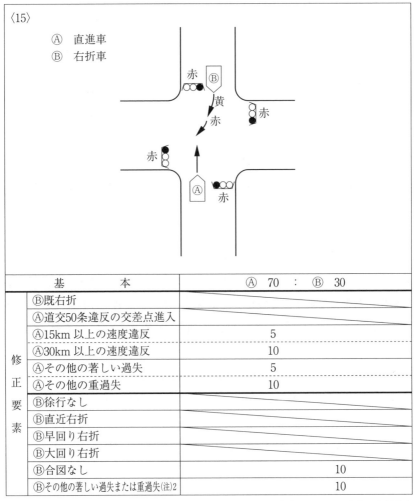

	基　　本	Ⓐ 70 ： Ⓑ 30
修正要素	Ⓑ既右折	
	Ⓐ道交50条違反の交差点進入	
	Ⓐ15km以上の速度違反	5
	Ⓐ30km以上の速度違反	10
	Ⓐその他の著しい過失	5
	Ⓐその他の重過失	10
	Ⓑ徐行なし	
	Ⓑ直近右折	
	Ⓑ早回り右折	
	Ⓑ大回り右折	
	Ⓑ合図なし	10
	Ⓑその他の著しい過失または重過失(注)2	10

（注）　1　日弁連東京『損害賠償額算定基準・上2015』276頁〔44〕では、右折車Ⓑの右折禁止違反で右折車Ⓑの過失割合を10％加算している。
　　　　2　日弁連東京『損害賠償額算定基準・上2015』276頁〔44〕および『三訂版注解損害賠償額算定基準・下』95頁〔34〕では、右折車Ⓑの「その他著しい過失または重過失」の過失加算を10％～20％としている。

83

g　直進車が赤信号で進入し、右折車が青矢印による右折可の信号で右折した場合の右折車と直進車の事故の過失割合

　直進車が赤信号で進入し、右折車が青矢印による右折可の信号で右折した場合、直進が禁止され、右折のみが許されることになるから、基本的には赤信号を無視した直進車の一方的過失というべきである（東京地裁『過失相殺率認定基準全訂5版（別冊判タ38号）』234頁・240頁）。したがって、信号機により交通整理が行われている交差点での、同一道路を対向方向から進行してきて、直進車が赤信号で進入し、右折車が青矢印による右折可で右折した場合の右折車と直進車の事故の基本過失割合は、直進車：右折車＝100：0となる（東京地裁『過失相殺率認定基準全訂5版（別冊判タ38号）』235頁【113】、日弁連東京『損害賠償額算定基準・上2015』275頁〔42〕、『三訂版注解損害賠償算定基準・下』94頁〔32〕）。

　ただ、右折待機車としても、対向直進車の動静を確認することは比較的容易であるといえるから、わずかに前方を注視すれば直進車の進入を認識しうるのにこれをしなかったというような場合には、右折車にも若干の過失を認める余地があると思われる（東京地裁『過失相殺率認定基準全訂5版（別冊判タ38号）』234頁）。

　直進車Ⓐが青信号または黄信号で既に交差点に進入している場合には、この基準によらず、〈事故態様図10〉（71頁およびa（70頁）参照）および〈事故態様図11〉（73頁およびb（72頁）参照）の各基準を修正して適宜定める（東京地裁『過失相殺率の認定基準全訂5版（別冊判タ38号）』235頁）。

〈事故態様図16〉 直進車が赤信号で進入し、右折車が青矢印による右折可の信号で右折した場合の事故

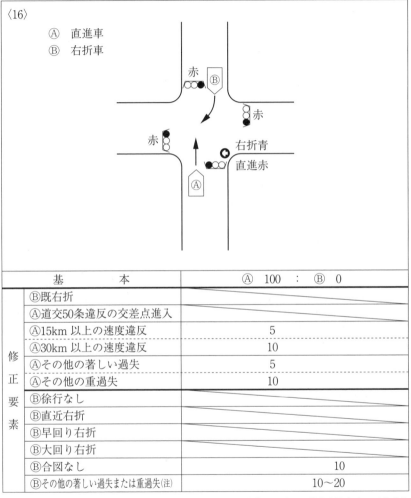

	基　　本	Ⓐ 100 : Ⓑ 0
修正要素	Ⓑ既右折	
	Ⓐ道交50条違反の交差点進入	
	Ⓐ15km以上の速度違反	5
	Ⓐ30km以上の速度違反	10
	Ⓐその他の著しい過失	5
	Ⓐその他の重過失	10
	Ⓑ徐行なし	
	Ⓑ直近右折	
	Ⓑ早回り右折	
	Ⓑ大回り右折	
	Ⓑ合図なし	10
	Ⓑその他の著しい過失または重過失(注)	10〜20

（注）　直進車Ⓐと右折車Ⓑとの間に障害物がなく、右折車Ⓑがわずかに前方を注意すれば直進車Ⓐの速度からみて進入を認識し得るのにそれをしなかったという場合には、20％の修正値を適用する。右折車Ⓑに先行・並進右折車があって、直進車Ⓐの認識が容易でない場合には、この修正を適用しない。その他の著しい過失が右折車Ⓑにある場合には、10％の修正値を適用する（東京地裁『過失相殺率の認定基準全訂5版（別冊判タ38号）』235頁②）。
　　　　日弁連東京『損害賠償額算定基準・上2015』275頁〔42〕および『三訂版注解損害賠償額

算定基準・下』94頁〔32〕では、右折車Ⓑの「その他著しい過失または重過失」の過失加算を20％としている。

　(イ)　信号機により交通整理が行われていない交差点における事故の過失割合

　信号機により交通整理が行われていない交差点での、同一道路を対向方向から進行してきた、右折車と直進車の事故の基本過失割合については、日弁連東京『損害賠償額算定基準・上2015』277頁〔46〕、『三訂版注解損害賠償算定基準・下』100頁〔36〕・〔37〕では、ほぼ同幅員の生活道路の場合は直進車：右折車＝30：70とし、広路直進と狭路への右折車の場合は直進車：右折車＝20：80としている。これに対して、東京地裁『過失相殺率認定基準全訂5版（別冊判タ38号）』237頁【114】では、このような区別をせずに一律に直進車：右折車＝20：80としている。

　なお、信号機が設置されていても、黄点滅信号や赤点滅信号が表示されているだけの交差点は、交通整理の行われていない交差点（道交36条）に当たる（一方が黄点滅信号、他方が赤点滅信号の場合（最決昭44・5・22刑集23巻6号918頁・判タ236号207頁・判時560号91頁）、黄点滅信号の場合（最判昭48・9・27判時715号112頁・裁刑190号391頁））（東京地裁『過失相殺率の認定基準全訂5版（別冊判タ38号）』236頁））。

〈事故態様図17〉　信号機により交通整理が行われていない交差点における事故

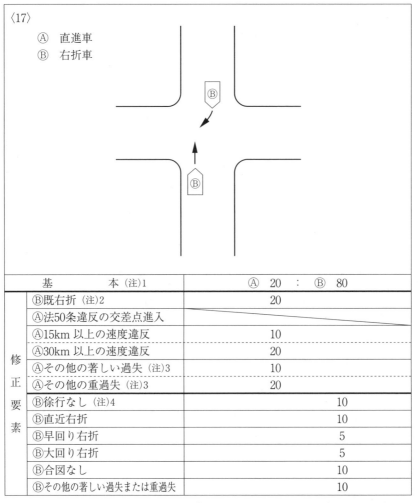

	基　　本　（注）1	Ⓐ　20　：　Ⓑ　80
修正要素	Ⓑ既右折（注）2	20
	Ⓐ法50条違反の交差点進入	
	Ⓐ15km以上の速度違反	10
	Ⓐ30km以上の速度違反	20
	Ⓐその他の著しい過失（注）3	10
	Ⓐその他の重過失（注）3	20
	Ⓑ徐行なし（注）4	10
	Ⓑ直近右折	10
	Ⓑ早回り右折	5
	Ⓑ大回り右折	5
	Ⓑ合図なし	10
	Ⓑその他の著しい過失または重過失	10

（注）　1　この基本過失割合は、東京地裁『過失相殺率認定基準全訂5版（別冊判タ38号）』237頁【114】のものである（本文参照）。
　　　　2　信号機により交通整理が行われていない交差点では、信号機により交通整理が行われている交差点の場合と比べて、直進車の速度が遅いのが通常であり、直進車が右折車との衝突を回避する余地が大きいことから、右折車Ⓑの既右折による直進車Ⓐへの加算修正値を高くした（東京地裁『過失相殺率の認定基準全訂5版（別冊判タ38号）』237頁②）。
　　　　3　日弁連東京『損害賠償額算定基準・上2015』277頁〔46〕および『三訂版注解損害賠

償額算定基準・下』100頁〔36〕〔37〕は、直進車Ⓐの「その他著しい過失または重過失」の直進車Ⓐへの過失加算を、ほぼ同幅員の生活道路の場合を15％と、広路直進・狭路への右折の場合を20％と、それぞれしている。
　直進車が、全く減速しないで交差点に進入することは、著しい過失の一態様であり、直進車Ⓐに10％の加算修正をする（東京地裁『過失相殺率認定基準全訂5版（別冊判タ38号）』237頁③）。
4　徐行は、右折車としての通常の速度を意味し、必ずしも法律上要求される徐行でなくてもよい（東京地裁『過失相殺率の認定基準全訂5版（別冊判タ38号）』237頁④・228頁②）。
5　日弁連東京『損害賠償算定基準・上2015』277頁〔46〕では、右折車Ⓑの右折禁止違反で右折車Ⓑの過失割合を10％加算している。
6　東京地裁『過失相殺率の認定基準全訂5版（別冊判タ38号）』では、大型車による修正項目を削除し、大型車であることが事故発生の危険性を高くしたと考えられる事故類型においては、個別に、大型車であることにより5％程度の修正をすることとされた（東京地裁『過失相殺率の認定基準全訂5版（別冊判タ38号）』45頁(3)）が、日弁連東京『損害賠償額算定基準・上2015』277頁〔46〕および『三訂版注解損害賠償算定基準・下』100頁〔36〕・〔37〕では、右折車Ⓑについてのみ大型車ということで5％の過失割合加重の修正要素を設けている。

イ　交差道路から進入した右折車と直進車の事故の過失割合

㈠　信号機により交通整理が行われている交差点における事故の過失割合

　信号機により交通整理が行われている交差点では、相互の優劣関係は信号表示により明らかであるから、基本的には、信号機により交通整理が行われている交差点における交差道路から進入した右折車と直進車の事故の過失割合は、信号機により交通整理が行われている交差点における直進車同士の事故の過失割合に従って判断する（東京地裁『過失相殺率認定基準全訂5版（別冊判タ38号）』238頁ア）（前記(2)ア（52頁）参照）。

　信号機が設置されていても、黄点滅信号や赤点滅信号が表示されているだけの交差点は、信号機により交通整理が行われている交差点に当たらず、信号機により交通整理が行われていない交差点となる（東京地裁『過失相殺率の認定基準全訂5版（別冊判タ38号）』238頁）。

(イ) 信号機により交通整理が行われていない交差点における事故の過失割合

　信号機により交通整理の行われていない交差点における衝突事故のほとんどは、見とおしのきかない交差点において発生することから、ここでは、見とおしのきかない交差点であることを基本としている（東京地裁『過失相殺率の認定基準全訂5版（別冊判タ38号）』238頁）。

　信号機により交通整理が行われている交差点での交差道路から進入した右折車と直進車の事故の場合、交差点に差しかかった車両の優先関係を規定した道路交通法36条と直進車等と右折車との優先関係を規定した同法37条のいずれが適用されるかについては議論がある。①同法37条所定の「当該交差点において直進し、又は左折しようとする車両等」の中には、右折しようとする車両等が右折開始まで進行してきた道路と交差する道路の左右いずれの方向へ直進する車両も含むとして、同法37条が適用されるとの説と、②同法37条は同一道路を反対方向から進行してきた直進車および左折車と右折車との関係について規定したものであって、交差道路の直進車との関係では同法36条が適用されるとする説があるが、①（37条適用説）が多数説とされている（東京地裁『過失相殺率の認定基準全訂5版（別冊判タ38号）』238頁）。

　直進車が左方で、右折車が右方である場合、右折車はあらかじめ徐行しつつ交差点中央内側まで進出し、そこで左方直進車と相互の見とおしが容易になり、そこで左方直進車の遠近を確認し、機をみて右折するのが状態であり、優先関係はついては、直進車優先といえる。これに対し、直進車が右方で、右折車が左方である場合、直進車も徐行義務を負い、右折車も徐行しつつ、交差点中央までの進行形態は合図の点を除いて直進車のそれとほとんど変わるところがなく、事故態様も出会い頭事故の様相を呈することになる。ただ、右折車は、対抗直進車や左方直進車との関係で交差点中央において待機を余儀なくされることが予想され、このため交差点の通行をより多く遮断する可能性が大きい関係上、直進車を先に通過させるのが交通の円滑につな

がるのである（東京地裁『過失相殺率の認定基準全訂 5 版（別冊判タ38号）』238頁）。

　ここでの基準では、直進車が優先道路を通行している場合を除き、ある程度の減速をしていることを前提として、右折車についても徐行またはそれに近い減速をしていることを前提としたうえで、右折車と直進車に対して左方に当たる場合と右方に当たる場合を分けて基準化している（東京地裁『過失相殺率の認定基準全訂 5 版（別冊判タ38号）』238頁）。

　　a　同幅員の交差点での事故の過失割合
　　(a)　右折車が左方車である場合の過失割合
　同幅員の信号機により交通整理が行われていない交差点での、交差道路から進入した右折車と直進車の事故で、右折車が左方車（道交36条 1 項 1 号（左方車優先））となる場合の基本過失割合は、右方直進車：左方右折車＝40：60となる（東京地裁『過失相殺率認定基準全訂 5 版（別冊判タ38号）』239頁【115】、日弁連東京『損害賠償額算定基準・上2015』277頁〔47〕、『三訂版注解損害賠償算定基準・下』102頁〔38〕）。

第3　交通事故における過失割合

〈事故態様図18〉　同幅員の交差点での、右折車が左方車である場合の事故

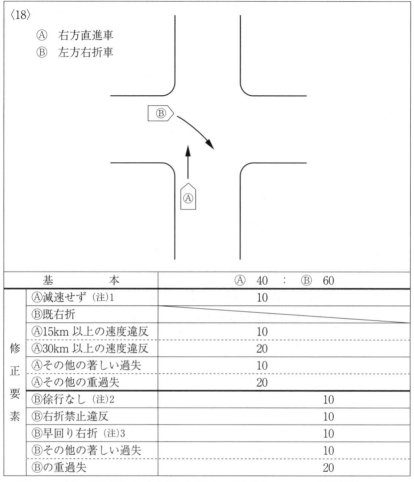

	基　　本	Ⓐ　40　：　Ⓑ　60
	Ⓐ減速せず（注）1	10
	Ⓑ既右折	
	Ⓐ15km以上の速度違反	10
修	Ⓐ30km以上の速度違反	20
正	Ⓐその他の著しい過失	10
要	Ⓐその他の重過失	20
素	Ⓑ徐行なし（注）2	10
	Ⓑ右折禁止違反	10
	Ⓑ早回り右折（注）3	10
	Ⓑその他の著しい過失	10
	Ⓑの重過失	20

（注）　1　基本の過失割合は、右方直進車Ⓐがある程度減速していることを前提としているから、右方直進車Ⓐがこのような減速をしていない場合には、修正要素として考慮する（東京地裁『過失相殺率の認定基準全訂5版（別冊判タ38号）』239頁③）。

　　　2　この場合の徐行は、右折車としての通常の速度を意味し、必ずしも法律上要求される徐行でなくてもよい（東京地裁『過失相殺率の認定基準全訂5版（別冊判タ38号）』239頁④）。

　　　3　左方右折車Ⓑが早回り右折をする場合には、右方直進車Ⓐに対する関係で事故の危険性が増大するので、左方右折車Ⓑに加算修正する。したがって、直進車が左方車であるときは、考慮する必要はない（東京地裁『過失相殺率の認定基準全訂5版（別冊判タ38

号)』239頁・240頁)。

　　　この修正は、衝突地点が交差点内である場合に関するものであって、左方右折車Ⓑが交差点角ぎりぎりに早回り右折したため、右方直進車Ⓐがいまだ交差点に達しない間に右方直進車Ⓐの進路に進入して衝突した場合には、右方直進車Ⓐの過失は著しく小さいかまたは過失がないものと考えられるから、この修正の適用外である（東京地裁『過失相殺率の認定基準全訂 5 版（別冊判タ 38 号）』240頁）。
　4　東京地裁『過失相殺率の認定基準全訂 5 版（別冊判タ 38 号）』では、大型車による修正項目を削除し、大型車であることが事故発生の危険性を高くしたと考えられる事故類型においては、個別に、大型車であることにより 5 ％程度の修正をすることとされた（東京地裁『過失相殺率の認定基準全訂 5 版（別冊判タ 38 号）』45頁(3)）が、日弁連東京『損害賠償額算定基準・上2015』277頁〔47〕および『三訂版注解損害賠償算定基準・下』102頁〔38〕では、右方直進車Ⓐおよび左方右折車Ⓑそれぞれについて大型車ということで 5 ％の過失割合加重の修正要素を設けている。

　(b)　右折車が右方車である場合の過失割合

　同幅員の信号機により交通整理が行われていない交差点での、交差道路から進入した右折車と直進車の事故で、右折車が右方車となる場合の基本過失割合は、左方直進車：右方右折車＝30：70となる（東京地裁『過失相殺率認定基準全訂 5 版（別冊判タ 38 号）』241頁【116】、日弁連東京『損害賠償額算定基準・上2015』278頁〔48〕、『三訂版注解損害賠償算定基準・下』102頁〔39〕）。

　交差点での右折車対直進車の過失割合は、直進車が減速していることを前提にしており、直進車が減速していない場合は修正要素とされている（『三訂版注解損害賠償算定基準・下』103頁・104頁）。

　なお、この場合、前記(a)とは違い、右折車が右方車となるので、道路交通法37条の交差点での右折車の直進車等への進行妨害禁止がそのまま適用され、同36条 1 項 1 号の左方優先は問題とならない（『三訂版注解損害賠償算定基準・下』103頁）。

〈事故態様図19〉 同幅員の交差点での右折車が右方車である場合の事故

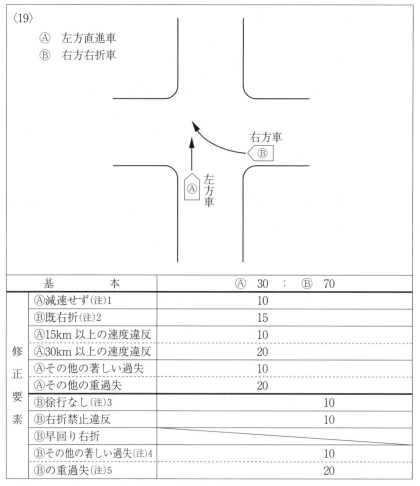

	基　　本	Ⓐ 30 : Ⓑ 70	
修正要素	Ⓐ減速せず(注)1	10	
	Ⓑ既右折(注)2	15	
	Ⓐ15km以上の速度違反	10	
	Ⓐ30km以上の速度違反	20	
	Ⓐその他の著しい過失	10	
	Ⓐその他の重過失	20	
	Ⓑ徐行なし(注)3		10
	Ⓑ右折禁止違反		10
	Ⓑ早回り右折		
	Ⓑその他の著しい過失(注)4		10
	Ⓑの重過失(注)5		20

(注) 1　基本の過失割合は、左方直進車Ⓐがある程度減速していることを前提としているから、左方直進車Ⓐがこのような減速をしていない場合には、修正要素として考慮する（東京地裁『過失相殺率の認定基準全訂5版（別冊判タ38号）』241頁①・239頁③）。

　　 2　直進車Ⓐが左方車である場合には、右方右折車Ⓑの右折開始の時点が早ければ、左方直進車Ⓐとしてもそれだけ事故回避措置をとり得る余地が大きくなるから、左方直進車Ⓐについて加算修正をする。したがって、直進車が右方車である場合には、考慮する必要はない（東京地裁『過失相殺率の認定基準全訂5版（別冊判タ38号）』241頁②）。

　　 3　この場合の徐行は、右折車としての通常の速度を意味し、必ずしも法律上要求される徐行でなくてもよい（東京地裁『過失相殺率の認定基準全訂5版（別冊判タ38号）』241

頁③・239頁④）。
    4　『三訂版注解損害賠償算定基準・下』102頁〔39〕では、この右方右折車Ⓑのその他の著しい過失による右方右折車Ⓑへの過失加算を5％としている。
    5　『三訂版注解損害賠償算定基準・下』102頁〔39〕では、この右方右折車Ⓑの重過失による右方右折車Ⓑへの過失加算を10％としている。
    6　東京地裁『過失相殺率の認定基準全訂5版（別冊判タ38号）』では、大型車による修正項目を削除し、大型車であることが事故発生の危険性を高くしたと考えられる事故類型においては、個別に、大型車であることにより5％程度の修正をすることとされた（東京地裁『過失相殺率の認定基準全訂5版（別冊判タ38号）』45頁(3)）が、日弁連東京『損害賠償額算定基準・上2015』278頁〔48〕および『三訂版注解損害賠償算定基準・下』102頁〔39〕では、左方直進車Ⓐおよび右方右折車Ⓑそれぞれについて大型車ということで5％の過失割合加重の修正要素を設けている。

　　b　一方が明らかに広い道路である場合の交差点での事故の過失割合
　明らかに広い道路（広路）とは、交差する道路の一方の幅員が他方より明らかに広い道路をいい（道交36条2項・3項）、明らかに広いとは、車両の運転者が交差点の入口においてその判断により道路の幅員が客観的にかなり広いと一見して見分けられるものをいう（東京地裁『過失相殺率の認定基準全訂5版（別冊判タ38号）』243頁①）。
　右折車が狭路から広路に出ようとする場合（〈事故態様図20〉（96頁）の場合）については、直進車同士の出会い頭事故における広路優先を基礎にした基本過失割合を前提に、基本過失割合を定めている（東京地裁『過失相殺率の認定基準全訂5版（別冊判タ38号）』242頁）。
　右折車が広路から狭路に入ろうとする場合、直進優先と広路優先との関係が複雑な関係となるが、この場合、出会い頭的要素の強い右折車左方のとき（〈事故態様図21〉（98頁）のとき）には、右折広路車に有利に考えるのが相当であるのに対し、右折対直進関係の要素の強い右折車右方のとき（〈事故態様図22〉（100頁）のとき）には、直進優先を広路優先より幾分強く考える必要があり、両者を分けて基準化している（東京地裁『過失相殺率の認定基準全訂5版（別冊判タ38号）』242頁）。
　右折車右方の場合、狭路から広路に出ようとする右折車（〈事故態様図20〉

(96頁）の⑦の場合）は、一時停止または徐行しつつ、まず広路右方の安全を確認して交差点中心付近まで接近し、なお左方からの直進車があれば交差点中心付近でいったん停止してこれをやり過ごす。広路から狭路に入ろうとする右折車（〈事故態様図22〉（100頁））も、まず徐行しつつ、自己の車線の交差点中心付近に接近し、対抗直進車があれば交差点中心付近でいったん停止する。このようにして対抗直進車と右折車が交差点中心付近で鼻をつき合わせた後、右折車が狭路に向かってさらに進行する場合には、狭路からの直進車に対しても直進車優先が働くと思われる。これに対し、広路から狭路に入ろうとする右折車が交差点に先入し、対向車もないためそのまま右折しようとしたところ、直進狭路車がこれに後れて交差点に進入する場合には、右折車として直進車の通過を待つことなく、先んじて右折するのが交通の実情や運転慣行に近いといえるから、この場合に狭路から広路に出ようとする直進車があえて進行を続けて右折車に衝突したときには、直進車に不利に扱うのが相当と思われる（東京地裁『過失相殺率の認定基準全訂5版（別冊判タ38号）』242頁)。

　　(a)　右折車が狭路から広路に出る場合の交差点での事故の過失割合
　一方が明らかに広い道路である場合の、信号機により交通整理が行われていない交差点での、右折車が狭路から広路に出る場合の事故の基本過失割合は、直進広路車：右折狭路車＝20：80となる（東京地裁『過失相殺率認定基準全訂5版（別冊判タ38号)』243頁【117】、日弁連東京『損害賠償額算定基準・上2015』278頁〔49〕、『三訂版注解損害賠償算定基準・下』105頁〔40〕)。

〈事故態様図20〉　一方が明らかに広い道路での右折車が狭路から広路に出る場合の事故

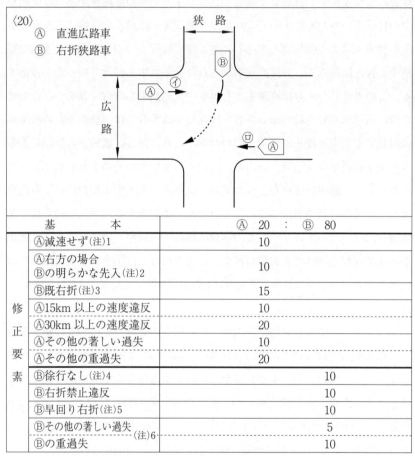

基　　本	Ⓐ　20　：　Ⓑ　80	
修正要素	Ⓐ減速せず(注)1	10
	Ⓐ右方の場合 Ⓑの明らかな先入(注)2	10
	Ⓑ既右折(注)3	15
	Ⓐ15km以上の速度違反	10
	Ⓐ30km以上の速度違反	20
	Ⓐその他の著しい過失	10
	Ⓐその他の重過失	20
	Ⓑ徐行なし(注)4		10
	Ⓑ右折禁止違反		10
	Ⓑ早回り右折(注)5		10
	Ⓑその他の著しい過失　(注)6		5
	Ⓑの重過失		10

(注)　1　基本の過失割合は、直進広路車Ⓐがある程度減速していることを前提としているから、直進広路車Ⓐがこのような減速をしていない場合には、修正要素として考慮する（東京地裁『過失相殺率の認定基準全訂5版（別冊判タ38号）』243頁③・239頁③)。
　　　2　直進広路車Ⓐが右方に当たる場合（図㋑の場合）、右折狭路車Ⓑの明らかな先入のときは出会い頭的色彩が濃いからこの修正をするが、直進広路車Ⓐが左方に当たる場合（図㋺の場合）は、「Ⓑ既右折」の修正が適用されるから、この修正要素を考慮しない（東京地裁『過失相殺率認定基準全訂5版（別冊判タ38号）』243頁④）。
　　　3　直進広路車Ⓐが右方の場合（図㋑の場合）には考慮しない（東京地裁『過失相殺率認定基準全訂5版（別冊判タ38号）』243頁⑤）。
　　　4　この場合の徐行は、右折車としての通常の速度を意味し、必ずしも法律上要求される

徐行でなくてもよい（東京地裁『過失相殺率の認定基準全訂5版（別冊判タ38号）』243頁⑥・239頁④）。
5　直進広路車Ⓐが左方の場合（図㊣の場合）には考慮しない（東京地裁『過失相殺率認定基準全訂5版（別冊判タ38号）』244頁⑦）。
6　日弁連東京『損害賠償算定基準・上2015』278頁〔49〕では、右折狭路車Ⓑのその他の著しい過失、重過失の過失加算率を、それぞれ10％、20％としている。
7　東京地裁『過失相殺率の認定基準全訂5版（別冊判タ38号）』では、大型車による修正項目を削除し（全訂4版ではこの事故態様における大型車での修正項目なし）、大型車であることが事故発生の危険性を高くしたと考えられる事故類型においては、個別に、大型車であることにより5％程度の修正をすることとされた（東京地裁『過失相殺率の認定基準全訂5版（別冊判タ38号）』45頁(3)）が、日弁連東京『損害賠償額算定基準・上2015』278頁〔49〕では、右折狭路車Ⓑのみについて大型車ということで5％の過失割合加重の修正要素を設けており、『三訂版注解損害賠償算定基準・下』105頁〔40〕では、直進広路車Ⓐおよび右折狭路車Ⓑ双方について大型車ということでの過失割合加重の修正をしていない。

(b)　右折車が広路から直進車の進行してきた狭路に入る場合の交差点での事故の過失割合

　一方が明らかに広い道路である場合の、信号機により交通整理が行われていない交差点での、右折車が広路から直進車の進行してきた狭路に入る場合の事故の基本過失割合は、直進狭路車：右折広路車＝60：40となる（東京地裁『過失相殺率認定基準全訂5版（別冊判タ38号）』245頁【118】、日弁連東京『損害賠償額算定基準・上2015』278頁〔50〕、『三訂版注解損害賠償算定基準・下』106頁〔42〕）。

〈事故態様図21〉 一方が明らかに広い道路で右折車が広路から直進車の進行してきた狭路に入る場合の事故

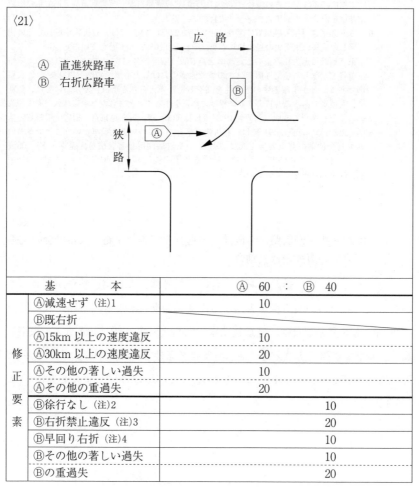

基本		Ⓐ 60 : Ⓑ 40
修正要素	Ⓐ減速せず（注）1	10
	Ⓑ既右折	
	Ⓐ15km以上の速度違反	10
	Ⓐ30km以上の速度違反	20
	Ⓐその他の著しい過失	10
	Ⓐその他の重過失	20
	Ⓑ徐行なし（注）2	10
	Ⓑ右折禁止違反（注）3	20
	Ⓑ早回り右折（注）4	10
	Ⓑその他の著しい過失	10
	Ⓑの重過失	20

（注） 1 基本の過失割合は、直進狭路車Ⓐがある程度減速していることを前提としているから、直進狭路車Ⓐがこのような減速をしていない場合には、修正要素として考慮する（東京地裁『過失相殺率の認定基準全訂5版（別冊判タ38号）』245頁②・239頁③）。

2 この場合の徐行は、右折車としての通常の速度を意味し、必ずしも法律上要求される徐行でなくてもよい（東京地裁『過失相殺率の認定基準全訂5版（別冊判タ38号）』245頁④・239頁④）。

3 日弁連東京『損害賠償算定基準・上2015』278頁〔50〕では、右折広路車Ⓑの右折禁止違反の過失加算率について10％としている。

4 右折広路車Ⓑが早回り右折をする場合には、直進狭路車Ⓐに対する関係で事故の危険性が増大するので、右折広路車Ⓑに加算修正する。したがって、直進車が左方車であるときは、考慮する必要はない（東京地裁『過失相殺率の認定基準全訂5版（別冊判タ38号）』245頁④・239頁・240頁）。

　この修正は、衝突地点が交差点内である場合に関するものであって、右折広路車Ⓑが交差点角ぎりぎりに早回り右折したため、直進狭路車Ⓐがいまだ交差点に達しない間に直進狭路車Ⓐの進路に進入して衝突した場合には、直進狭路車Ⓐの過失は著しく小さいかまたは過失がないものと考えられるから、この修正の適用外である（東京地裁『過失相殺率の認定基準全訂5版（別冊判タ38号）』245頁④・240頁）。

5 東京地裁『過失相殺率の認定基準全訂5版（別冊判タ38号）』では、大型車による修正項目を削除し（全訂4版ではこの事故態様における大型車での修正項目なし）、大型車であることが事故発生の危険性を高くしたと考えられる事故類型においては、個別に、大型車であることにより5％程度の修正をすることとされた（東京地裁『過失相殺率の認定基準全訂5版（別冊判タ38号）』45頁(3)）が、日弁連東京『損害賠償額算定基準・上2015』278頁〔50〕では、右折広路車Ⓑのみについて大型車ということで5％の過失割合加重の修正要素を設けており、『三訂版注解損害賠償算定基準・下』106頁〔42〕では、直進狭路車Ⓐおよび右折広路車Ⓑ双方について大型車ということでの過失割合加重の修正をしていない。

(c) 右折車が広路から直進車の向かう狭路に入る場合の交差点での事故の過失割合

　ここでは、直進狭路車Ⓐと右折広路車Ⓑとが、ほぼ同時に交差点中心付近に至り、いったん停止し、または徐行しつつ鼻をつき合わせた後、さらに交差点中心付近を越えて進行しようとして衝突した場合を想定している。このような場合、右折広路車Ⓑは、直進狭路車Ⓐの左方から交差点に進入してきた場合（〈事故態様図21〉（98頁）の場合）に比べ、衝突を容易に回避することができるから、過失の程度がより大きくなるといえる（前記b（94頁）参照）（東京地裁『過失相殺率の認定基準全訂5版（別冊判タ38号）』246頁②）。

　一方が明らかに広い道路である場合の、信号機により交通整理が行われていない交差点での、右折車が広路から直進車の向かう狭路に入る場合の事故の基本過失割合は、日弁連東京『損害賠償額算定基準・上2015』278頁〔51〕および『三訂版注解損害賠償算定基準・下』106頁〔43〕では直進狭路車：右折広路車＝55：45となっているが、東京地裁『過失相殺率認定基準全訂5版（別冊判タ38号）』246頁【119】では直進狭路車：右折広路車＝50：50となっている。

〈事故態様図22〉 一方が明らかに広い道路での右折車が広路から直進車の向かう狭路に入る場合の事故

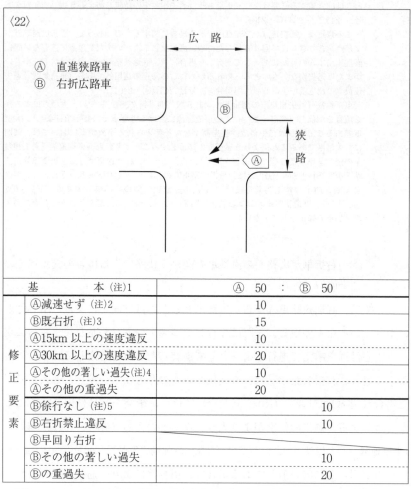

Ⓐ 直進狭路車
Ⓑ 右折広路車

	基　　　　本　（注）1	Ⓐ 50 ： Ⓑ 50	
修正要素	Ⓐ減速せず（注）2	10	
	Ⓑ既右折（注）3	15	
	Ⓐ15km以上の速度違反	10	
	Ⓐ30km以上の速度違反	20	
	Ⓐその他の著しい過失（注）4	10	
	Ⓐその他の重過失	20	
	Ⓑ徐行なし（注）5		10
	Ⓑ右折禁止違反		10
	Ⓑ早回り右折		
	Ⓑその他の著しい過失		10
	Ⓑの重過失		20

（注） 1　これは、東京地裁『過失相殺率認定基準全訂5版（別冊判タ38号）』246頁【119】の基本過失割合である（本文参照）。

2　基本の過失割合は、直進狭路車Ⓐがある程度減速していることを前提としているから、直進狭路車Ⓐがこのような減速をしていない場合には、修正要素として考慮する（東京地裁『過失相殺率の認定基準全訂5版（別冊判タ38号）』246頁③・239頁③)。

3　直進狭路車Ⓐが左方車である場合には、右折広路車Ⓑの右折開始の時点が早ければ、直進狭路車Ⓐとしてもそれだけ事故回避措置をとり得る余地が大きくなるから、直進狭路車Ⓐについて加算修正をする。したがって、直進車が右方車である場合には、考慮す

る必要はない（東京地裁『過失相殺率の認定基準全訂 5 版（別冊判タ38号）』246頁④・241頁②）。

4　右折広路車Ⓑが交差点に先入し、対向車もないため、そのまま右折しようとしたところ、これに後れて交差点に進入してきた直進狭路車Ⓐが衝突した場合などがこれに当たる（東京地裁『過失相殺率認定基準全訂 5 版（別冊判タ38号）』246頁⑤）。

5　この場合の徐行は、右折車としての通常の速度を意味し、必ずしも法律上要求される徐行でなくてもよい（東京地裁『過失相殺率の認定基準全訂 5 版（別冊判タ38号）』246頁⑥・239頁④）。

6　東京地裁『過失相殺率の認定基準全訂 5 版（別冊判タ38号）』では、大型車による修正項目を削除し（ 4 版ではこの事故態様における大型車での修正項目なし）、大型車であることが事故発生の危険性を高くしたと考えられる事故類型においては、個別に、大型車であることにより 5 ％程度の修正をすることとされた（東京地裁『過失相殺率の認定基準全訂 5 版（別冊判タ38号）』45頁(3)）が、日弁連東京『損害賠償額算定基準・上2015』278頁〔51〕では、右折広路車Ⓑのみについて大型車ということで 5 ％の過失割合加重の修正要素を設けており、『三訂版注解損害賠償算定基準・下』106頁〔43〕では、直進狭路車Ⓐおよび右折広路車Ⓑ双方について大型車ということでの過失割合加重の修正をしていない。

c　一方に一時停止規制がある場合の交差点での事故の過失割合

一時停止すべき車両が右折車である場合（後記(a)（100頁）・〈事故態様図23〉（101頁））は、道路交通法36条（交差点における他の車両等との関係等）・37条（交差点での右折方法）・43条（指定場所における一時停止）の相互関係から、狭路による劣後性より、一時停止の規制による劣後性の方が大きいと考えられる（東京地裁『過失相殺率の認定基準全訂 5 版（別冊判タ38号）』247頁・248頁①）。

一時停止すべき車両が直進車である場合も、一時停止した直進車は、交差道路を通行する車両の進行を妨害してはならない（道交43条後段）から、一時停止の規制のない側の右折車の進行を妨げてはならないことになり、それが交通の実情に合致すると思われる。ただ、右折車が左方車である場合（後記(b)（104頁）・〈事故態様図24〉（105頁））と右方車である場合（後記(c)（106頁）・〈事故態様図25〉（107頁））とで事故の様相を著しく異にし、右折車が右方車である場合（後記(c)（106頁）・〈事故態様図25〉（107頁））は右折車が左方車である場合（後記(b)（104頁）・〈事故態様図24〉（105頁））に比し、右折車の

優先性は劣るものと考えるべきであるから、これらの事故態様の間に基本過失割合に差等を設けるべきである（東京地裁『過失相殺率の認定基準全訂5版（別冊判タ38号）』247頁）。

  (a) 右折車に一時停止義務違反がある場合の事故の過失割合

 一方に一時停止規制がある場合の、信号機により交通整理が行われていない交差点での、右折車に一時停止義務違反がある場合の事故の基本過失割合は、直進車：右折車＝15：85となる（東京地裁『過失相殺率認定基準全訂5版（別冊判タ38号）』248頁【120】、日弁連東京『損害賠償額算定基準・上2015』279頁〔52〕。『三訂版注解損害賠償算定基準・下』111頁〔44〕は、直進車：右折車＝20：80とする）。

 この基本過失割合は、右折車が一時停止をしないで、交差点に進入したことを前提にしている（東京地裁『過失相殺率認定基準全訂5版（別冊判タ38号）』248頁）。

第3　交通事故における過失割合

〈事故態様図23〉　一方に一時停止規制があり、右折車に一時停止義務違反がある場合の事故

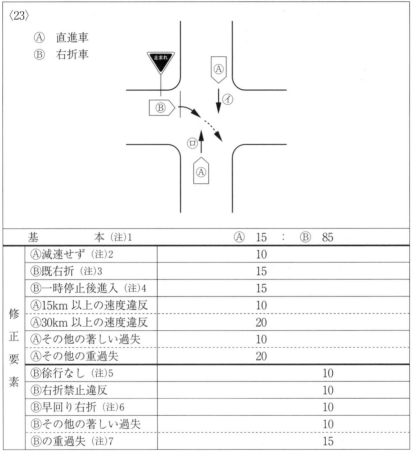

	基　　本　（注）1	Ⓐ 15 ： Ⓑ 85	
修正要素	Ⓐ減速せず（注）2	10	
	Ⓑ既右折（注）3	15	
	Ⓑ一時停止後進入（注）4	15	
	Ⓐ15km 以上の速度違反	10	
	Ⓐ30km 以上の速度違反	20	
	Ⓐその他の著しい過失	10	
	Ⓐその他の重過失	20	
	Ⓑ徐行なし（注）5		10
	Ⓑ右折禁止違反		10
	Ⓑ早回り右折（注）6		10
	Ⓑその他の著しい過失		10
	Ⓑの重過失（注）7		15

（注）　1　この基本過失割合は、右折車Ⓑが一時停止をしないで交差点に進入したことを前提にしている（東京地裁『過失相殺率認定基準全訂 5 版（別冊判タ38号）』248頁①）。
　　　　　　『三訂版注解損害賠償算定基準・下』111頁〔44〕では、基本過失割合をⒶ20：Ⓑ80とする。
　　　2　基本の過失割合は、直進車Ⓐがある程度減速していることを前提としているから、直進車Ⓐがこのような減速をしていない場合には、修正要素として考慮する（東京地裁『過失相殺率の認定基準全訂 5 版（別冊判タ38号）』248頁②・239頁③）。
　　　3　直進車Ⓐが左方車である場合（図の㋑の場合）には、右方右折車Ⓑの右折開始の時点が早ければ、左方直進車Ⓐとしてもそれだけ事故回避措置をとりうる余地が大きくなる

103

から、左方直進車Ⓐについて加算修正をする。したがって、直進車が右方車である場合（図のⓓの場合）には、考慮する必要はない（東京地裁『過失相殺率の認定基準全訂5版（別冊判タ38号）』248頁③・241頁②）。

4　日弁連東京『損害賠償算定基準・上2015』279頁〔52〕では、右折車Ⓑの一時停止後侵入について、直進車Ⓐに10％過失加算をしている。

5　この場合の徐行は、右折車としての通常の速度を意味し、必ずしも法律上要求される徐行でなくてもよい（東京地裁『過失相殺率の認定基準全訂5版（別冊判タ38号）』248頁⑤・239頁④）。

6　左方右折車Ⓑが早回り右折をする場合には、右方直進車Ⓐに対する関係（図のⓓの場合）で事故の危険性が増大するので、左方右折車Ⓑに加算修正する。したがって、直進車が左方車である場合（図の㋑の場合）は、考慮する必要はない（東京地裁『過失相殺率の認定基準全訂5版（別冊判タ38号）』248頁⑥・239頁・240頁）。

　　この修正は、衝突地点が交差点内である場合に関するものであって、左方右折車Ⓑが交差点角ぎりぎりに早回り右折したため、右方直進車Ⓐがいまだ交差点に達しない間に右方直進車Ⓐの進路に進入して衝突した場合には、右方直進車Ⓐの過失は著しく小さいかまたは過失がないものと考えられるから、この修正の適用外である（東京地裁『過失相殺率の認定基準全訂5版（別冊判タ38号）』248頁⑥・240頁）。

7　日弁連東京『損害賠償算定基準・上2015』279頁〔52〕では、右折車Ⓑの重過失の場合の右折車Ⓑへの過失加算率を20％としている。

8　東京地裁『過失相殺率の認定基準全訂5版（別冊判タ38号）』では、大型車による修正項目を削除し（全訂4版ではこの事故態様における大型車での修正項目なし）、大型車であることが事故発生の危険性を高くしたと考えられる事故類型においては、個別に、大型車であることにより5％程度の修正をすることとされた（東京地裁『過失相殺率の認定基準全訂5版（別冊判タ38号）』45頁(3)）が、日弁連東京『損害賠償額算定基準・上2015』279頁〔52〕では、右折車Ⓑのみについて大型車ということで5％の過失割合加重の修正要素を設けており、『三訂版注解損害賠償算定基準・下』111頁〔44〕では、直進車Ⓐおよび右折車Ⓑ双方について大型車ということでの過失割合加重の修正をしていない。

(b)　直進車に一時停止義務違反があり、右折車が左方車である場合の事故の過失割合

　一方に一時停止規制がある場合の、信号機により交通整理が行われていない交差点での、直進車に一時停止義務違反があり、右折車が左方車である場合の事故の基本過失割合は、直進車：右折車＝70：30となる（東京地裁『過失相殺率認定基準全訂5版（別冊判タ38号）』249頁【121】、日弁連東京『損害賠償額算定基準・上2015』279頁〔53〕、『三訂版注解損害賠償算定基準・下』111頁〔45〕）。この過失割合は、右折車が一時停止をしないで交差点に進入したことを前提にしている（東京地裁『過失相殺率の認定基準全訂5版（別冊判タ38号）』249頁）。

第3　交通事故における過失割合

〈事故態様図24〉　一方に一時停止規制があり、直進車に一時停止義務違反があるとともに、右折車が左方車である場合の事故

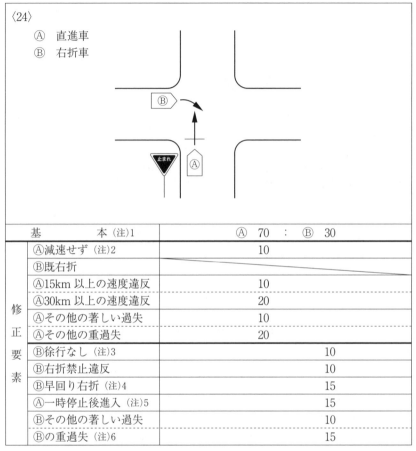

		Ⓐ 70 : Ⓑ 30
基　　　　本（注）1		Ⓐ 70 : Ⓑ 30
修正要素	Ⓐ減速せず（注）2	10
	Ⓑ既右折	
	Ⓐ15km 以上の速度違反	10
	Ⓐ30km 以上の速度違反	20
	Ⓐその他の著しい過失	10
	Ⓐその他の重過失	20
	Ⓑ徐行なし（注）3	10
	Ⓑ右折禁止違反	10
	Ⓑ早回り右折（注）4	15
	Ⓐ一時停止後進入（注）5	15
	Ⓑその他の著しい過失	10
	Ⓑの重過失（注）6	15

（注）　1　この基本過失割合は、直進車Ⓐが一時停止をしないで交差点に進入したことを前提にしている（東京地裁『過失相殺率認定基準全訂5版（別冊判タ38号）』249頁①）。
　　　2　この基本過失割合は、直進車Ⓐが一時停止しないにしても（上記（注）1参照）、ある程度減速していることを前提にしているため、直進車Ⓐが減速をしていない場合には修正要素として考慮する（東京地裁『過失相殺率の認定基準全訂5版（別冊判タ38号）』249頁②・239頁③）。
　　　3　この場合の徐行は、右折車としての通常の速度を意味し、必ずしも法律上要求される徐行でなくてもよい（東京地裁『過失相殺率認定基準全訂5版（別冊判タ38号）』249頁③・239頁④）。
　　　4　左方右折車Ⓑが早回り右折をする場合には、右方直進車Ⓐに対する関係で事故の危険

性が増大するので、左方右折車Ⓑに加算修正する。したがって、直進車が左方車であるときは、考慮する必要はない（東京地裁『過失相殺率の認定基準全訂5版（別冊判タ38号）』249頁④・239頁・240頁）。

　この修正は、衝突地点が交差点内である場合に関するものであって、左方右折車Ⓑが交差点角ぎりぎりに早回り右折したため、右方直進車Ⓐがいまだ交差点に達しない間に右方直進車Ⓐの進路に進入して衝突した場合には、右方直進車Ⓐの過失は著しく小さいかまたは過失がないものと考えられるから、この修正の適用外である（東京地裁『過失相殺率の認定基準全訂5版（別冊判タ38号）』249頁④・240頁）。

　日弁連東京『損害賠償算定基準・上2015』279頁〔53〕では、「Ⓑ早回り右折」の左方右折車Ⓑへの過失加算率を10％としている。

5　日弁連東京『損害賠償算定基準・上2015』279頁〔53〕では、直進車Ⓐの一時停止後侵入について、右折車Ⓑに10％の過失加算をしている。

6　日弁連東京『損害賠償算定基準・上2015』279頁〔53〕では、右折車Ⓑの重過失の場合の右折車Ⓑへの過失加算率を20％としている。

7　東京地裁『過失相殺率の認定基準全訂5版（別冊判タ38号）』では、大型車による修正項目を削除し（全訂4版ではこの事故態様における大型車での修正項目なし）、大型車であることが事故発生の危険性を高くしたと考えられる事故類型においては、個別に、大型車であることにより5％程度の修正をすることとされた（東京地裁『過失相殺率の認定基準全訂5版（別冊判タ38号）』45頁(3)）が、日弁連東京『損害賠償額算定基準・上2015』279頁〔53〕では、右折車Ⓑのみについて大型車ということで5％の過失割合加重の修正要素を設けており、『三訂版注解損害賠償算定基準・下』111頁〔45〕では、直進車Ⓐおよび右折車Ⓑ双方について大型車ということでの過失割合加重の修正をしていない。

　　(c)　直進車に一時停止義務違反があり、右折車が右方車である場合の事故の過失割合

　一方に一時停止規制がある場合の、信号機により交通整理が行われていない交差点での、直進車に一時停止義務違反があり、右折車が右方車である場合の事故の基本過失割合は、直進車：右折車＝60：40となる（東京地裁『過失相殺率認定基準全訂5版（別冊判タ38号）』250頁【122】、日弁連東京『損害賠償額算定基準・上2015』279頁〔54〕、『三訂版注解損害賠償算定基準・下』111頁〔46〕）。この過失割合は、直進車が一時停止を行わないで交差点に進入したことを前提としている（東京地裁『過失相殺率認定基準全訂5版（別冊判タ38号）』250頁）。

〈事故態様図25〉 一方に一時停止規制があり、直進車に一時停止義務違反があるとともに、右折車が右方車である場合の事故

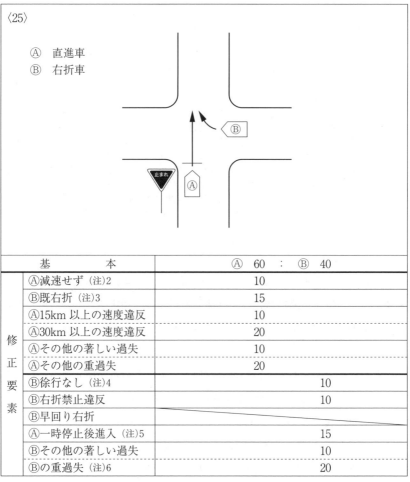

	基　　　本	Ⓐ 60 ： Ⓑ 40	
修正要素	Ⓐ減速せず（注）2	10	
	Ⓑ既右折（注）3	15	
	Ⓐ15km 以上の速度違反	10	
	Ⓐ30km 以上の速度違反	20	
	Ⓐその他の著しい過失	10	
	Ⓐその他の重過失	20	
	Ⓑ徐行なし（注）4		10
	Ⓑ右折禁止違反		10
	Ⓑ早回り右折		
	Ⓐ一時停止後進入（注）5	15	
	Ⓑその他の著しい過失		10
	Ⓑの重過失（注）6		20

（注）　1　この基本過失割合は、直進車Ⓐが一時停止をしないで交差点に進入したことを前提にしている（東京地裁『過失相殺率認定基準全訂5版（別冊判タ38号）』250頁①）。

　　　2　この基本過失割合は、直進車Ⓐが一時停止しないにしても（上記（注）1参照）、ある程度減速していることを前提にしているため、直進車Ⓐが減速をしていない場合には修正要素として考慮する（東京地裁『過失相殺率の認定基準全訂5版（別冊判タ38号）』250頁②・239頁③）。

　　　3　直進車Ⓐが左方車である場合には、右方右折車Ⓑの右折開始の時点が早ければ、左方直進車Ⓐとしてもそれだけ事故回避措置をとり得る余地が大きくなるから、左方直進車

Ⓐについて加算修正をする。したがって、直進車が右方車である場合には、考慮する必要はない（東京地裁『過失相殺率の認定基準全訂5版（別冊判タ38号）』250頁③・241頁②）。
4　この場合の徐行は、右折車としての通常の速度を意味し、必ずしも法律上要求される徐行でなくてもよい（東京地裁『過失相殺率の認定基準全訂5版（別冊判タ38号）』250頁④・239頁④）。
5　日弁連東京『損害賠償算定基準・上2015』279頁〔54〕では、直進車Ⓐの一時停止後侵入として、右折車Ⓑに10％の過失加算をしている。
6　『三訂版注解損害賠償算定基準・下』111頁〔46〕では、右折車Ⓑの重過失の場合の過失加算を15％としている。
7　東京地裁『過失相殺率の認定基準全訂5版（別冊判タ38号）』では、大型車による修正項目を削除し（全訂4版ではこの事故態様における大型車での修正項目なし）、大型車であることが事故発生の危険性を高くしたと考えられる事故類型においては、個別に、大型車であることにより5％程度の修正をすることとされた（東京地裁『過失相殺率の認定基準全訂5版（別冊判タ38号）』45頁(3)）が、日弁連東京『損害賠償額算定基準・上2015』279頁〔54〕では、右折車Ⓑのみについて大型車ということで5％の過失割合加重の修正要素を設けており、『三訂版注解損害賠償算定基準・下』111頁〔46〕では、直進車Ⓐおよび右折車Ⓑ双方について大型車ということでの過失割合加重の修正をしていない。

　　d　一方が優先道路である場合の交差点での事故の過失割合
　優先道路とは、道路標識等により優先道路として指定されているものおよび当該交差点において当該道路における車両の通行を規制する道路標識等による中央線または車両通行帯が設けられている道路をいう（道交36条2項）。
　一方が優先道路である場合の事故態様として、右折車が優先道路から直進車の進入してきた非優先道路に入る場合（〈事故態様図27〉（110頁）参照）および右折車が優先道路から直進車の向かう非優先道路に入る場合（〈事故態様図28〉（114頁）参照）が想定できるが、前者は出会い頭的要素が強く、後者とは事故の様相を異にするから、これらを区別して基準化する必要がある（東京地裁『過失相殺率の認定基準全訂5版（別冊判タ38号）』251頁）。
　　(a)　右折車が非優先道路から優先道路に出る場合
　一方が優先道路である場合の、信号機により交通整理が行われていない交差点での、右折車が非優先道路から優先道路に出る場合の事故の基本過失割合は、直進車：右折車＝10：90となる（東京地裁『過失相殺率認定基準全訂5

版〔別冊判タ38号〕』252頁【123】、日弁連東京『損害賠償額算定基準・上2015』280頁〔55〕、『三訂版注解損害賠償算定基準・下』105頁〔41〕）。

　直進車が優先道路を通行している場合、徐行義務はない（道交42条1号括弧書参照）（東京地裁『過失相殺率認定基準全訂5版〔別冊判タ38号〕』252頁①、『三訂版注解損害賠償算定基準・下』107頁）。

〈事故態様図26〉 一方が優先道路で、右折車が非優先道路から優先道路に出る場合の事故

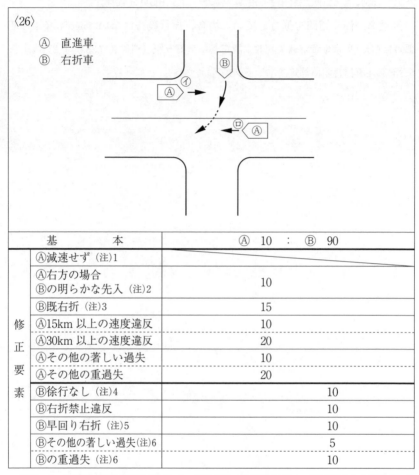

	基　　本	Ⓐ 10 ： Ⓑ 90
修正要素	Ⓐ減速せず（注)1	
	Ⓐ右方の場合 Ⓑの明らかな先入（注)2	10
	Ⓑ既右折（注)3	15
	Ⓐ15km 以上の速度違反	10
	Ⓐ30km 以上の速度違反	20
	Ⓐその他の著しい過失	10
	Ⓐその他の重過失	20
	Ⓑ徐行なし（注)4	10
	Ⓑ右折禁止違反	10
	Ⓑ早回り右折（注)5	10
	Ⓑその他の著しい過失（注)6	5
	Ⓑの重過失（注)6	10

（注）　1　直進車が優先道路を通行している場合は、徐行義務がない（道交42条1号括弧書）から、修正要素として考慮しない（東京地裁『過失相殺率認定基準全訂5版（別冊判タ38号）』252頁①）。

　　　2　直進車Ⓐが右方車である場合（図㋑の場合）には、出会い頭的色彩が濃いから、直進車Ⓐに加算修正するが、直進車Ⓐが左方車の場合（図㋺の場合）には、既右折の修正が適用され得るから、この修正要素を考慮しない（東京地裁『過失相殺率の認定基準全訂5版（別冊判タ38号）』252頁②・243頁④）。

　　　3　直進車Ⓐが左方車である場合（図㋺の場合）には、右折車Ⓑの右折開始の時点が早ければ、直進車Ⓐとしてもそれだけ事故回避措置をとり得る余地が大きくなるから、直進

車Ⓐについて加算修正する。したがって、直進車Ⓐが右方車である場合（図④の場合）には、考慮する必要はない（東京地裁『過失相殺率の認定基準全訂5版（別冊判タ38号）』252頁③・241頁②）。
4　この場合の徐行は、右折車としての通常の速度を意味し、必ずしも法律上要求される徐行でなくてもよい（東京地裁『過失相殺率の認定基準全訂5版（別冊判タ38号）』252頁④・239頁④）。
5　左方右折車Ⓑが早回り右折をする場合には、右方直進車Ⓐに対する関係（図④の場合）で事故の危険性が増大するので、左方右折車Ⓑに加算修正する。したがって、直進車が左方車であるとき（図回の場合）は、考慮する必要はない（東京地裁『過失相殺率の認定基準全訂5版（別冊判タ38号）』252頁⑤・239頁・240頁）。
　　この修正は、衝突地点が交差点内である場合に関するものであって、左方右折車Ⓑが交差点角ぎりぎりに早回り右折したため、右方直進車Ⓐ（図④の場合）がいまだ交差点に達しない間に右方直進車Ⓐの進路に進入して衝突した場合には、右方直進車Ⓐの過失は著しく小さいかまたは過失がないものと考えられるから、この修正の適用外である（東京地裁『過失相殺率の認定基準全訂5版（別冊判タ38号）』252頁⑤・240頁）。
6　日弁連東京『損害賠償算定基準・上2015』280頁〔55〕では、右折車Ⓑのその他の著しい過失、重過失の過失加算率を、それぞれ10％、20％としている。
7　東京地裁『過失相殺率の認定基準全訂5版（別冊判タ38号）』では、大型車による修正項目を削除し（全訂4版ではこの事故態様における大型車での修正項目なし）、大型車であることが事故発生の危険性を高くしたと考えられる事故類型においては、個別に、大型車であることにより5％程度の修正をすることとされた（東京地裁『過失相殺率の認定基準全訂5版（別冊判タ38号）』45頁(3)）が、日弁連東京『損害賠償額算定基準・上2015』280頁〔55〕では、右折車Ⓑのみについて大型車ということで5％の過失割合加重の修正要素を設けており、『三訂版注解損害賠償算定基準・下』105頁〔41〕では、直進車Ⓐおよび右折車Ⓑ双方について大型車ということでの過失割合加重の修正をしていない。

(b)　右折車が優先道路から直進車が進行してきた非優先道路に入る場合

　一方が優先道路である場合の、信号機により交通整理が行われていない交差点での、右折車が優先道路から直進車が進行してきた非優先道路に入る場合の事故の基本過失割合は、直進車：右折車＝80：20となる（東京地裁『過失相殺率認定基準全訂5版（別冊判タ38号）』253頁【124】、日弁連東京『損害賠償額算定基準・上2015』280頁〔56〕）。

第7章　被害者側の過失

〈事故態様図27〉　一方が優先道路で、右折車が優先道路から直進車が進行してきた非優先道路に入る場合の事故

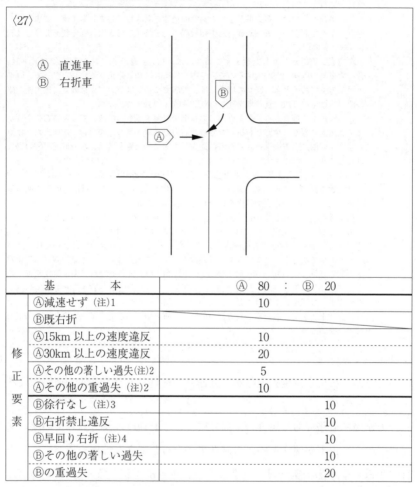

	基　　本	Ⓐ　80　：　Ⓑ　20	
修正要素	Ⓐ減速せず(注)1	10	
	Ⓑ既右折		
	Ⓐ15km 以上の速度違反	10	
	Ⓐ30km 以上の速度違反	20	
	Ⓐその他の著しい過失(注)2	5	
	Ⓐその他の重過失(注)2	10	
	Ⓑ徐行なし(注)3		10
	Ⓑ右折禁止違反		10
	Ⓑ早回り右折(注)4		10
	Ⓑその他の著しい過失		10
	Ⓑの重過失		20

(注)　1　基本の過失割合は、直進車Ⓐがある程度減速していることを前提としているから、直進車Ⓐがこのような減速をしていない場合には、修正要素として考慮する（東京地裁『過失相殺率の認定基準全訂5版（別冊判タ38号）』253頁②・239頁③）。
　　　2　日弁連東京『損害賠償算定基準・上2015』280頁〔56〕では、直進車Ⓐのその他の著しい過失、重過失の過失加算率を、それぞれ10％、20％としている。
　　　3　右折車Ⓑは、優先道路を進行しているが、交差点において右折するのであるから、徐行義務がある（道交34条2項）。この場合の徐行は、右折車としての通常の速度を意味し、必ずしも法律上要求される徐行でなくてもよい（東京地裁『過失相殺率の認定基準

4　左方右折車Ⓑが早回り右折をする場合には、右方直進車Ⓐに対する関係で事故の危険性が増大するので、左方右折車Ⓑに加算修正する。したがって、直進車が左方車であるとき（〈事故態様図28〉（114頁）参照）は、考慮する必要はないと思われる（東京地裁『過失相殺率の認定基準全訂5版（別冊判タ38号）』253頁④・239頁・240頁）。
　この修正は、衝突地点が交差点内である場合に関するものであって、左方右折車Ⓑが交差点角ぎりぎりに早回り右折したため、右方直進車Ⓐがいまだ交差点に達しない間に右方直進車Ⓐの進路に進入して衝突した場合には、右方直進車Ⓐの過失は著しく小さいかまたは過失がないものと考えられるから、この修正の適用外である（東京地裁『過失相殺率の認定基準全訂5版（別冊判タ38号）』253頁④・240頁）。
5　東京地裁『過失相殺率の認定基準全訂5版（別冊判タ38号）』では、大型車による修正項目を削除し（全訂4版ではこの事故態様における大型車での修正項目なし）、大型車であることが事故発生の危険性を高くしたと考えられる事故類型においては、個別に、大型車であることにより5％程度の修正をすることとされた（東京地裁『過失相殺率の認定基準全訂5版（別冊判タ38号）』45頁(3)）が、日弁連東京『損害賠償額算定基準・上2015』280頁〔56〕では、右折車Ⓑのみについて大型車ということで5％の過失割合加重の修正要素を設けている。

(c)　右折車が優先道路から直進車の向かう非優先道路に入る場合

　一方が優先道路である場合の、信号機により交通整理が行われていない交差点での、右折車が優先道路から直進車の向かう非優先道路に入る場合の事故の基本過失割合は、直進車：右折車＝70：30となる（東京地裁『過失相殺率認定基準全訂5版（別冊判タ38号）』254頁【125】、日弁連東京『損害賠償額算定基準・上2015』280頁〔57〕）。

〈事故態様図28〉 一方が優先道路で、右折車が優先道路から直進車の向かう非優先道路に入る場合の事故

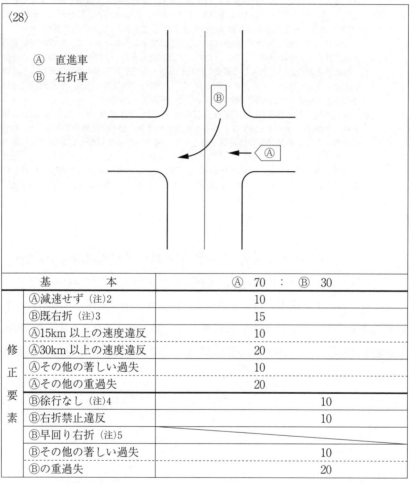

基本	Ⓐ 70 : Ⓑ 30	
修正要素	Ⓐ減速せず（注）2	10
	Ⓑ既右折（注）3	15
	Ⓐ15km以上の速度違反	10
	Ⓐ30km以上の速度違反	20
	Ⓐその他の著しい過失	10
	Ⓐその他の重過失	20
	Ⓑ徐行なし（注）4	10
	Ⓑ右折禁止違反	10
	Ⓑ早回り右折（注）5	
	Ⓑその他の著しい過失	10
	Ⓑの重過失	20

（注） 1 優先道路と非優先道路とが交わる交差点において、直進車が非優先道路を進行している場合は、直進車側に一時停止の規制がある場合（〈事故態様図25〉（107頁）参照）と比較すると、優先道路規制による劣後性のほうが大きいと考えられる（東京地裁『過失相殺率の認定基準全訂5版（別冊判タ38号）』254頁①）。
　　　2 基本の過失割合は、直進車Ⓐがある程度減速していることを前提としているから、直進車Ⓐがこのような減速をしていない場合には、修正要素として考慮する（東京地裁『過失相殺率の認定基準全訂5版（別冊判タ38号）』254頁②・239頁③）。
　　　3 直進車Ⓐが左方車である場合には、右方右折車Ⓑの右折開始の時点が早ければ、左方

直進車Ⓐとしてもそれだけ事故回避措置をとり得る余地が大きくなるから、左方直進車Ⓐについて加算修正をする。したがって、直進車が右方車である場合には、考慮する必要はない（東京地裁『過失相殺率の認定基準全訂5版（別冊判タ38号）』254頁③・241頁②）。
4　右折車Ⓑは優先道路を進行しているが、交差点において右折するのであるから、道路交通法34条2項の徐行義務はある。この態様における徐行は、右折車としての通常の速度を意味し、必ずしも法律上要求される徐行でなくてもよい（東京地裁『過失相殺率認定基準全訂5版（別冊判タ38号）』254頁④・253頁③）。
5　東京地裁『過失相殺率の認定基準全訂5版（別冊判タ38号）』254頁の【125】図の修正要素「Ⓑ早回り右折」では直進車Ⓐから10％の減算修正をしているが、同書254頁注⑤では、【115】図の注⑤（同書239頁）を参照しており、同参照か所では、「直進車Ⓐが左方車であるときは、考慮する必要がない。」とされており、同書【125】図の254頁注⑤では、それに加えて特に説明をしてないので、直進車Ⓐが左方車となる本事例では、この「Ⓑ早回り右折」で、直進車Ⓐについて減算修正する必要はないと解される（信号により交通整理が行われていない同幅員の交差点における右折車と直進車の事故で、同書、右折車が左方車である場合（同書【115】（239頁））では「Ⓑ早回り右折」で右方直進車Ⓐについて10％の減算修正をしているが、右折車が右方車である場合（同書【116】（241頁））では「Ⓑ早回り右折」で過失修正要素として考慮していない）。日弁連東京『損害賠償算定基準・上2015』の同事例である280頁〔57〕でも、右折車Ⓑの早回り右折を過失修正要素としては考慮していない。
6　東京地裁『過失相殺率の認定基準全訂5版（別冊判タ38号）』では、大型車による修正項目を削除し（全訂4版ではこの事故態様における大型車での修正項目なし）、大型車であることが事故発生の危険性を高くしたと考えられる事故類型においては、個別に、大型車であることにより5％程度の修正をすることとされた（東京地裁『過失相殺率の認定基準全訂5版（別冊判タ38号）』45頁(3)）が、日弁連東京『損害賠償額算定基準・上2015』280頁〔57〕では、右折車Ⓑのみについて大型車ということで5％の過失割合加重の修正要素を設けている。

(4)　交差点における左折車と直進車の事故の過失割合

　この態様においても、見とおしのきかない交差点であることを前提としているが、このような交差点では、左折車（道交34条1項参照）だけでなく、優先道路を通行している場合を除く直進車にも徐行義務が課されており（道交42条1号）、また、実際の運転慣行としても両車とも徐行しているのが通常と考えられるので、左折車については徐行、直進車についてはある程度減速していることを前提として基本過失割合を定め、徐行または減速していない場合にはそれぞれ修正要素としている（東京地裁『過失相殺率認定基準全訂5版（別冊判タ38号）』255頁）。

ア　同幅員の交差点での事故の過失割合

　同幅員の交差点での左折車と直進車の事故（〈事故態様図29〉（115頁）参照）の基本過失割合は、左折車：直進車＝50：50となる（東京地裁『過失相殺率認定基準全訂5版（別冊判タ38号）』256頁【126】、日弁連東京『損害賠償額算定基準・上2015』281頁〔58〕、『三訂版注解損害賠償算定基準・下』114頁〔47〕）。

　この場合、左折車は、直進車にとって左方車であり、道路交通法36条1項1号の左方優先が働くことになる。ただ、左方車が左折する場合、他の車両の進路上に進むことになること、このような場合現実には左折車が直進車に道を譲っていることなどを考慮し、交差点での直進車同士の事故の左方車：右方車＝40：60に対し、左方車に10％加算して基本過失割合を定めている（東京地裁『過失相殺率認定基準全訂5版（別冊判タ38号）』256頁②、『三訂版注解損害賠償算定基準・下』113頁）。

イ　一方が明らかに広い道路である場合の交差点での事故の過失割合

　一方が明らかに広い道路である場合の交差点での左折車と直進車の事故（〈事故態様図30〉（115頁）参照）の基本過失割合は、狭路左折車：広路直進車＝70：30となる（東京地裁『過失相殺率認定基準全訂5版（別冊判タ38号）』256頁【127】、日弁連東京『損害賠償額算定基準・上2015』281頁〔59〕）（『三訂版注解損害賠償算定基準・下』114頁〔48〕は、狭路左折車：広路直進車＝80：20とする）。

ウ　一方に一時停止規制がある場合の交差点での事故の過失割合

　一方に一時停止規制がある場合の交差点での左折車と直進車の事故（〈事故態様図31〉（115頁）参照）の基本過失割合は、一時停止規制左折車：一時停止規制無直進車＝80：20となる（東京地裁『過失相殺率認定基準全訂5版（別冊判タ38号）』256頁【128】、日弁連東京『損害賠償額算定基準・上2015』281頁〔60〕、『三訂版注解損害賠償算定基準・下』115頁〔50〕）。

　この事例でも、見とおしのきかない交差点では徐行義務があり（道交42条1号参照）、直進車がある程度減速していることが前提となっており、直進

〈事故態様図29～32〉 交差点における左折車と直進車の事故

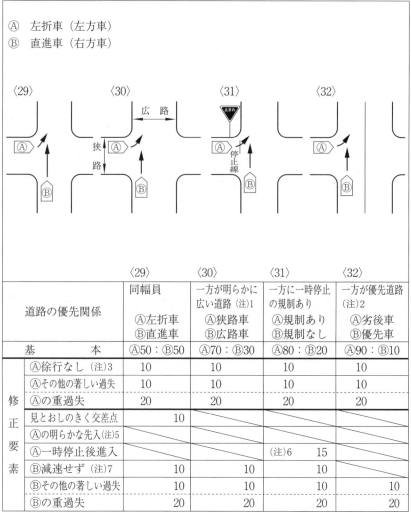

Ⓐ 左折車（左方車）
Ⓑ 直進車（右方車）

道路の優先関係	〈29〉同幅員 Ⓐ左折車 Ⓑ直進車	〈30〉一方が明らかに広い道路(注)1 Ⓐ狭路車 Ⓑ広路車	〈31〉一方に一時停止の規制あり Ⓐ規制あり Ⓑ規制なし	〈32〉一方が優先道路(注)2 Ⓐ劣後車 Ⓑ優先車
基本	Ⓐ50：Ⓑ50	Ⓐ70：Ⓑ30	Ⓐ80：Ⓑ20	Ⓐ90：Ⓑ10
修正要素 Ⓐ徐行なし(注)3	10	10	10	10
Ⓐその他の著しい過失	10	10	10	10
Ⓐの重過失	20	20	20	20
見とおしのきく交差点	10			
Ⓐの明らかな先入(注)5				
Ⓐ一時停止後進入			(注)6　15	
Ⓑ減速せず(注)7	10	10	10	
Ⓑその他の著しい過失	10	10	10	10
Ⓑの重過失	20	20	20	20

（注） 1 ここでは、右折車Ⓐが狭路から進入してきた場合のみを基準化している。これと反対に、狭路から交差点に進入してきた直進車と広路から狭路に左折する左折車とが衝突する場合もありうるが、この場合には個別的事情に依存する程度が大きいと考えられるので、具体的事情に応じて過失相殺率を判断するのが相当である（東京地裁『過失相殺率の認定基準全訂5版（別冊判タ38号）』257頁⑦）。

　　　2 ここでは、直進車が優先道路通行車である場合のみを基準化している。これと反対

に、優先道路通行車が左折する場合には、個別的事情に依拠する程度が大きいと考えられるので、具体的事情に応じて過失相殺率を判断するのが相当である（東京地裁『過失相殺率の認定基準全訂5版（別冊判タ38号）』257頁⑪）。

3　この場合の徐行は、左折車としての通常の速度を意味し、必ずしも法律上要求される徐行でなくてもよい（東京地裁『過失相殺率の認定基準全訂5版（別冊判タ38号）』256頁③）。

4　日弁連東京『損害賠償算定基準・上2015』281頁〔58〕および『三訂版注解損害賠償算定基準・下』114頁〔47〕では、夜間の場合、〈事故態様図29〉において、直進車Ⓑに5％の過失割合をしている。

5　左方左折車Ⓐが明らかな先入をしている場合の事故態様は、通常、追突形態となり、右方直進車Ⓑが方向転換等の措置をとることによって容易に衝突を回避することができたと考えられるから、具体的事情に応じて右方直進車Ⓑの著しい過失等において斟酌するのが相当であり、この基準で「Ⓐ明らかな先入」としては修正しない（東京地裁『過失相殺率の認定基準全訂5版（別冊判タ38号）』256頁④）。

6　〈事故態様図31〉の基本過失割合は、一時停止の規制がある左方左折車Ⓐに一時停止義務違反があることを想定しているから、左方左折車Ⓐが一時停止した場合の修正要素としている（東京地裁『過失相殺率の認定基準全訂5版（別冊判タ38号）』257頁）。

　　左方左折車Ⓐが一時停止し、左右を見て右方直進車Ⓑの接近を認めたものの、その速度と距離の判断を誤って交差点に進入したため衝突した場合には、左方左折車Ⓐを具体的に認識することができた右方直進車Ⓑの過失も相当程度あるものといえるから、この場合の過失割合修正値を15％としている（東京地裁『過失相殺率の認定基準全訂5版（別冊判タ38号）』257頁）。

　　日弁連東京『損害賠償算定基準・上2015』281頁〔60〕および『三訂版注解損害賠償算定基準・下』115頁〔50〕では、〈事故態様図31〉における、直進車Ⓑに対する過失加算率を10％としている。

7　直進車には、交通整理が行われていない見とおしがきかない交差点においては、優先道路を通行している場合（〈事故態様図32〉の場合）を除き、徐行義務が課されていること（道交42条1号）等から、この基準では、右方直進車Ⓑがある程度の減速をしていることを前提としているので、右方直進車Ⓑが減速していない場合には、右方直進車Ⓑに対して加算修正をする。したがって、見とおしがきく交差点においてはこの点を考慮する必要はない（東京地裁『過失相殺率の認定基準全訂5版（別冊判タ38号）』257頁⑤）。

8　東京地裁『過失相殺率の認定基準全訂5版（別冊判タ38号）』では、大型車による修正項目を削除し、大型車であることが事故発生の危険性を高くしたと考えられる事故類型においては、個別に、大型車であることにより5％程度の修正をすることとされた（東京地裁『過失相殺率の認定基準全訂5版（別冊判タ38号）』45頁⑶）が、日弁連東京『損害賠償額算定基準・上2015』281頁〔58〕〜〔61〕および『三訂版注解損害賠償算定基準・下』114頁〔47〕・〔48〕・115頁〔49〕・〔50〕では、左方左折車Ⓐについてのみ大型車ということで5％の過失割合加重の修正要素を設けている。

車が減速しないことが、直進車の過失割合を加算する要素となる（東京地裁『過失相殺率認定基準全訂5版（別冊判タ38号）』257頁⑤、『三訂版注解損害賠償算定基準・下』116頁）。

エ　一方が優先道路である場合の交差点での事故の過失割合

一方が優先道路である場合の交差点での左折車と直進車の事故（〈事故態様図32〉（115頁）参照）の基本過失割合は、非優先道路進行左折車：優先道路進行直進車＝90：10となる（東京地裁『過失相殺率認定基準全訂5版（別冊判タ38号）』256頁【129】、日弁連東京『損害賠償額算定基準・上2015』281頁〔61〕、『三訂版注解損害賠償算定基準・下』115頁〔49〕）。

(5)　交差点における右折車同士の事故の過失割合

交差点における右折車同士の事故の場合、双方車両に道路交通法34条2項の徐行義務が課せられており、双方の車両について徐行ないし右折としての通常の減速を行っていることを前提として基本過失割合を定め、徐行ないし減速していない場合には右折方法違反として修正することになる（東京地裁『過失相殺率認定基準全訂5版（別冊判タ38号）』258頁）。

ア　同幅員の交差点での事故の過失割合

同幅員の交差点での右折車同士の事故（〈事故態様図33〉（119頁）参照）の基本過失割合は、左方車：右方車＝40：60となる（東京地裁『過失相殺率認定基準全訂5版（別冊判タ38号）』259頁【130】、日弁連東京『損害賠償額算定基準・上2015』282頁〔62〕、『三訂版注解損害賠償算定基準・下』117頁〔51〕）。

イ　一方が明らかに広い道路である場合の交差点での事故の過失割合

一方が明らかに広い道路である場合の交差点での右折車同士の事故（〈事故態様図34〉（119頁）参照）の基本過失割合は、狭路車：広路車＝70：30となる（東京地裁『過失相殺率認定基準全訂5版（別冊判タ38号）』259頁【131】、日弁連東京『損害賠償額算定基準・上2015』282頁〔63〕、『三訂版注解損害賠償算定基準・下』117頁〔52〕）。

ウ　一方に一時停止規制がある場合の交差点での事故の過失割合

　一方に一時停止規制がある場合の交差点での右折車同士の事故（〈事故態様図35〉（119頁）参照）の基本過失割合は、一時停止規制車：一時停止規制無車＝75：25となる（東京地裁『過失相殺率認定基準全訂5版（別冊判タ38号）』259頁【132】、日弁連東京『損害賠償額算定基準・上2015』282頁〔64〕。『三訂版注解損害賠償算定基準・下』118頁〔54〕は、一時停止規制車：一時停止規制無車＝80：20とする）。

　エ　一方が優先道路である場合の交差点での事故の過失割合

　一方が優先道路である場合の交差点での右折車同士の事故（〈事故態様図36〉（119頁）参照）の基本過失割合は、非優先道路進行車：優先道路進行車＝80：20となる（東京地裁『過失相殺率認定基準全訂5版（別冊判タ38号）』259頁【133】、日弁連東京『損害賠償額算定基準・上2015』282頁〔65〕、『三訂版注解損害賠償算定基準・下』118頁〔53〕）。

第3 交通事故における過失割合

〈事故態様図33〜36〉 交差点における右折車同士の事故

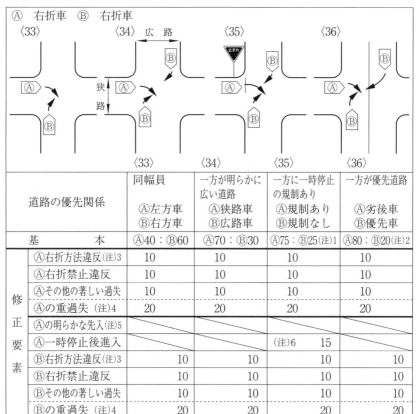

道路の優先関係	〈33〉同幅員 Ⓐ左方車 Ⓑ右方車	〈34〉一方が明らかに広い道路 Ⓐ狭路車 Ⓑ広路車	〈35〉一方に一時停止の規制あり Ⓐ規制あり Ⓑ規制なし	〈36〉一方が優先道路 Ⓐ劣後車 Ⓑ優先車
基本	Ⓐ40：Ⓑ60	Ⓐ70：Ⓑ30	Ⓐ75：Ⓑ25(注)1	Ⓐ80：Ⓑ20(注)2
修正要素 Ⓐ右折方法違反(注)3	10	10	10	10
Ⓐ右折禁止違反	10	10	10	10
Ⓐその他の著しい過失	10	10	10	10
Ⓐの重過失(注)4	20	20	20	20
Ⓐの明らかな先入(注)5				
Ⓐ一時停止後進入			(注)6 15	
Ⓑ右折方法違反(注)3	10	10	10	10
Ⓑ右折禁止違反	10	10	10	10
Ⓑその他の著しい過失	10	10	10	10
Ⓑの重過失(注)4	20	20	20	20

(注) 1 『三訂版注解損害賠償算定基準・下』118頁〔54〕では、〈事故態様図35〉の基本過失割合をⓐ80：Ⓑ20とする。

2 優先道路を走行する車両でも、右折する場合には徐行していることから、優先性の程度が減じられ、直進車同士の場合（〈事故態様図8〉（68頁）参照）より、優先道路進行車Ⓑに10％不利に修正した（東京地裁『過失相殺率の認定基準全訂5版（別冊判タ38号）』260頁⑩）。

3 ここでの右折方法違反とは、道路交通法34条2項所定の右折方法違反であるが、具体的には、左方車については、徐行なし、合図なし、早回り右折等が問題となり、右方車については、徐行なし、合図なし、大回り右折等が問題となる。この場合の徐行は、右折車としての通常の速度を意味し、必ずしも法律上要求される徐行でなくてもいい（東京地裁『過失相殺率の認定基準全訂5版（別冊判タ38号）』259頁②）。

4 速度違反は、徐行なし（右折方法違反（（注）3参照））として考慮すれば足りるが、その程度の著しい場合は重過失として過失割合修正をすることも考えられる（東京地裁

121

第7章　被害者側の過失

『過失相殺率の認定基準全訂5版（別冊判タ38号）』259頁③）。

5　先入関係は、ほとんどの場合に④が先入していることになると思われるので、④の明らかな先入はすでに基本過失割合の中で考慮したものとして修正要素に加えない。また、一方が既右折状態であるにもかかわらず衝突した場合は、他方に早回り右折ないし大回り右折等の右折方法違反があると考えられるから、これによる修正を行えば足り、既右折についても修正要素とはしない（東京地裁『過失相殺率認定基準全訂5版（別冊判タ38号）』269頁④）。

6　〈事故態様図35〉の基本過失割合は、一時停止規制右折車④に一時停止義務違反があることを想定しているから、④車が一時停止した場合を修正要素としている（東京地裁『過失相殺率の認定基準全訂5版（別冊判タ38号）』260頁）。

一時停止規制左折車④が一時停止し、左右を見て一時停止規制無右折車⑧の接近を認めたものの、その速度と距離の判断を誤って交差点に進入したため衝突した場合には、一時停止規制左折車④を具体的に認識することができた一時停止規制無右折車⑧の過失も相当程度あるものといえるから、この場合の過失割合修正値を15％としている（東京地裁『過失相殺率の認定基準全訂5版（別冊判タ38号）』260頁）。

日弁連東京『損害賠償算定基準・上2015』282頁〔64〕および『三訂版註解損害賠償算定基準・下』118頁〔54〕では、〈事故態様図35〉において、直進車④の一時停止後侵入についての⑧車に対する過失加算率を10％としている。

7　東京地裁『過失相殺率の認定基準全訂5版（別冊判タ38号）』では、大型車による修正項目を削除し、大型車であることが事故発生の危険性を高くしたと考えられる事故類型においては、個別に、大型車であることにより5％程度の修正をすることとされた（東京地裁『過失相殺率の認定基準全訂5版（別冊判タ38号）』45頁(3)）が、日弁連東京『損害賠償額算定基準・上2015』282頁〔62〕～〔65〕では、④車についてすべての態様で大型車ということで5％の過失割合加重の修正要素を設け、⑧車については同幅員の道路の〈事故態様図33〉の場合についてのみ大型車ということで5％の過失割合加重の修正要素を設け、『三訂版注解損害賠償算定基準・下』117頁〔51〕・〔52〕・118頁〔53〕・〔54〕では、④車についてすべての態様で大型車ということで5％の過失割合加重の修正要素を設け、⑧車については一方が明らかに広い道路の〈事故態様図34〉の場合を除き大型車ということで5％の過失割合加重の修正要素を設けている。

(6)　交差点における左折車と対向右折車の事故の過失割合

交差点における左折車と対向右折車の事故の基本過失割合は、左折車：右折車＝30：70となる（東京地裁『過失相殺率認定基準全訂5版（別冊判タ38号）』262頁【134】、日弁連東京『損害賠償額算定基準・上2015』283頁〔66〕）。

交差点で右折する車両は、当該交差点で直進・左折する車両等の進行妨害をしてはならないとされている（道交37条）。

第3　交通事故における過失割合

〈事故態様図37〉　交差点における左折車と対向右折車の事故

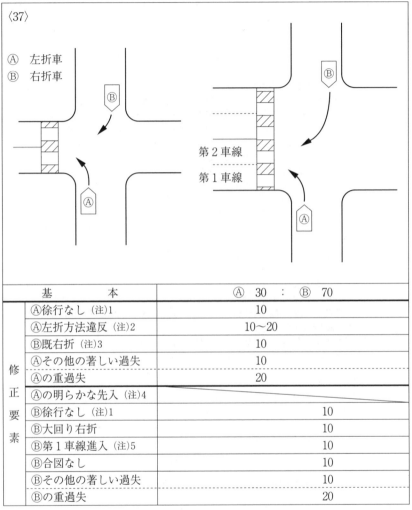

基　　本	Ⓐ　30　：　Ⓑ　70	
修正要素	Ⓐ徐行なし（注）1	10
	Ⓐ左折方法違反（注）2	10〜20
	Ⓑ既右折（注）3	10
	Ⓐその他の著しい過失	10
	Ⓐの重過失	20
	Ⓐの明らかな先入（注）4	
	Ⓑ徐行なし（注）1	10
	Ⓑ大回り右折	10
	Ⓑ第1車線進入（注）5	10
	Ⓑ合図なし	10
	Ⓑその他の著しい過失	10
	Ⓑの重過失	20

（注）　1　ここでの修正要素としての徐行は、右左折車としての通常の速度を意味し、必ずしも法律上要求される徐行でなくてもいい。この基準の基本過失割合は、双方の車両とも徐行またはそれに近い減速をしていることを前提としているから、徐行していない場合を修正要素とする（東京地裁『過失相殺率の認定基準全訂5版（別冊判夕38号）』262頁②）。
　　　　2　これは、道路交通法34条の左折方法違反である。左折車は、あらかじめその前からできる限り道路の左側端により、かつ、できる限り道路の左側端に沿って徐行しなければ

123

ならない（道交34条1項）から、左折車Ⓐは第1車線に入るべきであり、左折車Ⓐが第2車線に進入するときは、右折車Ⓑの進行を妨害することになる。そのため、左折車Ⓐが片側2車線の道路において第2車線に進入する場合は、左折方法違反として、左折車Ⓐに10～20％の範囲で過失加算修正をする（東京地裁『過失相殺率の認定基準全訂5版（別冊判タ38号）』262頁③、日弁連東京『損害賠償算定基準・上2015』283頁〔66〕）。

3　この事故態様の過失割合は、左折車Ⓐの速度が遅いことを前提としているので、右折車Ⓑの既右折の場合には、左折車Ⓐが方向転換等の措置をとることによって容易に衝突を回避することができると考えられるから、「Ⓑ既右折」を修正要素とした（東京地裁『過失相殺率の認定基準全訂5版（別冊判タ38号）』263頁④）。

4　この事故態様の基本過失割合は、双方の車両とも徐行またはそれに近い減速をしていることを前提としているから、先入関係を問題とすれば、ほとんどの場合左折車Ⓐが先入していることとなる。したがって、左折車Ⓐの明らかな先入は、既に基本過失割合において考慮されているものとして、過失割合修正要素とはしない（東京地裁『過失相殺率の認定基準全訂5版（別冊判タ38号）』263頁⑤）。

5　道路交通法においては、右折方法について、交差点の中心の直近の内側を徐行しなければならないと規定するだけで（道交34条2項）、片側2車線の道路の第1車線に進入することを違反とはしていない。ただ、片側2車線の道路において、左折車Ⓐが第1車線に進入するときは、右折車Ⓑは第2車線に進入するのが一般の運転慣行ともいえ、当該慣行に反して右折車Ⓑが第1車線に進入するときには、左折車Ⓐの進行が妨害されることになる。そのため、右折車Ⓑが片側2車線の交差道路のうちの第1車線に進入した場合には、当該右折車Ⓑについて10％の過失割合加算修正をする。この修正要素が適用される場合は、右折車Ⓑが大回り右折をしていることが前提となるから、大回り右折について重ねて右折車Ⓑに過失割合加算修正をすることはしない（東京地裁『過失相殺率の認定基準全訂5版（別冊判タ38号）』263頁⑥、日弁連東京『損害賠償算定基準・上2015』283頁〔66〕）。

6　日弁連東京『損害賠償算定基準・上2015』283頁〔66〕では、「Ⓑ右折禁止違反」で右折車Ⓑに10％の過失割合加算修正をしている。

7　東京地裁『過失相殺率の認定基準全訂5版（別冊判タ38号）』では、大型車による修正項目を削除し、大型車であることが事故発生の危険性を高くしたと考えられる事故類型において、個別に、大型車であることにより5％程度の修正をすることとされた（東京地裁『過失相殺率の認定基準全訂5版（別冊判タ38号）』45頁(3)）が、日弁連東京『損害賠償額算定基準・上2015』283頁〔66〕では、右折車Ⓑのみについて大型車ということで5％の過失割合加重の修正要素を設けている。

(7)　交差点における右左折車と後続直進車の事故の過失割合

　交差点において右左折をしようとする車両は、交差点の手前30mの地点から右左折の合図をし（道交53条、道交施行令21条）、右折の場合は、あらかじめその前からできる限り道路の中央により、かつ、交差点の中心の直近の内側等を徐行しなければならず、左折の場合は、あらかじめその前からできる限り道路の左側端に寄り、かつ、できる限り道路の左側端等に沿って徐行

しなければならない（道交34条１項・２項）。また、右左折車が進路を変更する際に、後続車両の速度または方向を急に変更させることとなるおそれがあるときは、進路を変更してはならず（道交26条の２第２項）、後続車が優先し、そうでないときは、適法な合図をした右左折車が優先する（道交34条６項）。交差点で右折する場合の直進車の進行妨害禁止はこの場合にも妥当するとされている（道交37条）。右左折車がこれらの注意義務を完全に履行している場合は、原則として過失がないことになり、以下の態様は適用されないことになる（東京地裁『過失相殺率認定基準全訂５版（別冊判タ38号）』264頁、日弁連東京『損害賠償算定基準・上2015』283頁〔67〕〔68〕❶）。したがって、以下の類型は、道路交通法上の必要な措置を一部欠いている車同士の事故に関するものである（東京地裁『過失相殺率認定基準全訂５版（別冊判タ38号）』264頁）。

　右左折車と後続直進車との事故は、①右左折車の準備行為としての進路変更に際し、後続直進車がこれに追突ないし側突する態様の事故と、②既に交差点内またはその直近で右左折態勢にある車両に後続直進車が追突する形態の事故に大別される。このうち、①についての過失割合は、進路変更一般と異なるところがないと思われるから、後に述べる同一方向に進行する進路変更車と後続直進車の事故（後記⑾イ（161頁）および〈事故態様図56〉（163頁）参照）として検討し、ここでは②のうち「ア　右折車と追越直進車との事故の過失割合（追越直進車が中央線ないし道路中央を越えている場合）」（後記ア（126頁）参照）と「イ　あらかじめ中央に寄らない右折車または左側端に寄らない左折車と後続直進車の事故の過失割合（後続直進車が中央線ないし道路中央を越えていない場合）」（後記イ（131頁）参照）についてのみ基準化している（東京地裁『過失相殺率の認定基準全訂５版（別冊判タ38号）』264頁）。

　東京地裁『過失相殺率の認定基準全訂５版（別冊判タ38号）』では、追越しが禁止されていない交差点における右折車と追越直進車との事故（後記ア(イ)（128頁）および〈事故態様図39〉（129頁）参照）について、想定している事故

態様を含めて全面的な見直しを行うとともに、他の基準が想定している事故態様を整理している（東京地裁『過失相殺率の認定基準全訂5版（別冊判タ38号）』264頁）。

ア　右折車と追越直進車との事故（追越直進車が中央線ないし道路中央を超えている場合）の過失割合

以下の右折車と追越直進車との事故の事例は、追越直進車が追越しのためにセンターラインないし道路中央等を超えている場合を想定している（東京地裁『過失相殺率認定基準全訂5版（別冊判タ38号）』265頁①・266頁②、日弁連東京『損害賠償算定基準・上2015』283頁〔67〕〔68〕①）。道路中央を越えない追越しの場合、後記イ（131頁）の修正形態を考えればよい（東京地裁『過失相殺率認定基準全訂5版（別冊判タ38号）』265頁①・266頁②）。

(ｱ)　追越しが禁止されている交差点での事故の過失割合

追越しが禁止されている交差点での、右折車と追越直進車との事故の基本過失割合は、追越直進車：右折車＝90：10となる（東京地裁『過失相殺率認定基準全訂5版（別冊判タ38号）』265頁【135】、日弁連東京『損害賠償額算定基準・上2015』283頁〔67〕）。

優先道路を通行している場合を除き、交差点およびその手前30メートル以内の部分での追越しは禁止されている（道交30条3号）。

第3 交通事故における過失割合

〈事故態様図38〉 追越しが禁止されている交差点での右折車と追越直進車との事故

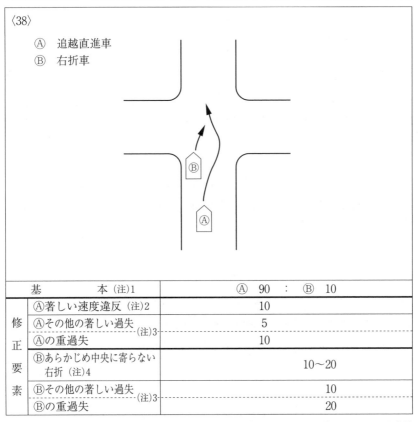

基　　　　本 (注)1	Ⓐ 90 : Ⓑ 10	
修正要素	Ⓐ著しい速度違反 (注)2	10
	Ⓐその他の著しい過失 (注)3	5
	Ⓐの重過失	10
	Ⓑあらかじめ中央に寄らない右折 (注)4	10～20
	Ⓑその他の著しい過失 (注)3	10
	Ⓑの重過失	20

(注) 1　基本過失割合は、追越しが禁止される通常の交差点において、追越しのために中央線ないし道路中央を越えた追越直進車Ⓐと、あらかじめ道路中央に寄り合図を出して右折した右折車Ⓑとが衝突した場合を想定している。道路中央を越えない追越しの場合は、「イ　あらかじめ中央に寄らない右折車または左側端に寄らない左折車と後続直進車の事故（後続直進車が中央線ないし道路中央を越えていない場合）の過失割合」（後記イ（131頁）および〈事故態様図40〉（132頁）・〈事故態様図41〉（135頁）参照）の修正形態を考えればよい（東京地裁『過失相殺率の認定基準全訂5版（別冊判タ38号）』265頁①）。

　　　車両が優先道路を進行している場合を除き、交差点およびその手前30m以内の部分での追越しは禁止されている（道交30条3号）。したがって、追越しが禁止されている通常の交差点においては、右折車Ⓑにある程度の過失があっても、基本的には追越直進車Ⓐが劣後する（東京地裁『過失相殺率の認定基準全訂5版（別冊判タ38号）』265頁②）。

2　おおむね時速20km程度以上の速度超過をいい、それ以下の速度違反は追越中であるということを考慮し、基本過失割合の中に織り込み済みとされる（東京地裁『過失相殺率認定基準全訂5版（別冊判タ38号）』265頁③）。
　　　3　右折車Ⓑに、早回り右折、直近右折、合図なし等がある場合にこの修正要素を適用する（東京地裁『過失相殺率認定基準全訂5版（別冊判タ38号）』265頁④）。
　　　4　右折車Ⓑのあらかじめ中央に寄らない右折の過失は、右折車Ⓑの重大かつ基本的な過失であるが、中央に寄らないといっても、その程度は中央との間に完全に1車線以上開いているといったものから、寄り方がわずかに足りないといったものまで多様であり、一定数値を与えることが困難であるので、修正値に幅をもたせ、事案ごとに検討する（東京地裁『過失相殺率の認定基準全訂5版（別冊判タ38号）』265頁⑤）。

　　(イ)　追越しが禁止されていない交差点での事故の過失割合
　優先道路の場合には、交差点内でも追越しが許される（道交30条3号）が、道路の左側部分が6m以上ある道路では、追越しのために道路中央を越えることは許されない（道交17条4項・5項4号）。
　そのような追越しが禁止されていない優先道路の交差点での、右折車と追越直進車との事故の基本過失割合は、追越直進車：右折車＝50：50となる（東京地裁『過失相殺率認定基準全訂5版（別冊判タ38号）』266頁【136】、日弁連東京『損害賠償額算定基準・上2015』283頁〔68〕）。
　車両は、他の車を追い越そうとするときは、原則として、その追い越されようとする車両の右側を通行しなければならない（道交28条1項）が、前車が右折のために道路の中央または右側端に寄って通行しているときは、その左側を通行しなければならないとされている（道交28条2項）。

〈事故態様図39〉　追越しが禁止されていない交差点での右折車と追越直進車との事故

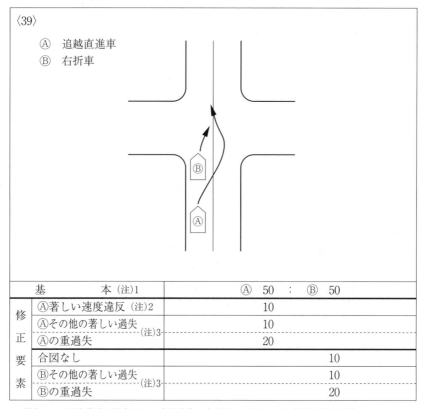

基　　　　本　(注)1	Ⓐ　50　：　Ⓑ　50
修正要素	Ⓐ著しい速度違反　(注)2	10
	Ⓐその他の著しい過失 ┄┄(注)3┄┄	10
	Ⓐの重過失	20
	合図なし	10
	Ⓑその他の著しい過失 ┄┄(注)3┄┄	10
	Ⓑの重過失	20

(注)　1　優先道路の場合には、交差点内でも追越しが許される（道交30条3号）。
　　　　　基本過失割合は、追越しが禁止されていない交差点において、追越しのために中央線ないし道路中央を越えた追越直進車Ⓐと、合図はしたが、あらかじめ道路中央に寄らずに右折した右折車Ⓑとが衝突した場合を想定している（東京地裁『過失相殺率の認定基準全訂5版（別冊判タ38号）』266頁②）。
　　　　　前車を追い越そうとする場合において、前車が道路の中央または右側端に寄って通行しているときは、前車の左側を通行しなければならない（道交28条2項）。このときに前車の右側から追い越そうとした追越直進車の基本過失割合については、被追越車があらかじめ道路の中央に寄っているのに対し、追越直進車には追越方法に関する法令違反が認められ、無理な追越しをしたものと評価することができることを踏まえると、〈事故態様図38〉（127頁）と同様に解することができる（東京地裁『過失相殺率の認定基準全訂5版（別冊判タ38号）』266頁②）。
　　　　　道路中央を越えない追越しの場合は、「イ　あらかじめ中央に寄らない右折車または

第7章　被害者側の過失

左側端に寄らない左折車と後続直進車の事故（後続直進車が中央線ないし道路中央を越えていない場合）の過失割合」（後記イ（131頁）および〈事故態様図40〉（132頁）・〈事故態様図41〉（135頁）参照）の修正形態を考えればよい（東京地裁『過失相殺率の認定基準全訂5版（別冊判タ38号）』265頁①）。

東京地裁『過失相殺率の認定基準全訂4版（別冊判タ16号）』では、右折車Ⓑのあらかじめ道路の中央に寄らない右折を過失割合修正要素としていたが、第5版の改訂では、右折車Ⓑがあらかじめ道路の中央に寄らずに右折したことを基本過失割合に織り込んで評価している。あらかじめ道路の中央に寄らずに右折した右折車Ⓑの過失は大きいが、交差点における事故であること、右折車Ⓑは合図を出しており（合図なしは過失割合修正要素である）、通常減速していることなどから、追越直進車Ⓐとしても前車の右折を察知することは可能である。また、一般的な優先道路の場合、道路の左側部分が6m以上あることが想定されるが、この場合、追越しのため道路中央を越えることが許されない（道交17条4項・5項4号）。そのため、基本過失割合は、追越直進車Ⓐが、追越しのため道路中央を越えることが許されないのに、道路中央を越えて無理な追越しを行った場合を想定している。そうすると、追越直進車Ⓐと右折車Ⓑの過失の程度は概ね同程度と評価し得る（東京地裁『過失相殺率の認定基準全訂5版（別冊判タ38号）』266頁・267頁）。

なお、道路の左側部分が6m未満の優先道路であっても、道路の中央線が黄色実線の場合には、追越しのため右側部分にはみ出して通行することが禁止されていることを示しており、道路の中央線が白色実線の場合には、道路の右側にはみ出して通行することが禁止されていることを示している（道路標識、区画線および道路標示に関する命令10条別表第6番号102・205）。追越直進車Ⓐがこれらの規制に違反している場合には、無理な追越しを行ったものとして、上記の場合（道路の左側部分が6m以上ある場合）と同様に取り扱うことが適当である（東京地裁『過失相殺率の認定基準全訂5版（別冊判タ38号）』267頁）。

これに対し、道路の左側部分が6m未満の優先道路の場合であって、これらの規制がないときは、追越直進車Ⓐが無理な追越しをしたと評価することができないため、適宜事故態様に応じて、右折車Ⓑに過失割合を10～20％の範囲で加算修正するのが相当である（東京地裁『過失相殺率の認定基準全訂5版（別冊判タ38号）』267頁）。

2　おおむね時速20km程度以上の速度違反をいい、それ以下の速度違反は追越中であることを考慮し、基本過失割合の中に織り込み済みというべきである（東京地裁『過失相殺率の認定基準全訂5版（別冊判タ38号）』267頁④・265頁③）。

3　右折車Ⓑに早回り右折、直近右折等がある場合には、この過失割合修正要素を適用する（東京地裁『過失相殺率の認定基準全訂5版（別冊判タ38号）』267頁⑤）。

4　日弁連東京『損害賠償算定基準・上2015』283頁〔68〕では、「Ⓑあらかじめ中央に寄らない右折」で右折車Ⓑに20～30％の過失割合加算修正をしている。

イ　あらかじめ中央に寄らない右折車または左側端に寄らない左折車と後続直進車の事故（後続直進車が中央線ないし道路中央を超えていない場合）の過失割合

(ｱ)　右折車が中央に寄るのにまたは左折車が左側端に寄るのにそれぞれ支障がない場合

右折車があらかじめ中央に寄るのにまたは左折車が左側端に寄るのに、それぞれ支障がない場合の、右折車または左折車と後続直進車の交差点での事故の基本過失割合は、直進車：右左折車＝20：80となる（東京地裁『過失相殺率認定基準全訂5版（別冊判タ38号）』268頁【137】、日弁連東京『損害賠償額算定基準・上2015』284頁〔69〕・〔70〕、『三訂版注解損害賠償算定基準・下』120頁〔55〕）。

車両が左折するときは、あらかじめその前からできる限り道路の左側端に寄り、かつ、できる限り道路の左側端に沿って徐行しなければならない（道交34条1項）。また、自動車は、右折するときは、あらかじめその前からできる限り道路の中央に寄り、かつ、交差点の中心の直近の内側を徐行しなければならないとされている（道交34条2項）。

この態様では、道路の幅員が十分にあって直進車Ⓐと右（左）折車Ⓑが横に並んで通行できる状況にある場合に、先行する右（左）折車Ⓑが合図はしたが、あらかじめ道路中央（左側端）に寄らないで右（左）折しようとしたため、後続の直進車Ⓐがこれに衝突したという事故形態を想定している。これに対し、幅員が十分になく、複数の車両が横に並んで通行できる余地のない道路において、先行する右（左）折車に後続の直進車が衝突したという事故形態の場合には、右（左）折車の後方不確認の過失よりも後続直進車の車間距離不保持（道交26条）または前方不注視（道交70条）等の過失のほうが大きいものと考えられる。したがって、このような場合にはこの態様にはならず、追突事故の態様等を参考にして別途過失割合を決めることになる（東京地裁『過失相殺率認定基準全訂5版（別冊判タ38号）』268頁①）。

〈事故態様図40〉 中央・左側端に寄るのに支障がないのに、中央・左側端に寄らない右・左折車と後続直進車の事故

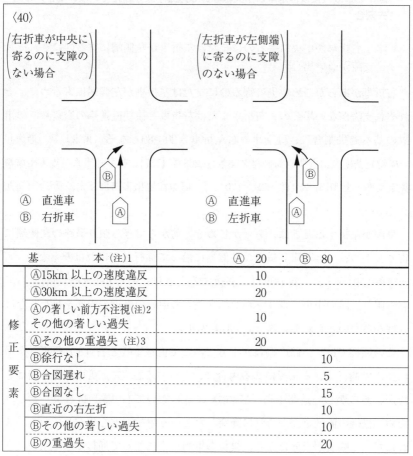

	基　　本　(注)1	Ⓐ　20　：　Ⓑ　80
修正要素	Ⓐ15km 以上の速度違反	10
	Ⓐ30km 以上の速度違反	20
	Ⓐの著しい前方不注視(注)2 その他の著しい過失	10
	Ⓐその他の重過失 (注)3	20
	Ⓑ徐行なし	10
	Ⓑ合図遅れ	5
	Ⓑ合図なし	15
	Ⓑ直近の右左折	10
	Ⓑその他の著しい過失	10
	Ⓑの重過失	20

(注)　1　基本過失割合は、幅員が十分あって直進車Ⓐと右（左）折車Ⓑが横に並んで通行することができる道路において、先行する右（左）折車Ⓑが、合図はしたが、あらかじめ道路中央（左側端）に寄らずに右（左）折しようとしたため、後続直進車Ⓐがこれに衝突したという事故態様を想定している（東京地裁『過失相殺率の認定基準全訂5版（別冊判タ38号）』268頁）。

これに対し、幅員が十分になく、複数の車両が横に並んで通行する余地のない道路において、先行する右（左）折車に後続直進車が衝突したという事故態様の場合には、右（左）折車の後方不確認の過失よりも後続直進車の車間距離不保持（道交26条）、前方不注視（道交70条）等の過失のほうが大きいものと考えられる。このような場合には、こ

の基準を適用せず、追突事故の基準等を参考にして、別途、過失割合を決めることになる（東京地裁『過失相殺率の認定基準全訂 5 版（別冊判タ38号）』268頁）。
　幅員が十分な道路で、直進車が中央線を越えないで追越中に、あらかじめ道路の中央に寄らない右折車と衝突する事故が発生することがある。このような態様の事故も、追越直進車が中央線ないし道路中央を越えていないため、本基準または〈事故態様図41〉(135頁)の修正態様として取り扱う（東京地裁『過失相殺率の認定基準全訂 5 版（別冊判タ38号）』268頁②）。
2　これは、通常の前方不注視は、基本過失割合の中に含まれているので、それが特に著しい場合をいう（東京地裁『過失相殺率の認定基準全訂 5 版（別冊判タ38号）』268頁③）。
3　（注）1でいう修正態様として取り扱われる追越直進車と右折車の事故の場合、通常の交差点では追越しが禁止されているから、その違反を、直進車Ⓐの重過失として20％の過失割合加算修正をすべきである（東京地裁『過失相殺率の認定基準全訂 5 版（別冊判タ38号）』268頁・269頁）。
　これに対し、追越しが禁止されていない交差点では、追越直進車に追越禁止違反がないため過失割合加算修正は行わず、追越直進車Ⓐの過失割合は20％となる。この態様の事故は、道路の左側部分の幅員が十分あり、右折車と中央線との間が1車線分以上空いている場合に発生するため、追越直進車において前車の右折を察知するのは容易でないと考えられ、このような道路においてあらかじめ道路の中央に寄らずに右折した右折車の過失の程度は、〈事故態様図39〉(129頁)の事故態様における右折車の過失よりも重く、右折車は追越直進車に劣後するといえる（東京地裁『過失相殺率の認定基準全訂 5 版（別冊判タ38号）』269頁）。
4　日弁連東京『損害賠償額算定基準・上2015』284頁〔70〕では、右折車が中央に寄るのに支障がない場合のⒷ車の右折禁止違反について、Ⓑ車に10％の過失加算をしている。
5　東京地裁『過失相殺率の認定基準全訂 5 版（別冊判タ38号）』では、大型車による修正項目を削除し（全訂 4 版ではこの事故態様における大型車での修正項目なし）、大型車であることが事故発生の危険性を高くしたと考えられる事故類型においては、個別に、大型車であることにより 5 ％程度の修正をすることとされた（東京地裁『過失相殺率の認定基準全訂 5 版（別冊判タ38号）』45頁(3)）が、日弁連東京『損害賠償額算定基準・上2015』284頁〔69〕・〔70〕では、右・左折車Ⓑのみについて大型車ということで 5 ％の過失割合加重の修正要素を設けており、『三訂版注解損害賠償算定基準・下』120頁〔55〕では、直進車Ⓐおよび右・左折車Ⓑ双方について大型車ということでの過失割合加重の修正要素を設けていない。

(イ)　あらかじめ右折車が中央に寄っては右折できないまたは左折車が左側端に寄っては左折できない場合

　あらかじめ右折車が中央に寄っては右折できないまたは左折車が左側端に寄っては左折できない場合の、右折車または左折車と後続直進車の交差点での事故の基本過失割合は、直進車：右左折車＝40：60となる（東京地裁『過

失相殺率認定基準全訂5版（別冊判夕38号）』270頁【138】、日弁連東京『損害賠償額算定基準・上2015』284頁〔71〕・〔72〕、『三訂版注解損害賠償算定基準・下』123頁〔56〕）。

　右左折して進入しようとする道路が狭いとか、右左折進路が鋭角となっているとか、右左折車の車長が長い等の理由で、あらかじめ道路の中央または左側端に寄ったのでは右折または左折ができない場合、道路交通法34条1項・2項の道路の中央または左側端に寄る右左折方法は、「できる限り」とされているので、同項には違反しないと考えられる。ただ、このような理由があったとしても、道路の中央または左側端に寄らないで右折または左折するときには、後続車がその右または左を通過しようとする危険性が高いから、右折車または左折車としては、道路交通法70条の交通運転義務の一内容として、右折または左折開始にあたり右または左後方の安全を確認すべき注意義務があるというべきである。したがって、この基本過失割合は、右折車または左折車にこのような後方安全確認義務違反があることを前提としている（東京地裁『過失相殺率認定基準全訂5版（別冊判夕38号）』270頁①）。

第3 交通事故における過失割合

〈事故態様図41〉 中央・左側端に寄れない右・左折車と後続直進車と交差点での事故

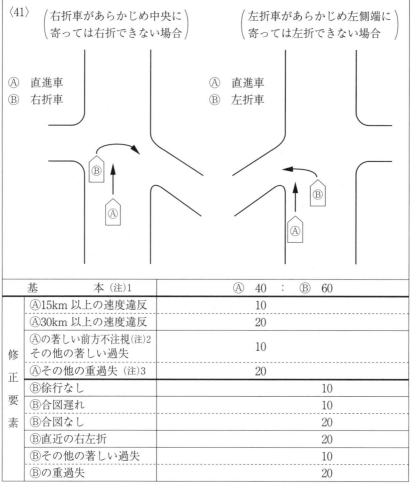

〈41〉 （右折車があらかじめ中央に寄っては右折できない場合） （左折車があらかじめ左側端に寄っては左折できない場合）

Ⓐ 直進車
Ⓑ 右折車

Ⓐ 直進車
Ⓑ 左折車

	基　　　　本 (注)1	Ⓐ 40 ： Ⓑ 60
修正要素	Ⓐ15km以上の速度違反	10
	Ⓐ30km以上の速度違反	20
	Ⓐの著しい前方不注視(注)2 その他の著しい過失	10
	Ⓐその他の重過失 (注)3	20
	Ⓑ徐行なし	10
	Ⓑ合図遅れ	10
	Ⓑ合図なし	20
	Ⓑ直近の右左折	20
	Ⓑその他の著しい過失	10
	Ⓑの重過失	20

（注） 1　この基本過失割合は、右（左）折して進行しようとする道路が狭いとか、右（左）折進路が鋭角をなしているとか、右（左）折車の車長が長い等の理由で、あらかじめ道路の中央（左側端）に寄ったのでは右（左）折できない道路において、先行する右（左）折車Ⓑが、合図はしたが、あらかじめ道路中央（左側端）に寄らずに右（左）折しようとしたため、後続直進車Ⓐがこれに衝突したという事故態様を想定している。道路交通法は、「できる限り」道路の中央（左側端）に寄るよう要求しているにすぎないから、上記のような理由がある場合は、同法34条1項・2項には直接違反しない（東京地裁

135

第7章　被害者側の過失

『過失相殺率の認定基準全訂5版（別冊判タ38号）』270頁）。

ただ、上記のような理由があっても、道路の中央（左側端）に寄らないで右（左）折するときには、後続車がその右（左）側を通過しようとする危険性が高いから、右（左）折車としては、道路交通法70条の安全運転義務の一内容として、右（左）折開始にあたり右（左）後方の安全を確認すべき注意義務がある。この基本過失割合は、右（左）折車Ⓑが、合図はしているが、このような後方安全確認義務違反があることを前提としている（東京地裁『過失相殺率の認定基準全訂5版（別冊判タ38号）』270頁）。

幅員が十分な道路で、直進車が中央線を越えないで追越中に、あらかじめ道路の中央に寄らない右折車と衝突する事故が発生することがある。このような態様の事故も、追越直進車が中央線ないし道路中央を越えていないため、〈事故態様図40〉（132頁）または本基準の修正態様として取り扱う（東京地裁『過失相殺率の認定基準全訂5版（別冊判タ38号）』270頁②・268頁②）。

2　これは、通常の前方不注視は、基本過失割合の中に含まれているので、それが特に著しい場合をいう（東京地裁『過失相殺率の認定基準全訂5版（別冊判タ38号）』270頁③・268頁③）。

3　（注）1でいう修正態様として取り扱われる追越直進車と右折車の事故の場合、通常の交差点では追越しが禁止されているから、その違反を、直進車Ⓐの重過失として20％の過失割合加算修正をすべきである（東京地裁『過失相殺率の認定基準全訂5版（別冊判タ38号）』270頁・271頁）。

これに対し、追越しが禁止されていない交差点では、追越直進車に追越禁止違反がないため過失割合加算修正は行わず、追越直進車Ⓐの過失割合は40％となる。この態様の事故は、道路の左側部分の幅員が十分あり、右折車と中央線との間が1車線分以上空いている場合に発生するため、追越直進車において前車の右折を察知するのは容易でないと考えられ、このような道路においてあらかじめ道路の中央に寄らずに右折した右折車の過失の程度は、〈事故態様図39〉（129頁）の事故態様における右折車の過失よりも重く、右折車は追越直進車に劣後するといえる（東京地裁『過失相殺率の認定基準全訂5版（別冊判タ38号）』271頁）。

4　日弁連東京『損害賠償額算定基準・上2015』284頁〔72〕では、右折車があらかじめ中央に寄っては右折できない場合の右折車Ⓑの右折禁止違反について、右折車Ⓑに10％の過失加算をしている。

5　東京地裁『過失相殺率の認定基準全訂5版（別冊判タ38号）』では、大型車による修正項目を削除し（4版ではこの事故態様における大型車での修正項目なし）、大型車であることが事故発生の危険性を高くしたと考えられる事故類型においては、個別に、大型車であることにより5％程度の修正をすることとされた（東京地裁『過失相殺率の認定基準全訂5版（別冊判タ38号）』45頁(3)）が、日弁連東京『損害賠償額算定基準・上2015』284頁〔71〕・〔72〕では、右・左折車Ⓑのみについて大型車ということで5％の過失割合加重の修正要素を設けており、『三訂版注解損害賠償算定基準・下』123頁〔56〕では、直進車Ⓐおよび右・左折車Ⓑ双方について大型車ということでの過失割合加重の修正要素を設けていない。

(8) 丁字路交差点における事故の過失割合
ア　直線路直進車と突き当たり路からの右左折車の事故の過失割合
　(ア)　同幅員の丁字路交差点での事故の過失割合
　同幅員の丁字路交差点での、直線路直進車と突き当たり路からの右左折車の事故（〈事故態様図42〉（139頁）参照）の基本過失割合は、直線路直進車：突き当たり路からの右左折車＝30：70となる（東京地裁『過失相殺率認定基準全訂5版（別冊判タ38号）』273頁【139】、日弁連東京『損害賠償額算定基準・上2015』285頁〔73〕(イ)、『三訂版注解損害賠償算定基準・下』126頁〔57〕(a)）。
　(イ)　一方が明らかに広い道路である場合の丁字路交差点での事故の過失割合
　一方が明らかに広い道路である場合の丁字路交差点での、直線広路直進車と突き当たり狭路からの右左折車の事故（〈事故態様図43〉（139頁）参照）の基本過失割合は、直線広路直進車：突き当たり狭路からの右左折車＝20：80となる（東京地裁『過失相殺率認定基準全訂5版（別冊判タ38号）』273頁【140】、日弁連東京『損害賠償額算定基準・上2015』285頁〔73〕(ロ)、『三訂版注解損害賠償算定基準・下』126頁〔57〕(b)）。
　(ウ)　一方に一時停止規制がある場合の丁字路交差点での事故の過失割合
　一方に一時停止規制がある場合の丁字路交差点での、直線路直進車と突き当たり一時停止規制路からの右左折車の事故（〈事故態様図44〉（139頁）参照）の基本過失割合は、一時停止規制無直線路直進車：突き当たり一時停止規制路からの右左折車＝15：85となる（東京地裁『過失相殺率認定基準全訂5版（別冊判タ38号）』273頁【141】、日弁連東京『損害賠償額算定基準・上2015』285頁〔73〕(ハ)。『三訂版注解損害賠償算定基準・下』126頁〔57〕(d)は、20：80とする）。
　(エ)　一方が優先道路である場合の丁字路交差点での事故の過失割合
　一方が優先道路である場合の丁字路交差点での、直線優先路直進車と突き当たり路からの右左折車の事故（〈事故態様図45〉（139頁）参照）の基本過失

割合は、直線優先路直進車：突き当たり路からの右左折車＝10：90となる（東京地裁『過失相殺率認定基準全訂5版（別冊判タ38号）』273頁【142】、日弁連東京『損害賠償額算定基準・上2015』285頁〔73〕㈡、『三訂版注解損害賠償算定基準・下』126頁〔57〕(c)）。

第3 交通事故における過失割合

〈事故態様図42〜45〉 丁字路交差点における直進路直進車と突き当たり路からの右左折車の事故の諸態様

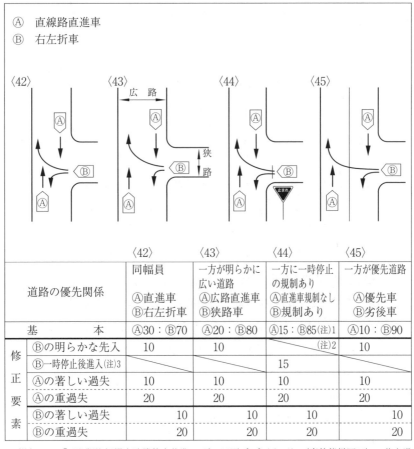

Ⓐ 直線路直進車
Ⓑ 右左折車

		〈42〉	〈43〉	〈44〉	〈45〉
道路の優先関係		同幅員 Ⓐ直進車 Ⓑ右左折車	一方が明らかに広い道路 Ⓐ広路直進車 Ⓑ狭路車	一方に一時停止の規制あり Ⓐ直進車規制なし Ⓑ規制あり	一方が優先道路 Ⓐ優先車 Ⓑ劣後車
基　　本		Ⓐ30：Ⓑ70	Ⓐ20：Ⓑ80	Ⓐ15：Ⓑ85(注)1	Ⓐ10：Ⓑ90
修正要素	Ⓑの明らかな先入	10	10	(注)2	10
	Ⓑ一時停止後進入(注)3			15	
	Ⓐの著しい過失	10	10	10	10
	Ⓐの重過失	20	20	20	20
	Ⓑの著しい過失	10	10	10	10
	Ⓑの重過失	20	20	20	20

(注) 1 『三訂版注解損害賠償算定基準・下』126頁〔57〕(d)では、〈事故態様図44〉の基本過失割合をⒶ20：Ⓑ80とする。
　　 2 突き当たり路右左折車Ⓑに一時停止の規制がある場合（〈事故態様図44〉）では、同Ⓑ車に一時停止義務違反という重大な義務違反があるから、明らかな先入を同Ⓑ車に有利に修正するのは相当でないので、〈事故態様図44〉では、同Ⓑ車の明らかな先入を修正要素としては考慮しない（東京地裁『過失相殺率の認定基準全訂5版（別冊判夕38号）』274頁）。
　　 3 〈事故態様図44〉の基本過失割合は、一時停止規制がある突き当たり路右左折車Ⓑに一時停止義務違反があることを想定しているから、同Ⓑ車が一時停止した場合を修正要素としている。一時停止規制がある突き当たり路左折車Ⓑが、一時停止をし、左右を

見て直線路直進車Ⓐの接近を認めたものの、その速度と距離の判断を誤って交差点に進入したために衝突した場合には、同Ⓑ車を具体的に認識することができた直線路直進車Ⓐの過失も相当程度あるものといえ、この場合の直線路直進車Ⓐへの過失割合加算修正値を15％としている（東京地裁『過失相殺率の認定基準全訂5版（別冊判タ38号）』274頁⑦）。

『三訂版注解損害賠償算定基準・下』126頁〔57〕では、〈事故態様図44〉も含め、B車の一時停止後侵入の過失修正要素を設けていない。

日弁連東京『損害賠償額算定基準・上2015』285頁〔73〕㈲では、〈事故態様図44〉における突き当たり路右左折車Ⓑの一時停止後侵入の場合の直線路直進車Ⓐへの過失加算率を10％としている。

4 東京地裁『過失相殺率の認定基準全訂5版（別冊判タ38号）』では、大型車による修正項目を削除し（全訂4版ではこの事故態様における大型車での修正項目なし）、大型車であることが事故発生の危険性を高くしたと考えられる事故類型においては、個別に、大型車であることにより5％程度の修正をすることとされた（東京地裁『過失相殺率の認定基準全訂5版（別冊判タ38号）』45頁(3)）が、日弁連東京『損害賠償額算定基準・上2015』285頁〔73〕では、突き当たり路右左折車Ⓑのみについて大型車ということで5％の過失割合加重の修正要素を設けており、『三訂版注解損害賠償算定基準・下』126頁〔57〕では、直線路直進車Ⓐ及び突き当たり路右左折車Ⓑ双方について大型車ということでの過失割合の修正要素を設けていない。

イ 右折車同士の事故の過失割合

丁字路交差点における右折車同士の事故については、十字路交差点における右折車同士の事故と区別すべき事情もないので、基本過失割合については、十字路交差点における右折車同士の事故（〈事故態様図33〜36〉（121頁）参照）の数値をそのまま用いている（東京地裁『過失相殺率の認定基準全訂5版（別冊判タ38号）』275頁）。

(ア) 同幅員の丁字路交差点での事故の過失割合

同幅員の丁字路交差点での、右折車同士の事故（〈事故態様図46〉（142頁）参照）の基本過失割合は、直線路からの右折車：突き当たり路からの右折車＝40：60となる（東京地裁『過失相殺率認定基準全訂5版（別冊判タ38号）』276頁【143】、日弁連東京『損害賠償額算定基準・上2015』285頁〔74〕㈸、『三訂版注解損害賠償算定基準・下』129頁〔58〕(a)）。

(イ)　一方が明らかに広い道路である場合の丁字路交差点での事故の過失割合

　一方が明らかに広い道路である場合の丁字路交差点での、右折車同士の事故（〈事故態様図47〉（142頁）参照）の基本過失割合は、広路直線路右折車：狭路突き当たり路からの右折車＝30：70となる（東京地裁『過失相殺率認定基準全訂5版（別冊判タ38号）』276頁【144】、日弁連東京『損害賠償額算定基準・上2015』285頁〔74〕(ロ)、『三訂版注解損害賠償算定基準・下』129頁〔58〕(b))。

　(ウ)　一方に一時停止規制がある場合の丁字路交差点での事故の過失割合

　一方に一時停止規制がある場合の丁字路交差点での、右折車同士の事故（〈事故態様図48〉（142頁）参照）の基本過失割合は、一時停止規制無直線路右折車：一時停止規制有突き当たり路からの右折車＝25：75となる（東京地裁『過失相殺率認定基準全訂5版（別冊判タ38号）』276頁【145】、日弁連東京『損害賠償額算定基準・上2015』285頁〔74〕(ハ)。『三訂版注解損害賠償算定基準・下』129頁〔58〕(d)は、20：80とする）。

　(エ)　一方が優先道路である場合の丁字路交差点での事故の過失割合

　一方が優先道路である場合の丁字路交差点での、右折車同士の事故（〈事故態様図49〉（142頁））の基本過失割合は、優先直線路からの右折車：突き当たり路からの右折車＝20：80となる（東京地裁『過失相殺率認定基準全訂5版（別冊判タ38号）』276頁【146】、日弁連東京『損害賠償額算定基準・上2015』285頁〔74〕(ニ)、『三訂版注解損害賠償算定基準・下』129頁〔58〕(c))。

141

第7章 被害者側の過失

〈事故態様図46～49〉 丁字路交差点における右折車同士の事故

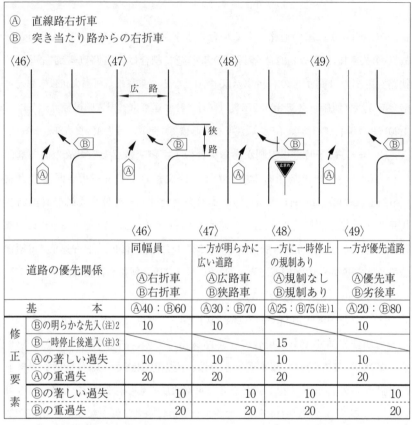

道路の優先関係		〈46〉 同幅員 Ⓐ右折車 Ⓑ右折車	〈47〉 一方が明らかに 広い道路 Ⓐ広路車 Ⓑ狭路車	〈48〉 一方に一時停止 の規制あり Ⓐ規制なし Ⓑ規制あり	〈49〉 一方が優先道路 Ⓐ優先車 Ⓑ劣後車
基本		Ⓐ40：Ⓑ60	Ⓐ30：Ⓑ70	Ⓐ25：Ⓑ75(注)1	Ⓐ20：Ⓑ80
修正要素	Ⓑの明らかな先入(注)2	10	10		10
	Ⓑ一時停止後進入(注)3			15	
	Ⓐの著しい過失	10	10	10	10
	Ⓐの重過失	20	20	20	20
	Ⓑの著しい過失	10	10	10	10
	Ⓑの重過失	20	20	20	20

（注） 1 『三訂版注解損害賠償算定基準・下』129頁〔58〕(d) では、〈事故態様図48〉の基本過失割合をⒶ20：Ⓑ80とする。

　　　 2 突き当たり路右折車Ⓑに一時停止の規制がある場合（〈事故態様図48〉）では、同Ⓑ車に一時停止義務違反という重大な義務違反があるから、明らかな先入を同Ⓑ車に有利に修正するのは相当でないので、〈事故態様図48〉では、同Ⓑ車の明らかな先入を修正要素としては考慮しない（東京地裁『過失相殺率の認定基準全訂5版（別冊判タ38号）』276頁⑥）。

　　　　『三訂版注解損害賠償算定基準・下』129頁〔58〕では、〈事故態様図48〉を含め、〈事故態様図46～49〉すべての場合において、突き当たり路右折車Ⓑの明らかな先入について、直線路右折車Ⓐに10％の過失加算をしている。

　　　 3 〈事故態様図48〉の基本過失割合は、一時停止規制がある突き当たり路右折車Ⓑに一時停止義務違反があることを想定しているから、同Ⓑ車が一時停止した場合を修正要素としている。一時停止規制がある突き当たり路右折車Ⓑが、一時停止をし、左右を見て

直線路右折車Ⓐの接近を認めたものの、その速度と距離の判断を誤って交差点に進入したために衝突した場合には、同Ⓑ車を具体的に認識することができた直線路右折車Ⓐの過失も相当程度あるものといえ、この場合の直線路直進車Ⓐへの過失割合加算修正値を15％としている（東京地裁『過失相殺率の認定基準全訂5版（別冊判タ38号）』277頁⑦・274頁⑦）。

『三訂版注解損害賠償算定基準・下』129頁〔58〕では、〈事故態様図48〉を含め、突き当たり路右折車Ⓑの一時停止後侵入の過失修正要素を設けていない。

日弁連東京『損害賠償額算定基準・上2015』285頁〔74〕(ハ)では、〈事故態様図48〉における突き当たり路右折車Ⓑの一時停止後侵入の場合の直線路右折車Ⓐへの過失加算率を10％としている。

4　東京地裁『過失相殺率の認定基準全訂5版（別冊判タ38号）』では、大型車による修正項目を削除し（全訂4版ではこの事故態様における大型車での修正項目なし）、大型車であることが事故発生の危険性を高くしたと考えられる事故類型においては、個別に、大型車であることにより5％程度の修正をすることとされた（東京地裁『過失相殺率の認定基準全訂5版（別冊判タ38号）』45頁⑶）が、日弁連東京『損害賠償額算定基準・上2015』285頁〔74〕では、直進路右折車Ⓐについては同幅員の場合（〈事故態様図46〉）のみにおいて大型車ということで5％の過失割合加重の修正要素を設け、突き当たり路右折車Ⓑについてはすべての場合に大型車ということで5％の過失割合加重の修正要素を設けており、『三訂版注解損害賠償算定基準・下』129頁〔58〕では、直線路右折車Ⓐおよび突き当たり路右折車Ⓑ双方について大型車ということでの過失割合の修正要素を設けていない。

⑼　道路外出入車と直進車の事故の過失割合

　この道路外出入車と直進車の事故の基本過失割合は、道路外出入車が減速・徐行等を履行していることを前提として、直進車に軽度の前方注視義務違反がある場合を想定している（東京地裁『過失相殺率の認定基準全訂5版（別冊判タ38号）』278頁）。

　右折車線等の手前に、車両をその先から右折車線等に進路変更させるために、導流帯（ゼブラゾーン）が設けられている場合があり、そのような場所において、道路外から右折して道路に入ろうとしてゼブラゾーンに進入した車両がゼブラゾーンを走行してきた直進車と衝突する事故（〈事故態様図50（145頁）参照〉）、道路から道路外に出るために右折しようとしてゼブラゾーンに進入した車両がゼブラゾーンを走行してきた直進車と衝突する事故（〈事故態様図52〉（151頁）参照）、あるいは、ゼブラゾーンに沿って右折車線に進路変更した車両がゼブラゾーンを走行してきた直進車と衝突する事故

（〈事故態様図56〉（163頁）参照）がある。このゼブラゾーンについては、安全地帯や立入禁止部分の場合のような立入禁止条項（道交17条6項）やそれに対する罰則（道交119条1項2号の2）はなく、単に車両の走行を誘導するものにすぎないものである（大阪地判平2・11・30交民集23巻6号1411頁）。したがって、ゼブラゾーンの走行が、当然に道路交通法違反となるとはいえないが、車両の運転手としては、ゼブラゾーンをみだりに進入すべきではないと考えているのが一般であると思われるので、ゼブラゾーン走行については、過失割合を検討するうえでの考慮事項とはなり、ゼブラゾーンを走行してきた直進車両に10〜20％の過失加算を行うのが相当である（東京地裁『過失相殺率認定基準全訂5版（別冊判タ38号）』55頁・278頁・279頁、松谷佳樹「ゼブラゾーンと過失相殺」（日弁連東京『損害賠償額算定基準・1999』223頁以下））。

　道路外に右折して出るために停止している車両にその後方から直進してきた車両が衝突した場合は、この道路外出入車と直進車の事故の基準（後記ウ（路外に出るための右折車との事故の過失割合）（149頁）参照）は適用されず、交差点における右左折車と後続直進車との事故の基準（前記(7)（124頁）および〈事故態様図38〉（127頁）〜〈事故態様図41〉（135頁）参照）が参考になる（東京地裁『過失相殺率の認定基準全訂5版（別冊判タ38号）』278頁）。東京地裁『過失相殺率の認定基準全訂5版（別冊判タ38号）』278頁では、この場合、右折車が適法に合図等をしていれば、後続車においてその動静を認識するのは容易であり、対向車線に出て追い越そうとする車両との関係では、右折車の注意義務も、交差点における場合とそうでない場合とで区別するまではないと考えられることから、交差点でないことを理由として右折車を不利に扱うことをしないとする（後記ウ（149頁）参照）。

　ア　路外から道路に進入するための右折車との事故の過失割合

　路外から道路に進入するための右折車と道路直進車の事故の基本過失割合は、道路直進車：路外からの右折車＝20：80となる（東京地裁『過失相殺率認定基準全訂5版（別冊判タ38号）』279頁【147】、日弁連東京『損害賠償額算定

第3　交通事故における過失割合

〈事故態様図50〉　路外から道路に進入するための右折車と道路直進車との事故

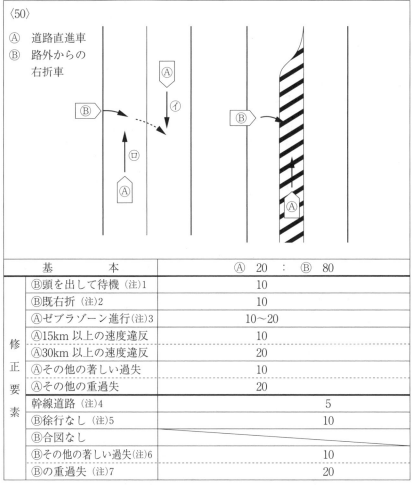

	基　　本	Ⓐ　20　：　Ⓑ　80	
修正要素	Ⓑ頭を出して待機（注）1	10	
	Ⓑ既右折（注）2	10	
	Ⓐゼブラゾーン進行（注）3	10～20	
	Ⓐ15km以上の速度違反	10	
	Ⓐ30km以上の速度違反	20	
	Ⓐその他の著しい過失	10	
	Ⓐその他の重過失	20	
	幹線道路（注）4		5
	Ⓑ徐行なし（注）5		10
	Ⓑ合図なし		
	Ⓑその他の著しい過失（注）6		10
	Ⓑの重過失（注）7		20

（注）　1　路外からの右折車Ⓑが、そろそろ出てきて道路に少し頭を出して待機した後、発進して事故になった場合である（東京地裁『過失相殺率の認定基準全訂5版（別冊判タ38号）』279頁①、日弁連東京『損害賠償額算定基準・上2015』286頁〔75〕②）。

　　　2　この修正は、道路直進車Ⓐが左方に当たる場合（図㋑の場合）にのみ適用され、Ⓐ車が右方の場合（図㋺の場合）にはいわば出会い頭事故であるから、この修正はしない。路外車Ⓑが路外から道路に出るために右折を完了したとたんに左方から直進してきた直進車Ⓐに追突された場合にこの修正をすることになる。これに対し、路外車Ⓑが右折を完了してからしばらく直進した後に左方から直進してきた直進車Ⓐに追突されたとき

145

は、その間隔が大きければ完全な追突（⑾ウ〈事故態様図57〉（166頁）参照）となり、その中間の場合は、具体的事情に応じて、この態様による既右折修正した数値と追突の数値の中間値をとって流動的に解決することになる（東京地裁『過失相殺率認定基準全訂5版（別冊判タ38号）』279頁②）。

3　車両の運転手等の意識としても、ゼブラゾーンにみだりに進入すべきでないと考えているのが一般的であるから、ゼブラゾーンを進行した直進車Ⓐについて10～20％の加算修正をするのが相当である（前記(9)の本文（143頁）参照）（東京地裁『過失相殺率の認定基準全訂5版（別冊判タ38号）』279頁③）。

日弁連東京『損害賠償額算定基準・上2015』286頁〔75〕では、直進車Ⓐのゼブラゾーン進行を「Ⓐその他の著しい過失」とし、『三訂版注解損害賠償算定基準・下』131頁〔59〕では、直進車Ⓐのゼブラゾーン進行の過失割合修正項目はない。

4　各地の道路状況、交通事情等から判断されるところであるが、幹線道路としては、歩車道の区別があって、車道幅員がおおむね14m以上（片側2車線以上）で、車が高速で走行し、通行量の多い国道や一部の県道を想定しており、特に交通頻繁な道路も含まれる（東京地裁『過失相殺率認定基準全訂5版（別冊判タ38号）』280頁⑤・203頁ア）。

5　路外からの右折車Ⓑが、道路外から著しく加速して飛び出す場合等である（東京地裁『過失相殺率の認定基準全訂5版（別冊判タ38号）』280頁⑥）。

6　道路直進車Ⓐが警音機を吹鳴した場合等は、路外からの右折車Ⓑに著しい過失あるとしてよい（東京地裁『過失相殺率の認定基準全訂5版（別冊判タ38号）』280頁④）。

7　日弁連東京『損害賠償額算定基準・上2015』286頁〔75〕および『三訂版注解交通損害賠償算定基準・下』131頁〔59〕では、路外からの右折車Ⓑの重過失の過失加算率を15％としている。

8　東京地裁『過失相殺率の認定基準全訂5版（別冊判タ38号）』では、大型車による修正項目を削除し（全訂4版ではこの事故態様における大型車での修正項目なし）、大型車であることが事故発生の危険性を高くしたと考えられる事故類型においては、個別に、大型車であることにより5％程度の修正をすることとされた（東京地裁『過失相殺率の認定基準全訂5版（別冊判タ38号）』45頁(3)）が、日弁連東京『損害賠償額算定基準・上2015』286頁〔75〕では、路外からの右折車Ⓑについてのみ大型車ということで5％の過失割合加重の修正要素を設けており、『三訂版注解損害賠償算定基準・下』131頁〔59〕では、道路直進車Ⓐおよび路外からの右折車Ⓑ双方について大型車ということでの過失割合の修正要素を設けていない。

基準・上2015』286頁〔75〕、『三訂版注解損害賠償算定基準・下』131頁〔59〕）。

イ　路外から道路に進入するための左折車との事故の過失割合

路外から道路に進入するための左折車と道路直進車の事故の基本過失割合は、道路直進車：路外からの左折車＝20：80となる（東京地裁『過失相殺率認定基準全訂5版（別冊判タ38号）』281頁【148】、日弁連東京『損害賠償額算定基準・上2015』286頁〔75〕、『三訂版注解損害賠償算定基準・下』131頁〔59〕）。

この態様は、路外からの左折車であるⒶ車が道路に侵入しかかっている場

合に、道路直進車であるⒶ車に衝突されたものを想定しており、一種の出会い頭事故である。これに対し、Ⓑ車が左折を完了してしばらく直進した後、Ⓐ車に追突されたときは、その間隔が大きければ完全な追突（本章第3・2⑾ウ（164頁）参照）となり、その中間の場合は、この態様と追突との中間値をとって流動的に解決することになる（東京地裁『過失相殺率認定基準全訂5版（別冊判タ38号）』281頁①）。

第7章　被害者側の過失

〈事故態様図51〉　路外から道路に進入するための左折車と道路直進車の事故

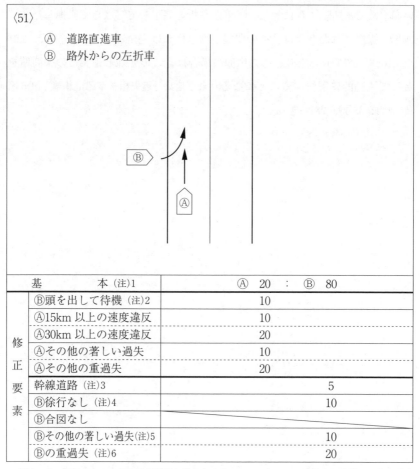

基　　本（注）1		Ⓐ　20　：　Ⓑ　80	
修正要素	Ⓑ頭を出して待機（注）2	10	
	Ⓐ15km以上の速度違反	10	
	Ⓐ30km以上の速度違反	20	
	Ⓐその他の著しい過失	10	
	Ⓐその他の重過失	20	
	幹線道路（注）3	5	
	Ⓑ徐行なし（注）4	10	
	Ⓑ合図なし		
	Ⓑその他の著しい過失（注）5	10	
	Ⓑの重過失（注）6	20	

（注）　1　路外からの左折車Ⓑが道路に進入しかかっているところに右方から直進してきた道路直進車Ⓐに衝突された場合を想定している。一種の出会い頭の事故である。これに対し、路外からの左折車Ⓑが左折を完了してしばらく直進した後に右方から直進してきた道路直進車Ⓐに追突されたときは、その間隔が大きければ完全な追突となり、その中間の場合には、具体的事情に応じて、この基準による数値と追突事故の場合の数値（〈事故態様図57〉（166頁）参照）との中間値をとって解決する（前記イの本文（146頁）参照）（東京地裁『過失相殺率の認定基準全訂5版（別冊判タ38号）』281頁①）。
　　2　路外からの左折車Ⓑが、そろそろ出てきて道路に少し頭を出して待機した後、発進して事故になった場合である（東京地裁『過失相殺率の認定基準全訂5版（別冊判タ38号）』281頁②・279頁①、日弁連東京『損害賠償額算定基準・上2015』286頁〔75〕②）。

3　この幹線道路については、各地の道路状況、交通事情等から常識的に判断されるところであるが、歩車道の区別があって、車道幅員が概ね14m以上（片側2車線以上）で、車両が高速で走行し、通行量の多い国道や一部の都道府県道を想定している。特に交通頻繁な道路も含まれる（東京地裁『過失相殺率の認定基準全訂5版（別冊判タ38号）』281頁④・280頁⑤・203頁ア）。

4　路外からの左折車Ⓑが、道路外から著しく加速して飛び出す場合等である（東京地裁『過失相殺率の認定基準全訂5版（別冊判タ38号）』281頁⑤・280頁⑥）。

5　道路直進車Ⓐが警音機を吹鳴した場合等は、路外からの左折車Ⓑに著しい過失ありとしてよい（東京地裁『過失相殺率の認定基準全訂5版（別冊判タ38号）』281頁③・280頁④）。

6　日弁連東京『損害賠償額算定基準・上2015』286頁〔75〕および『三訂版注解損害賠償算定基準・下』131頁〔59〕では、路外からの左折車Ⓑの重過失の過失加算率を15％としている。

7　日弁連東京『損害賠償額算定基準・上2015』286頁〔75〕および『三訂版注解損害賠償算定基準・下』131頁〔59〕では、路外からの左折車Ⓑの既左折の場合について、道路直進車Ⓐに10％の過失加算をしている。

8　東京地裁『過失相殺率の認定基準全訂5版（別冊判タ38号）』では、大型車による修正項目を削除し（全訂4版ではこの事故態様における大型車での修正項目なし）、大型車であることが事故発生の危険性を高くしたと考えられる事故類型においては、個別に、大型車であることにより5％程度の修正をすることとされた（東京地裁『過失相殺率の認定基準全訂5版（別冊判タ38号）』45頁(3)）が、日弁連東京『損害賠償額算定基準・上2015』286頁〔75〕では、路外からの左折車Ⓑについてのみ大型車ということで5％の過失割合加重の修正要素を設けており、『三訂版注解損害賠償算定基準・下』131頁〔59〕では、道路直進車Ⓐおよび路外からの左折車Ⓑ双方について大型車ということでの過失割合の修正要素を設けていない。

ウ　路外に出るための右折車との事故の過失割合

　路外に出るための右折車と道路直進車の事故の基本過失割合は、道路直進車：路外に出るための右折車＝10：90となる（東京地裁『過失相殺率認定基準全訂5版（別冊判タ38号）』282頁【149】、日弁連東京『損害賠償額算定基準・上2015』286頁〔76〕、『三訂版注解損害賠償算定基準・下』133頁〔60〕）。

　この態様は、道路外に出るために右折するⒷ車と対抗直進してきたⒶ車との衝突事故に適用され、右折車と同方向に進行してきた追越直進車との衝突の場合は適用外である（東京地裁『過失相殺率認定基準全訂5版（別冊判タ38号）』282頁①）。東京地裁『過失相殺率の認定基準全訂5版（別冊判タ38号）』282頁①では、その場合、(7)(124頁)および〈事故態様図38〜41〉(127頁

〜135頁）を準用し、同態様と違って交差点における事故ではないからといって、路外に出る右折車に不利に数値を修正することはしないとする（前記(9)（143頁）参照）。

第3 交通事故における過失割合

〈事故態様図52〉 路外に出るための右折車と道路直進車との事故

〈52〉
Ⓐ 道路直進車
Ⓑ 路外に出るための右折車

	基　本	Ⓐ 10 ： Ⓑ 90
修正要素	Ⓑ既右折（注）2	10
	Ⓐゼブラゾーン進行（注）3	10〜20
	Ⓐ15km以上の速度違反	10
	Ⓐ30km以上の速度違反	20
	Ⓐその他の著しい過失	10
	Ⓐその他の重過失	20
	幹線道路（注）4	5
	Ⓑ徐行なし（注）5	10
	Ⓑ合図なし（注）6	10
	Ⓑその他の著しい過失	10
	Ⓑの重過失（注）7	20

（注）1　この基準は、道路外に出るために右折する右折車Ⓑと対向直進してきた直進車Ⓐとの衝突事故に適用される（前記ウの本文（147頁）参照）（東京地裁『過失相殺率の認定基準全訂5版（別冊判タ38号）』282頁①）。

　　　2　ここでいう既右折とは、衝突地点手前において右折車Ⓑが右折を完了している状態またはそれに近い状態を想定している（東京地裁『過失相殺率の認定基準全訂5版（別冊判タ38号）』282頁②）。

　　　3　車両の運転手等の意識としても、ゼブラゾーンにみだりに進入すべきでないと考えているのが一般的であるから、ゼブラゾーンを進行した直進車Ⓐについて10〜20％の加算修正をするのが相当である（前記(9)の本文（141頁）参照）（東京地裁『過失相殺率の認定基準全訂5版（別冊判タ38号）』282頁③・279頁③）。

　　　　日弁連東京『損害賠償額算定基準・上2015』286頁〔76〕では、直進車Ⓐのゼブラゾーン進行を「Ⓐその他の著しい過失」とし、『三訂版注解損害賠償算定基準・下』133頁

151

〔60〕では、直進車Ⓐのゼブラゾーン進行の過失割合修正項目はない。
4　この幹線道路については、各地の道路状況、交通事情等から常識的に判断されることであるが、歩車道の区別があって、車道幅員が概ね14m以上（片側2車線以上）で、車両が高速で走行し、通行量の多い国道や一部の都道府県道を想定している。特に交通頻繁な道路も含まれる（東京地裁『過失相殺率の認定基準全訂5版（別冊判タ38号）』282頁④・280頁⑤・203頁ア）。
5　これは、道路交通法25条2項の道路外に出るために右折するときの徐行義務違反の場合である（東京地裁『過失相殺率認定基準全訂5版（別冊判タ38号）』282頁⑤）。
6　『三訂版注解損害賠償算定基準・下』133頁〔60〕では、「Ⓑ合図なし」の過失割合修正項目はない。
7　日弁連東京『損害賠償額算定基準・上2015』286頁〔76〕および『三訂版注解損害賠償算定基準・下』133頁〔60〕では、路外に出るための右折車Ⓑの重過失の過失加算率を15％としている。
8　日弁連東京『損害賠償額算定基準・上2015』286頁〔76〕および『三訂版注解損害賠償算定基準・下』133頁〔60〕では、路外に出るための右折車Ⓑの顔を出しての待機について、道路直進車Ⓐに10％の過失加算をしている。
9　東京地裁『過失相殺率の認定基準全訂5版（別冊判タ38号）』では、大型車による修正項目を削除し（全訂4版ではこの事故態様における大型車での修正項目なし）、大型車であることが事故発生の危険性を高くしたと考えられる事故類型においては、個別に、大型車であることにより5％程度の修正をすることとされた（東京地裁『過失相殺率の認定基準全訂5版（別冊判タ38号）』45頁(3)）が、日弁連東京『損害賠償額算定基準・上2015』286頁〔76〕では、路外に出るための左折車Ⓑについてのみ大型車ということで5％の過失割合加重の修正要素を設けており、『三訂版注解損害賠償算定基準・下』133頁〔60〕では、道路直進車Ⓐおよび路外に出るための左折車Ⓑ双方について大型車ということでの過失割合の修正要素を設けていない。

⑽　対向車同士〔センターラインオーバー〕の事故の過失割合

　車両は、道路の左側部分（道路中央または中央線から左の部分）を通行しなければならず（道交17条4項）、原則として道路の左側に寄って通行しなければならない（道交18条1項）。したがって、左側部分通行車両とセンターオーバーした対向車との衝突事故の場合、原則としてセンターラインオーバー車の一方的過失によるものと考えられる（東京地裁『過失相殺率認定基準全訂5版（別冊判タ38号）』283頁）。つまり、対向車同士〔センターラインオーバー〕の事故の基本過失割合は、センターラインオーバー車：対向直進車＝100：0となる（東京地裁『過失相殺率認定基準全訂5版（別冊判タ38号）』284頁【150】、日弁連東京『損害賠償額算定基準・上2015』286頁〔77〕、『三訂版注解損害賠償算定基準・下』134頁〔61〕）。

道路の幅があまり広くなく、かつ、センターラインの表示もない道路において、前方不注視のためわずかに中央線を越えた対向車と接触した場合には、状況に応じて、対向直進車について重過失があったとして、20％程度の過失を認めてよい場合もあると思われる（東京地裁『過失相殺率認定基準全訂5版（別冊判タ38号）』284頁②、『三訂版注解損害賠償算定基準・下』135頁①・②）。

　また、一方通行や道路左側部分の幅員が車両の通行のために十分でないとき、道路損壊・道路工事等の障害のため道路左側部分の通行ができないとき、左側幅員6ｍ未満の道路において他車を追い越すとき、道路標識により通行方法などが指定されているときなど、道路中央から右の部分にはみ出して通行することができる場合（道交17条5項各号）は、この態様の適用外である（東京地裁『過失相殺率認定基準全訂5版（別冊判タ38号）』283頁）。これらの場合は、双方の速度や道路状況等の具体的事情から個別的に過失割合を考慮することになる（東京地裁『過失相殺率認定基準全訂5版（別冊判タ38号）』283頁）。

第7章　被害者側の過失

〈事故態様図53〉　対向車同士〔センターラインオーバー〕の事故

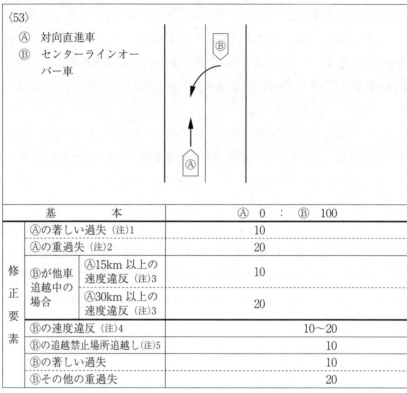

基　本			Ⓐ　0　：　Ⓑ　100
修正要素	Ⓐの著しい過失（注）1		10
	Ⓐの重過失（注）2		20
	Ⓑが他車追越中の場合	Ⓐ15km以上の速度違反（注）3	10
		Ⓐ30km以上の速度違反（注）3	20
	Ⓑの速度違反（注）4		10〜20
	Ⓑの追越禁止場所追越し（注）5		10
	Ⓑの著しい過失		10
	Ⓑその他の重過失		20

（注）　1　これは、対向直進車Ⓐがセンターラインオーバー車Ⓑのセンターラインオーバーを発見した後、進路を左に変更し、あるいは遅滞なく制動すれば容易に衝突を回避できたのに、Ⓑ車はすぐに自車線内に戻るだろうとⒶ車が軽信したため、あるいは前方不注視（発見遅滞）のため避譲措置をとることができなかった場合などを指す。この過失の有無を考えるにあたっては、一般的に自車線内を走行する車両運転者には、対向車のセンターラインオーバーを予期すべき注意義務は要求されないから、具体的危険を認識するまで若干の時間的余裕を許容する必要があるし、左側への退避には、左側の歩行者や自車の安全に対する配慮の余裕なども考慮する必要がある（東京地裁『過失相殺率認定基準全訂5版』（別冊判タ38号）284頁①］）。
　　　　日弁連東京『損害賠償額算定基準・上2015』286頁〔77〕では、「Ⓐに何らかの過失あり」で対抗直進車Ⓐに10％の過失割合加算修正をし、「Ⓐの著しい過失」で対抗直進車Ⓐに10〜20％の過失割合加算修正をしており、『三訂版注解損害賠償算定基準・下』134頁〔61〕では、「Ⓐの通常の過失」で対抗直進車Ⓐに10％の過失割合加算修正をし、「Ⓐの著しい過失」で対抗直進車Ⓐに20％の過失割合加算修正をしている。
　　　2　対向直進車Ⓐの重過失の例として、（注）1の場合より前方不注視の経過時間が長い

場合がある。道路が余り広くなく、かつ、センターラインの表示もない道路において、前方不注視のためわずかに中央線を超えた対向車と接触した場合は、状況に応じてこの程度の修正を加えてよい場合がある（東京地裁『過失相殺率認定基準全訂 5 版（別冊判タ38号）』284頁②）。

　　　日弁連東京『損害賠償額算定基準・上2015』286頁〔77〕および『三訂版注解損害賠償算定基準・下』134頁〔61〕には、対向直進車Ⓐの重過失の過失修正要素は設けられていない（（注）1参照）。
　3　追越しの場合に限り速度違反に特段の評価を与えたのは、追越しにあたっては、対向車の速度を正確に把握することが基本となるが、実際にはその把握は困難であるから、対向車の速度違反が特に重要な意味を持つと考えられるからである。したがって、追越し以外の場合でも、対抗直進車Ⓐの速度違反が結果との間に因果関係を有すると考えられる限り、これを斟酌すべきである（東京地裁『過失相殺率の認定基準全訂 5 版（別冊判タ38号）』284頁③）。

　　　日弁連東京『損害賠償額算定基準・上2015』286頁〔77〕および『三訂版注解損害賠償算定基準・下』134頁〔61〕は、単純に、対向直進車Ⓐの15km/h以上の速度違反でⒶ車に10％の過失加算をし、対向直進車Ⓐの30km/h以上の速度違反でⒶ車に20％の過失加算をしている。
　4　日弁連東京『損害賠償額算定基準・上2015』286頁〔77〕および『三訂版注解損害賠償算定基準・下』134頁〔61〕は、この場合のセンターラインオーバー車Ⓑへの過失加算率を10％としている。
　5　追越禁止場所や二重追越しのように追越し自体が禁止されている場合には、対抗直進車Ⓐにおいて、追越しのためにセンターラインオーバーしてくる車両がないと信頼を抱いていることから、センターラインオーバー車Ⓑについて過失加算修正するのが相当である（東京地裁『過失相殺率の認定基準全訂 5 版（別冊判タ38号）』285頁⑤）。

⑾　同一方向に進行する車両同士の事故の過失割合

ア　追越車と被追越車との事故の過失割合

　道路交通法 2 条 1 項21号の「追越し」とは、車両が他の車両等に追い付いた場合において、その進路を変えてその追い付いた車両等の側方を通過し、かつ、当該車両等の前方に出ることをいい、これには、追越車が被追越車に追い付き、その進路を変えて被追越車の側方を通過した後、①さらに進路を変えて、その被追越車の進路上に出る場合と、②被追越車の進路上に進路を変更せず、そのまま直進する場合も含まれる。ここでの基準における追越しは、追越車が被追越車も追い付いた場合において、その進路を変えて被追越車の側方を通過した後、さらに進路を変更して被追越車の進路前方に出る①の場合をのみをいい、同号にいう追越しより制限的に捉えている（東京地裁『過失相殺率の認定基準全訂 5 版（別冊判タ38号）』286頁）。

追越しをしようとする車両は、前車等の速度、進路、道路の状況に応じて、できる限り安全な速度と方法で進行しなければならないとされており（道交28条4項）、この態様の事故においては、追越車の追越開始前あるいはその後の走行方法に無理があるのが通常であり、追越車と前車（被追越車）が接触した以上、原則として追越車が劣後の立場に立たざるを得ない。このことは、追越車の後部に被追越車が追突する形となった場合においても、追越車としては被追越車の同一速度での進行継続を前提として追い越し、かつ、前方に進入すべきであるから、追突が割込み直後である限り、原則として同様に追越車が被追越車に対し劣後の立場に立つ（東京地裁『過失相殺率の認定基準全訂5版（別冊判タ38号）』286頁）。

　なお、前車（被追越車）についても、追越車の追越完了まで加速してはならないとされ（道交27条1項）、道路中央との間に追越車が進行するのに十分な余地がないときは、できる限り道路の左側端に寄って道路を譲らなければならないとされており（道交27条2項）、追越車の存在を認識することができ、自車（被追越車）がそのままの速度と方法で進行すれば、事故の危険があることが具体的に認識しうる場合には、安全運転義務（道交70条参照）の一環として速度を減じて安全に追越車に追越しを完了させるべき義務があると解される（東京地裁『過失相殺率認定基準全訂5版（別冊判タ38号）』286頁）。

　㋐　追越禁止場所における事故の過失割合
　追越禁止場所とは、以下の場所である（道交30条）。
　①　道路標識により追越しが禁止されている道路の部分
　②　道路の曲がり角付近、上り坂の頂上付近または勾配の急な下り坂
　③　トンネル（車両通行帯の設けられた道路を除く）
　④　交差点（優先道路の場合を除く）、踏切、横断歩道または自転車横断帯およびこれらの手前の側端から前に30m以内の部分
　追越禁止場所における追越車と被追越車との事故の基本過失割合については、日弁連東京『損害賠償額算定基準・上2015』287頁〔78〕および『三訂

版注解損害賠償算定基準・下』138頁〔62〕では、被追越車：追越車＝0：100としているが、東京地裁『過失相殺率認定基準全訂5版（別冊判タ38号）』287頁【151】は、被追越車：追越車＝10：90としている。

〈事故態様図54〉 追越禁止場所における追越車と被追越車との事故

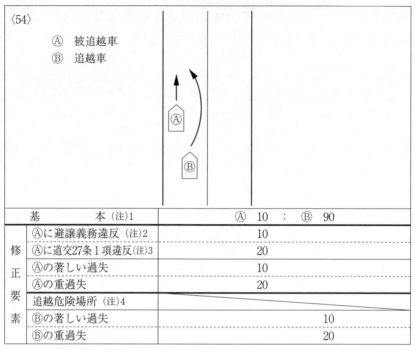

基　　　本　（注）1	Ⓐ 10 : Ⓑ 90	
修正要素	Ⓐに避譲義務違反（注）2	10
	Ⓐに道交27条1項違反（注）3	20
	Ⓐの著しい過失	10
	Ⓐの重過失	20
	追越危険場所（注）4	
	Ⓑの著しい過失	10
	Ⓑの重過失	20

（注）　1　これは、東京地裁『過失相殺率認定基準全訂5版（別冊判タ38号）』287頁【151】のそのものである（本文参照）。

　　　　追越車Ⓑが中央線を越える場合と越えない場合とがあるが、被追越車Ⓐとの関係では、両者を区別する必要はない（東京地裁『過失相殺率の認定基準全訂5版（別冊判タ38号）』287頁②）。

　　　　前車（被追越車）が後車（追越車）の追越しを故意に妨害したために危険な状態を発生させ、その結果、事故に至ったという場合は、この態様の適用外である（東京地裁『過失相殺率認定基準全訂5版（別冊判タ38号）』287頁②）。

　　　2　これは、被追越車Ⓐに、道路交通法27条2項所定の左側端に寄って進路を譲るべき注意義務違反がある場合、または被追越車Ⓐにおいて追越車Ⓑの存在を認識することができ、かつ、その対抗車等との関係で自車（Ⓐ車）がそのままの速度と方法で進行すれば事故に至る危険があることを具体的に認識することができたのに、速度を減ずるなど適切な措置をとらなかった場合を想定したものである。その他これに準ずる程度の過失が肯定されれば、同様に取り扱ってよい（東京地裁『過失相殺率認定基準全訂5版（別冊判タ38号）』287頁③）。

　　　3　被追越車Ⓐが道路交通法27条1項に違反して追越中に加速し、そのため追越車Ⓑが安全に被追越車Ⓐの前方に進路変更することができなくなった場合を指す。この場合、道路中央との間に追越車Ⓑが進行するに足りる余地がない場合に限り、事故との因果関係

が肯定されることになる。同条 2 項違反がいわば消極的過失である（上記（注） 2 参照）のに対し、同条 1 項違反は積極的過失である（追越し開始後に危険を増大させる。）点が、修正値の差となっている（東京地裁『過失相殺率認定基準全訂 5 版（別冊判タ38号）』287頁④）。
4　東京地裁『過失相殺率認定基準全訂 5 版（別冊判タ38号）』287頁①では、二重追越（前車が他の車両等を追い越そうとしているときに、さらにその前車の追越しを始める場合。前車が原動機付自転車や自転車を追い越そうとしているときを除く）について、追越禁止場所の場合には、被追越車Ⓐは、減速・ハンドル操作等による回避措置をとることが困難であるから、原則として追越車Ⓑの過失によるべきものと考えるべきであり、修正要素も考慮しないとする。

　これに対し、日弁連東京『損害賠償額算定基準・上2015』287頁〔78〕では、追越車Ⓑの二重追越の過失修正要素として、追越車Ⓑに20％の過失加算をしている。

　（イ）　追越禁止場所でない場所における事故の過失割合

　追越禁止場所でない場所における追越車と被追越車との事故の基本過失割合については、日弁連東京『損害賠償額算定基準・上2015』287頁〔78〕では、被追越車：追越車＝10：90としているが、東京地裁『過失相殺率認定基準全訂 5 版（別冊判タ38号）』289頁【152】は、被追越車：追越車＝20：80としている。

〈事故態様図55〉 追越禁止場所でない場所における追越車と被追越車との事故

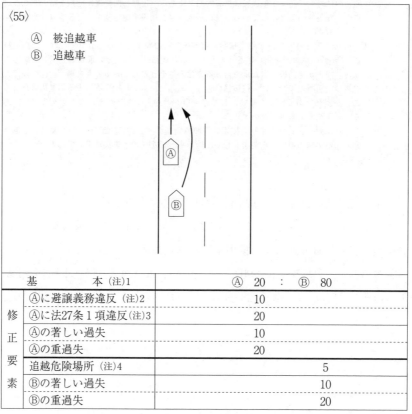

基　　本　（注）1	Ⓐ 20 ： Ⓑ 80	
修正要素	Ⓐに避譲義務違反（注）2	10
	Ⓐに法27条1項違反（注）3	20
	Ⓐの著しい過失	10
	Ⓐの重過失	20
	追越危険場所（注）4	5
	Ⓑの著しい過失	10
	Ⓑの重過失	20

（注）1　これは、東京地裁『過失相殺率認定基準全訂5版（別冊判タ38号）』289頁【152】の基本過失割合である（本文参照）。

2　これは、被追越車Ⓐに、道路交通法27条2項所定の左側端に寄って進路を譲るべき注意義務違反がある場合、または、被追越車Ⓐにおいて追越車Ⓑの存在を認識することができ、かつ、その対向車等との関係で自車（Ⓐ車）がそのままの速度と方法で進行すれば事故に至る危険があることを具体的に認識できたのに、速度を減ずるなどの適切な措置をとらなかった場合を想定したものである。その他これに準ずる程度の過失が肯定されれば、同様に取り扱ってよい（東京地裁『過失相殺率の認定基準全訂5版（別冊判タ38号）』289頁①・287頁③）。

3　被追越車Ⓐが道路交通法27条1項に違反して追越中に加速し、そのため追越車Ⓑが安全に被追越車Ⓐの前方に進路変更することができなくなった場合を指す。この場合、道路中央との間に追越車Ⓑが進行するに足りる余地がない場合に限り、事故との因果関係が肯定されることになる。同条2項違反がいわば消極的過失である（上記（注）2参

照）のに対し、同条1項違反は積極的過失である（追越し開始後に危険を増大させる）点が、修正値の差となっている（東京地裁『過失相殺率の認定基準全訂5版（別冊判タ38号）』289頁②・287頁④）。

 4 追越危険場所とは、凸凹の多い道路、降雨等によってスリップしやすい道路、見通しのきかない道路、狭隘な道路、歩行者の通行の多い道路、対向車等の通行頻繁な道路を指し、これらの道路では、追越し自体が危険であるとともに、被追越車Ⓐとしても追越車Ⓑに対する注意や退譲措置を講じ難いから、追越車Ⓑに過失加算をする（東京地裁『過失相殺率認定基準全訂5版（別冊判タ38号）』289頁④）。
 日弁連東京『損害賠償額算定基準・上2015』287頁〔78〕では、追越車Ⓑの二重追越を過失修正要素とし、Ⓑ車に20％の過失加算をしている（〈事故態様図54〉の（注）4（159頁）参照）。

イ　進路変更車と後続直進車との事故の過失割合

　車両は、みだりにその進路を変更してはならず（道交26条の2第1項）、車両は、進路を変更した場合にその変更した後の進路と同一の進路を後方から進行してくる車両等の速度または方向を急に変更させることとなるおそれがあるときは、進路を変更してはならないとされている（道交26条の2第2項）。

　進路変更車と後続直進車との事故の基本過失割合は、後続直進車：進路変更車＝30：70とされている（東京地裁『過失相殺率認定基準全訂5版（別冊判タ38号）』291頁【153】、日弁連東京『損害賠償額算定基準・上2015』287頁〔79〕、『三訂版注解損害賠償算定基準・下』141頁〔63〕）。

　この態様では、必ずしも道路交通法32条が予定しているような渋滞車列への割込みを想定するものではなく、前方にある車両が適法に進路変更を行ったが、後方から直進してきた車両と進路が重なり、車両が接触したという通常の事故を想定している（東京地裁『過失相殺率認定基準全訂5版（別冊判タ38号）』290頁）。この態様では、①隣の車線の前方を走行していた他の車両を追い抜いた直後に進路を変えて当該他の車両の進路前方に出たところ衝突した場合、②進路変更後の車線における前車との車間距離が十分ではなく、車線を変更した後、前車との追突を避けるために直ちに急ブレーキを掛けたために衝突した場合および、③他の車両などとの接触を避けるためにあわてて

車線変更をしたところ衝突した場合などは、対象とはしておらず、具体的事情を考慮して過失割合を検討するのが相当である（東京地裁『過失相殺率認定基準全訂5版（別冊判タ38号）』290頁）。

　この基準が想定している事故態様は、双方の車両の速度に差があることを前提としている。後続直進車の速度が進路変更車より高速であるか、進路変更時に進路変更車が減速するか、または後続直進車が加速中であるかのいずれかである。このような進路変更は、通常、後続直進車の速度または方向を急に変更させることとなるから、基本的には後続直進車に有利に考えるべきであるが、後続直進車としても、進路変更車があらかじめ前方にいるのであるから、その合図等により、進路変更を察知して適宜減速等の措置を講ずることにより衝突を回避することは、前車が進路変更と同時に急制動をかけたような場合でもない限り、一般的にさほど困難ではない。したがって、この基準の過失割合は、進路変更車が進路変更にあたって道路交通法53条1項〜3項、同施行令21条に定める合図を履行したことおよび後続直進車に軽度の前方不注視があったことを前提としている（東京地裁『過失相殺率の認定基準全訂5版（別冊判タ38号）』289頁②・287頁④）。

第3　交通事故における過失割合

〈事故態様図56〉　進路変更車と後続直進車との事故

〈56〉

Ⓐ　後続直進車
Ⓑ　進路変更車

基　　本 (注)1	Ⓐ　30　：　Ⓑ　70
Ⓐゼブラゾーン進行 (注)2	10〜20
Ⓐ15km以上の速度違反 (注)3	10
Ⓐ30km以上の速度違反	20
Ⓐの著しい過失 (注)4	10
Ⓐその他の重過失	20
進路変更禁止場所 (注)5	20
Ⓑ合図なし (注)6	20
Ⓐ初心者マーク等 (注)7	10
Ⓑの著しい過失 (注)4	10
Ⓑの重過失	20

（注）　1　ここでは、あらかじめ前方にいた車両が進路変更する場合を想定している。ここでの基本過失割合は、進路変更車Ⓑが適法に進路変更の合図をしていることおよび後続直進車Ⓐに軽度の前方不注視があることを前提としている（前記イ（161頁）参照）（東京地裁『過失相殺率の認定基準全訂5版（別冊判タ38号）』291頁①）。
　　　　2　車両の運転者等の認識としては、ゼブラゾーンにみだりに進入すべきではないと考えているが一般的であるから、ゼブラゾーンを進行した後続直進車Ⓐについて10〜20％の過失割合加算修正をするのが相当である（前記(9)（143頁）参照）（東京地裁『過失相殺率の認定基準全訂5版（別冊判タ38号）』291頁②）。
　　　　3　進路変更を開始するか否かを判断するにあたって、後続直進車の速度違反があれば、適切な判断を期待できないことから、後続直進車Ⓐについて、時速15km以上30km未

163

満の速度違反と、時速30km以上の速度違反を目安として、それぞれの数値の範囲で修正する（東京地裁『過失相殺率の認定基準全訂5版（別冊判タ38号）』291頁③）。

4　『三訂版注解損害賠償算定基準・下』141頁〔63〕では、これらの過失修正要素は設けられていない。

5　車両は、車両通行帯を通行している場合において、その車両通行帯が当該車両通行帯を通行している車両の進路変更禁止を表示する道路標示によって区画されているときは、原則として、その道路標示を越えて進路を変更してはならないものとされている（道交26条の2第3項（例外同項各号））から、このような進路変更禁止場所での進路変更については、進路変更車Ⓑについて20％の過失割合加算修正をする（東京地裁『過失相殺率の認定基準全訂5版（別冊判タ38号）』291頁⑤）。

6　進路変更の合図は、後続直進車Ⓐの前方注視義務違反の基礎として重要な意味をもつものであるから、その違反については、進路変更車Ⓑについて20％の過失割合加算修正をする（東京地裁『過失相殺率の認定基準全訂5版（別冊判タ38号）』292頁⑥）。

7　後続直進車Ⓐが初心者マーク等をつけた自動車である場合には、進路変更に際しての注意義務が加算される（道交71条5号の4）から、進路変更車Ⓑについて10％の過失割合加算修正をする（東京地裁『過失相殺率の認定基準全訂5版（別冊判タ38号）』292頁⑦）。

　　この初心者マーク等とは、標示義務のある初心運転者標識（いわゆる初心者マーク）（道交71条の5第1項）、標示（努力）義務のある高齢運転者標識（いわゆるシルバーマーク）（道交71条の5第2項・3項）や身体障害者標識（道交71条の6）、表示義務のある仮免許を受けた者の練習運転のための標識（道交87条3項）をいう（道交71条5号の4参照）（東京地裁『過失相殺率の認定基準全訂5版（別冊判タ38号）』53頁⒄）。

　　日弁連東京『損害賠償額算定基準・上2015』287頁〔79〕①では、過失修正要素を「Ⓐ初心者マーク」として進路変更者Ⓑに10％の過失加算をし、シルバーマークについても5～10％考慮するとする。

ウ　追突事故

追突事故の場合、基本的には、被追突車には過失がなく、追突車の前方不注視（道交70条）や車間距離不保持（道交26条）等の一方的過失によるものと考えられる。したがって、一時停止の規制に従って停止した車両や渋滞等の理由で停止した車両に追突した場合の基本過失割合は、追突車：被追突車＝100：0となる（東京地裁『過失相殺率認定基準全訂5版（別冊判タ38号）』293頁）。

車両等の運転者は、危険を防止するためやむを得ない場合を除き、その車両等を急に停止させ、またはその速度を急激に減ずることとなるような急ブレーキをかけてはならないとする急ブレーキの禁止が定められている（道交24条）。被追突車が、この急ブレーキの禁止に違反して急ブレーキをかけた

ときの追突車と被追突車の基本過失割合については、日弁連東京『損害賠償額算定基準・上2015』287頁〔80〕および『三訂版注解損害賠償算定基準・下』144頁〔64〕では、追越車：被追越車＝80：20としているが、東京地裁『過失相殺率認定基準全訂5版（別冊判タ38号）』293頁・294頁【154】は、追越車：被追越車＝70：30としている。

〈事故態様図57〉 追突事故

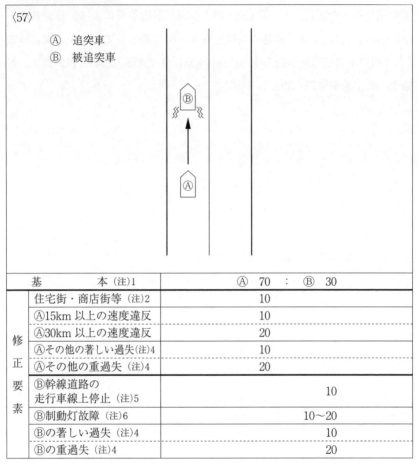

基　　　本　(注)1	Ⓐ 70 ： Ⓑ 30	
修正要素	住宅街・商店街等　(注)2	10
	Ⓐ15km以上の速度違反	10
	Ⓐ30km以上の速度違反	20
	Ⓐその他の著しい過失　(注)4	10
	Ⓐその他の重過失　(注)4	20
	Ⓑ幹線道路の走行車線上停止　(注)5	10
	Ⓑ制動灯故障　(注)6	10～20
	Ⓑの著しい過失　(注)4	10
	Ⓑの重過失　(注)4	20

(注) 1　これは、東京地裁『過失相殺率認定基準全訂5版（別冊判タ38号）』294頁【154】のものである（本文参照）。

　　追突事故の場合、基本的には被追突車Ⓑには過失がなく、追突車Ⓐの前方不注視（道交70条違反）や車間距離不保持（道交26条違反）等の一方的過失により発生するものがほとんどであると考えられる。道路交通法24条の急ブレーキの禁止（前記ウ（164頁）参照）から、急ブレーキをかけることが許されるのは危険を防止するためやむを得ない場合に限られているから、この基準は、被追突車Ⓑに道路交通法24条に違反して理由のない急ブレーキをかけた場合を基本の事故態様としている（東京地裁『過失相殺率の認定基準全訂5版（別冊判タ38号）』294頁①）。

　　被追突車に道路交通法24条の急ブレーキ禁止違反に至らない程度の不必要・不確実な

第3 交通事故における過失割合

操作等がある場合にも、被追突車の過失を肯定してよい場合もあると思われ、そのような場合の被追突車Ⓑの基本過失割合は、20％にとどめるのが相当である（東京地裁『過失相殺率認定基準全訂 5 版（別冊判夕38号）』294頁①）。
　　また、被追突車側に後続車に対する嫌がらせ等のため故意に急ブレーキをかけた場合は、追突車Ⓐの過失の有無について、別途慎重に検討する必要がある（東京地裁『過失相殺率の認定基準全訂 5 版（別冊判夕38号）』294頁①）。
2　住宅街・商店街等の歩行者の多い場所では、一般的に急ブレーキや減速が必要となることが多い。人が横断するものと見誤る等、結果的に理由のない急ブレーキをかけることが予想され、また、買物、配達等の理由で停止することが頻繁であるので、後続車としても、あらかじめそのような事態を予想に入れて運転すべきである（東京地裁『過失相殺率の認定基準全訂 5 版（別冊判夕38号）』294頁②）。
3　日弁連東京『損害賠償額算定基準・上2015』287頁〔80〕および『三訂版注解損害賠償算定基準・下』144頁〔64〕では、被追突車Ⓑの初心者マークについて、Ⓐ車に10％の過失加算をしている（日弁連東京『損害賠償額算定基準・上2015』287頁〔80〕①（〔79〕①）では、シルバーマークについても、5～10％考慮するとする）。
4　『三訂版注解損害賠償算定基準・下』144頁〔64〕では、これらの過失要素は設けられていない。
5　幹線道路の走行車線では、車の流れに従って走行するのが通常であり、後続車もそれをある程度信頼して運転しているため、車間距離を十分にとっていないのが実情である（東京地裁『過失相殺率認定基準全訂 5 版（別冊判夕38号）』295頁④）。
6　制動灯が泥で汚れて法定の照度がない場合や、夜間テールランプが付いていない場合などもこれに含めてよい（東京地裁『過失相殺率認定基準全訂 5 版（別冊判夕38号）』295頁⑤）。
　　この過失は、被追突車Ⓑに道路交通法24条違反に至らない程度の過失がある場合にも独自の過失となり得るから、この場合、昼夜の別等により、被追突車Ⓑについて10～20％の過失割合加算を肯定してよい（東京地裁『過失相殺率の認定基準全訂 5 版（別冊判夕38号）』294頁①）。
　　『三訂版注解損害賠償算定基準・下』144頁〔64〕では、被追突車Ⓑの制動灯故障によるⒷ車への過失加算率を10％とする。

⑿　転回〔Uターン〕車と直進車の事故の過失割合
ア　転回〔Uターン〕中の事故の過失割合

　車両は、歩行者または他の車両等の正常な交通を妨害するおそれがあるときは、転回〔Uターン〕してはならないとされている（道交25条の 2 第 1 項）。また、車両は、道路標識等により転回〔Uターン〕が禁止されている道路の部分においては、転回〔Uターン〕をしてはならないとされている（道交25条の 2 第 2 項）。
　転回〔Uターン〕中の事故の基本過失割合は、直進車：転回〔Uターン〕

車＝20：80となる（東京地裁『過失相殺率認定基準全訂5版（別冊判タ38号）』297頁【155】、日弁連東京『損害賠償額算定基準・上2015』288頁〔81〕、『三訂版注解損害賠償算定基準・下』146頁〔65〕）。

ここでいう回転とは、1回の操作で短時間内にこれを完了するUターンを指す。スイッチターンは、従来の進行方向の路上においていったん停止し、付近の小路の出口等に後退したうえ、従来の進行方向とは逆方向に入るために右折するという複雑な動作を含むものであるから、事故の状況に応じて後退や道路外出入車の基準を参考にして個別に過失割合を検討するのが相当である（東京地裁『過失相殺率の認定基準全訂5版（別冊判タ38号）』296頁）。

上記の「他の車両等の正常な交通を妨害するおそれがある」とは、同一方向または反対方向からの車両等がそのため一時停止、徐行しまたはその進路を変えなければ引き続き進行することができなくなるような状態になることをいうものと解されているが、これは、一般の進路妨害（道交2条1項22号）よりもさらに厳格な要件と考えられるから、回転〔Uターン〕車は、その回転〔Uターン〕を完了するまでは原則として直進車に対し劣後の立場にあると解される。直進車においても、回転〔Uターン〕しようとする車両を認め得る場合、その動静に注意し、事故を未然に防止すべき安全運転義務（道交70条）があるというべきである。例えば、回転〔Uターン〕車と対抗直進車との衝突時の形態が、直進車がすでに回転〔Uターン〕を完了した回転〔Uターン〕車に追突した形になっても、回転〔Uターン〕車が直進車の進路に進入する（センターラインを超える）時点において、上記の直進車の正常な交通を妨害する関係にある限り、基本過失割合では回転〔Uターン〕車に不利に考えなければならないが、回転〔Uターン〕車が直進車の進路に進入する（センターラインを超える）時点において、上記の直進車の正常な交通を妨害する関係になければ、基本過失割合が逆転するのが当然であり、この場合はむしろ追突の類型に入ることになると思われる（東京地裁『過失相殺率認定基準全訂5版（別冊判タ38号）』296頁）。

〈事故態様図58〉 転回〔Uターン〕中の転回〔Uターン〕車と直進車の事故

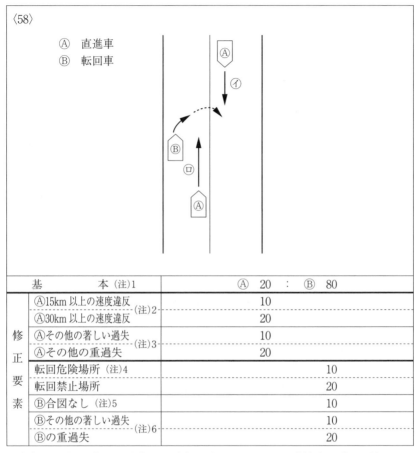

	基　　　　本　(注)1	Ⓐ　20　:　Ⓑ　80
修正要素	Ⓐ15km以上の速度違反 (注)2	10
	Ⓐ30km以上の速度違反	20
	Ⓐその他の著しい過失 (注)3	10
	Ⓐその他の重過失	20
	転回危険場所 (注)4	10
	転回禁止場所	20
	Ⓑ合図なし (注)5	10
	Ⓑその他の著しい過失 (注)6	10
	Ⓑの重過失	20

(注)　1　直進車Ⓐが転回車Ⓑと同一方向に走行している際の衝突事故（図のロの場合）は、一種の進路変更に伴う事故（前記⑾イ（161頁）および〈事故態様図56〉（163頁）参照）の形態になるが、この基本の過失割合は〈事故態様図56〉と異なっている。これは、進路変更に比し、転回のほうが、直進車Ⓐの進路をより急激に塞ぐことになるのが通常である点に着目したためである。進路変更より転回のほうが、運転者としては注意深くしているのが実情である（東京地裁『過失相殺率の認定基準全訂5版（別冊判タ38号）』297頁①）。

　　　2　直進車Ⓐに速度違反があると、転回車Ⓑが転回を開始するにあたり適切な判断をすることが困難となることから、違反の程度に応じて10～20％の範囲で直進車Ⓐに過失割合の加算修正をする（東京地裁『過失相殺率の認定基準全訂5版（別冊判タ38号）』297頁②）。

3　直進車Ⓐに軽度の前方不注視があることは、基本過失割合に含めて考慮してある（東京地裁『過失相殺率の認定基準全訂5版（別冊判タ38号）』297頁③）。
　　　『三訂版注解損害賠償算定基準・下』146頁〔65〕では、直進車Ⓐのその他の著しい過失、重過失の過失修正要素は設けられておらず、Ⓐ車の著しい前方不注視等として、Ⓐ車に10％の過失加算をしている。
　　4　回転危険場所とは、見とおしがきかない道路、交通が特に頻繁な道路をいう（東京地裁『過失相殺率認定基準全訂5版（別冊判タ38号）』297頁④）。
　　5　直進車Ⓐが回転車Ⓑの対抗車線を走行している場合の衝突事故（図④の場合）は、回転〔Uターン〕することが少なくともその途中から明らかであるから、修正値を5％程度にとどめるのが相当な場合もある（東京地裁『過失相殺率認定基準全訂5版（別冊判タ38号）』297頁⑥）。
　　6　転回車Ⓑの速度が転回〔Uターン〕するのに適切な速度でない場合には、速度制限に違反していなくとも、著しい過失があるといえる（東京地裁『過失相殺率認定基準全訂5版（別冊判タ38号）』297頁③）。
　　　『三訂版注解損害賠償算定基準・下』146頁〔65〕では、転回車Ⓑの重過失について、Ⓑ車のその他の著しい過失と同様に、Ⓑ車に10％の過失加算をしている。
　　7　東京地裁『過失相殺率の認定基準全訂5版（別冊判タ38号）』では、大型車による修正項目を削除し（全訂4版ではこの事故態様における大型車での修正項目なし）、大型車であることが事故発生の危険性を高くしたと考えられる事故類型においては、個別に、大型車であることにより5％程度の修正をすることとされた（東京地裁『過失相殺率の認定基準全訂5版（別冊判タ38号）』45頁(3)）が、日弁連東京『損害賠償額算定基準・上2015』288頁〔81〕では、転回車Ⓑについてのみ大型車ということで5％の過失割合加重の修正要素を設けており、『三訂版注解損害賠償算定基準・下』146頁〔65〕では、直進車Ⓐおよび転回車Ⓑ双方について大型車ということでの過失割合の修正要素を設けていない。

イ　転回〔Uターン〕終了直後の事故の過失割合

　転回〔Uターン〕終了直後の事故の基本過失割合は、直進車：転回〔Uターン〕終了車＝30：70とされている（東京地裁『過失相殺率認定基準全訂5版（別冊判タ38号）』298頁【156】、日弁連東京『損害賠償額算定基準・上2015』288頁〔81〕、『三訂版注解損害賠償算定基準・下』146頁〔65〕）。

　この態様は、回転〔Uターン〕車が、直進車の進路に進入する時点において、直進車のその際の速度を前提として、その正常な交通を妨害するおそれがあった場合を意味する。回転〔Uターン〕車の回転〔Uターン〕によって、直進車の進行を妨害するおそれが全くないかほどんどないのに、直進車の速度違反、前方不注視が重なって追突したことが明らかな場合には、追

突の態様を基本として考えていくべきであり、この態様の適用外とする考えるのが妥当である（東京地裁『過失相殺率認定基準全訂5版（別冊判タ38号）』298頁①）。

〈事故態様図59〉 転回〔Uターン〕終了直後の転回〔Uターン〕車と直進車の事故

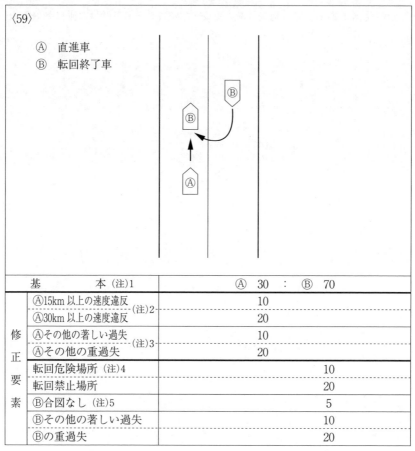

基　　本　（注）1		Ⓐ　30　：　Ⓑ　70
修正要素	Ⓐ15km以上の速度違反 ─(注)2	10
	Ⓐ30km以上の速度違反	20
	Ⓐその他の著しい過失 ─(注)3	10
	Ⓐその他の重過失	20
	転回危険場所（注）4	10
	転回禁止場所	20
	Ⓑ合図なし（注）5	5
	Ⓑその他の著しい過失	10
	Ⓑの重過失	20

（注）　1　衝突の形態として転回車Ⓑが転回を完了している場合（方向が転回する前と完全に逆を向いているか、あるいはそれに近い状態となっていることを要する）を意味し、この態様では、転回車Ⓑが直進車Ⓐの進路に進入する（中央線を越える）時点において、直進車Ⓐのその時点の速度（制限速度内）を前提として、直進車Ⓐの正常な交通を妨害するおそれがあった場合を想定している。直進車Ⓐの進行を妨害するおそれが全くない、またはほとんどないのに、直進車Ⓐの速度違反、前方不注視が重なって追突したことが明らかな場合には、基本的に追突の事故形態と考えるべきであり、この基準の対象外と考えるのが妥当である（東京地裁『過失相殺率の認定基準全訂5版（別冊判タ38号）』298頁①）。
　　　　2　直進車Ⓐに速度違反があると、転回車Ⓑが転回を開始するにあたり適切な判断をすることが困難となることから、違反の程度に応じて10〜20％の範囲で直進車Ⓐに過失割合

の加算修正をする（東京地裁『過失相殺率の認定基準全訂5版（別冊判タ38号）』298頁②・297頁②）。
3　直進車Ⓐに軽度の前方不注視があることは、基本過失割合に含めて考慮してある（東京地裁『過失相殺率の認定基準全訂5版（別冊判タ38号）』298頁③・297頁③）。
4　回転危険場所とは、見とおしがきかない道路、交通が特に頻繁な道路をいう（東京地裁『過失相殺率の認定基準全訂5版（別冊判タ38号）』298頁④・297頁④）。
5　これは、合図しないで突然転回を始めた場合であるが、この態様の事故では、直進車Ⓐにおいて進路前方に転回車Ⓑがあることを認識する時間的余裕があるのが通常であるから、修正値を5％にとどめる（東京地裁『過失相殺率の認定基準全訂5版（別冊判タ38号）』298頁⑥）。
6　『三訂版注解損害賠償算定基準・下』146頁〔65〕では、転回車Ⓑの重過失について、Ⓑ車のその他の著しい過失と同様に、Ⓑ車に10％の過失加算をしている。
7　東京地裁『過失相殺率の認定基準全訂5版（別冊判タ38号）』では、大型車による修正項目を削除し（全訂4版ではこの事故態様における大型車での修正項目なし）、大型車であることが事故発生の危険性を高くしたと考えられる事故類型においては、個別に、大型車であることにより5％程度の修正をすることとされた（東京地裁『過失相殺率の認定基準全訂5版（別冊判タ38号）』45頁(3)）が、日弁連東京『損害賠償額算定基準・上2015』288頁〔81〕では、転回車Ⓑについてのみ大型車ということで5％の過失割合加重の修正要素を設けており、『三訂版注解損害賠償算定基準・下』146頁〔65〕では、直進車Ⓐおよび転回車Ⓑ双方について大型車ということでの過失割合の修正要素を設けていない。

(13)　駐停車車両に対する追突事故の過失割合

駐停車車両に対する追突事故の基本過失割合は、追突車：駐停車車両＝100：0となる（東京地裁『過失相殺率認定基準全訂5版（別冊判タ38号）』300頁【157】、日弁連東京『損害賠償額算定基準・上2015』288頁〔82〕）。

車両は、停車するときは、できる限り道路の左側端に沿い、かつ、他の交通の妨害とならないようにしなければならないとされ（道交47条1項）、駐車するときは、道路の左側端に沿い、かつ、他の交通の妨害とならないようにしなければならないとされている（道交47条2項）。そして、車両は、車道の左側端に接して路側帯（駐停車が禁止されているもの等を除く）が設けられている場所において、駐停車するときは、路側帯に入り、かつ、他の交通の妨害とならないようにしなければならないとされている（道交47条3項）。

また、車両は、夜間（日没時から日出時までの時間）、道路にあるときは、前照灯、車幅灯、尾灯その他の灯火をつけなければならないとされている

(道交52条1項)。

　この態様は、駐停車車両が非常点滅灯等を灯火したり、三角反射板等を設置するなどして、駐停車車両の存在を警告する措置をとっていることを前提としている(東京地裁『過失相殺率認定基準全訂5版(別冊判タ38号)』299頁)。

〈事故態様図60〉 駐停車車両に対する追突事故

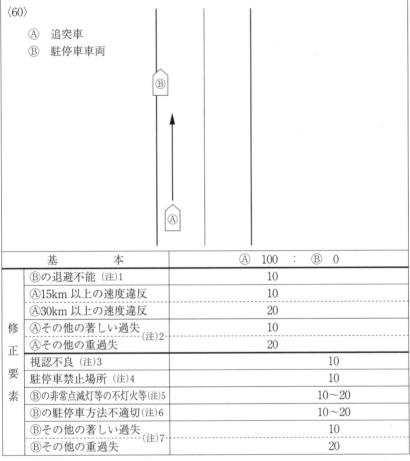

	基　本	Ⓐ 100 ： Ⓑ 0
修正要素	Ⓑの退避不能（注）1	10
	Ⓐ15km以上の速度違反	10
	Ⓐ30km以上の速度違反	20
	Ⓐその他の著しい過失 （注）2	10
	Ⓐその他の重過失	20
	視認不良（注）3	10
	駐停車禁止場所（注）4	10
	Ⓑの非常点滅灯等の不灯火等（注）5	10〜20
	Ⓑの駐停車方法不適切（注）6	10〜20
	Ⓑその他の著しい過失 （注）7	10
	Ⓑその他の重過失	20

（注） 1　故障その他の理由によりやむを得ず駐停車する場合には、道路の左側端に駐停車すべきであり、走行車線上で運転することができなくなった場合には、速やかに車両を走行車線以外の場所に移動させるべきである。しかし、故障の内容によっては、退避することが物理上または事実上不可能なこともあり、そのような場合には退避しなかったことをもって被追突車Ⓑを非難することはできない（東京地裁『過失相殺率の認定基準全訂5版（別冊判タ38号）』300頁①、日弁連東京『損害賠償額算定基準・上2015』288頁〔82〕⑥）。
　　　 2　追突車Ⓐに軽度の前方不注視があることは、基本の過失割合に含めて考慮しているが、著しい前方不注視、酒酔い運転、運転操作ミス等がある場合には、別途修正要素となる。被追突車Ⓑが非常点滅灯等の灯火等の警告措置をとっている場合には、追突車Ⓐ

から被追突車Ⓑの発見が容易であり、追突車Ⓐに著しい前方不注視が認められることが多い（東京地裁『過失相殺率の認定基準全訂 5 版（別冊判タ 38 号）』300 頁②、日弁連東京『損害賠償額算定基準・上 2015』288 頁〔82〕⑦）。

3　降雨、濃霧、夜間で街灯がなく暗い所等の理由により視認が不良の場合には、追突車Ⓐからは被追突車Ⓑの発見が容易ではないので、被追突車Ⓑに過失加算修正をする（東京地裁『過失相殺率の認定基準全訂 5 版（別冊判タ 38 号）』300 頁③、日弁連東京『損害賠償額算定基準・上 2015』288 頁〔82〕①）。

4　①道路標識等により駐車および停車が禁止されている場所、②交差点、横断歩道、自動車横断帯、踏切、軌道敷内、坂の頂上付近、勾配の急な坂またはトンネル、③交差点の側端または道路の曲がり角から 5 m 以内の部分、④横断歩道または自転車横断帯の前後の側端からそれぞれ前後に 5 m 以内の部分、⑤安全地帯が設けられている道路の当該安全地帯の左側の部分および当該部分の前後の側端からそれぞれ前後に 10m 以内の部分、⑥乗合自動車の停留所またはトロリーバスもしくは路面電車の停留場を表示する標識柱または表示板が設けられている位置から 10m 以内の部分（当該停留場または停留場に係る運転系統に属する乗合自動車、トロリーバスまたは路面電車の運行時間中に限る）、⑥踏切の前後の側端からそれぞれ前後に 10m 以内の部分は、駐車および停車が禁止されており（道交 44 条）、それに反して車両を駐停車させることによって、他の交通を妨害し、事故発生の危険性を高めている点を考慮し、被追突車Ⓑに過失加算修正をする（東京地裁『過失相殺率の認定基準全訂 5 版（別冊判タ 38 号）』301 頁④、日弁連東京『損害賠償額算定基準・上 2015』288 頁〔82〕②）。

5　車両は、夜間（日没時から日出時までの時間）道路にあるときは、前照灯、車幅灯、尾灯その他の灯火をつけなければならないとされている（道交 52 条 1 項）。視界不良の状況の下、被追突車Ⓑが非常点滅灯等の灯火をせず、三角板の設置等の警告措置を怠っている場合は、追突車Ⓐから被追突車Ⓑの発見が容易ではないが、非常点滅灯が点灯されていれば、追突車Ⓐから被追突車Ⓑの発見が容易となる。この態様の基本の過失割合は、被追突車Ⓑが非常点滅灯等の灯火等の警告措置をとっていることを前提としており、被追突車Ⓑが非常点滅灯等の灯火等の警告措置怠っている場合には、被追突車Ⓑに 10〜20% の範囲で過失加算修正をするのが相当である（東京地裁『過失相殺率の認定基準全訂 5 版（別冊判タ 38 号）』301 頁⑤、日弁連東京『損害賠償額算定基準・上 2015』288 頁〔82〕③）。

6　車両は、駐停車するときは、道路の左側端に沿い、かつ、他の交通の妨害にならないようにしなければならないとされており（道交 47 条 1 項・2 項）、道路幅が狭い所、追越車線、幹線道路等の交通量が多い地点に駐停車した場合には他の交通の妨害となり事故発生の危険を高め、車道を大きく塞ぐ場合は他の交通の妨害となることは、明らかである。また、車両が汚れ、後部反射板の反射力が効かない場合には追突車Ⓐからは被追突車Ⓑの発見が容易ではないので、同様に考えることができると思われる（東京地裁『過失相殺率の認定基準全訂 5 版（別冊判タ 38 号）』301 頁⑥、日弁連東京『損害賠償額算定基準・上 2015』288 頁〔82〕④）。

7　被追突車Ⓑに駐停車についての帰責事由が存在する場合（たとえば、自招事故を理由とする場合）、あるいは、駐停車車両を放置している等の事情がある場合には、被追突車Ⓑの著しい過失または重過失に当たる解される（東京地裁『過失相殺率の認定基準全訂 5 版（別冊判タ 38 号）』300 頁②、日弁連東京『損害賠償額算定基準・上 2015』288 頁〔82〕⑤）。

⑭ 緊急自動車と四輪車との事故の過失割合

　ここでは、四輪車が緊急自動車である四輪車と衝突した場合を想定している。東京地裁『過失相殺率認定基準全訂4版（別冊判タ16号）』では、この態様の事故の過失割合について類型化していなかったが、同全訂5版（別冊判38号）では、この緊急自動車と四輪車との事故の過失割合について、新たな基準を設けた（東京地裁『過失相殺率の認定基準全訂5版（別冊判タ38号）』302頁）。

　ここでは、①信号機により交通整理の行われている交差点において青信号で進入した四輪車と交差道路から赤信号で進入してきた緊急自動車とが出会い頭に衝突した場合と、②信号機により交通整理の行われていない交差点において優先道路を進行してきた四輪車と交差道路を進行してきた緊急自動車とが出会い頭に衝突した場合、についてのみ基準を設けている。他の態様の事故については、緊急自動車の通行方法に関する法令の定めやここで示す基準を参考にして、個別に検討することになる（東京地裁『過失相殺率の認定基準全訂5版（別冊判タ38号）』302頁）。

　緊急自動車の通行方法等に関する法令の定めの内容は、以下のとおりである。

①　緊急自動車は、右側通行が許される一般的な場合（道交17条5項）のほか、追越しをするためその他やむを得ない必要があるときは、道路の右側部分にその全部または一部をはみ出して通行することができる（道交39条1項）。

②　緊急自動車は、法令の規定により停止しなければならない場合（赤信号表示（道交7条、道交施行令2条1項）、歩道の手前（道交17条2項）、踏切の直前（道交33条1項）、横断しようとする歩行者等がないことが明らかな場合を除く横断歩道等の直前（道交38条1項）、道路標識等により一時停止が指定されている交通整理の行われていない交差点またはその手前の直前（道交43条））においても、他の交通に注意して徐行し、停止することを要

177

しない(道交39条2項)。

③　緊急自動車には、通行禁止部分の通行禁止(道交8条1項)、進入禁止部分の進入禁止(17条6項)、左寄り通行等(道交18条)、車両通行帯の通行方法(道交20条1項・2項、20条の2)、横断、転回または後退の禁止(道交25条の2第2項)、進路変更禁止(道交26条の2第3項)、追越し禁止(道交29条、30条)、交差点での右左折方法(道交34条1項・2項・4項、35条1項)、横断歩道等の通行方法(道交38条1項前段・3項)に関する規制は、適用されない(道交41条1項)。

④　緊急自動車には、最高速度の規制(道交22条)は適用されない(道交41条2項)。

これに対し、緊急自動車以外の車両は、交差点またはその付近において緊急自動車が接近してきたときは、交差点を避け、かつ、道路の左側等に寄って一時停止しなければならず(道交40条1項)、それ以外の場所において緊急自動車が接近してきたときは、道路の左側に寄って進路を譲らなければならない(道交40条2項)。

このように、緊急自動車の通行には、法令上優先的な地位を与えられており、緊急自動車と四輪車との事故が発生した場合、進路を譲って停止していた四輪車に緊急自動車が衝突したときなど、もっぱら緊急自動車側に過失があることが明白なときを除き、四輪車の側に過失があることになる(東京地裁『過失相殺率の認定基準全訂5版(別冊判タ38号)』302頁)。

ただ、緊急自動車も、道路交通法等の法令におけるすべての規制が免除されているわけではない。たとえば、交通整理の行われていない交差点において、交差道路が優先道路または明らかに広い道路である場合徐行する義務(道交36条3項)、交差点において他の車両等に注意してできるだけ安全な速度と方法で進行する義務(道交36条4項)は免除されておらず(道交41条1項参照)、緊急自動車が法令の規定により停止しなければならない場所で停止せずに進行する場合も、他の交通に注意して徐行する義務を負い(道交39条

2項後段)、緊急自動車がこれらの義務に違反する場合は、相応の過失を考えるべきである（東京地裁『過失相殺率の認定基準全訂5版（別冊判タ38号）』302頁・303頁）。

ア　信号機により交通整理が行われている交差点における出会い頭事故の過失割合

ここでは、信号機により交通整理が行われている交差点における出会い頭事故のうち、青信号で交差点に進入した四輪車と、交差道路から赤信号で交差点に進入した緊急自動車とが出会い頭に衝突した場合のみを想定している。四輪車において緊急自動車の接近を認識することが容易でなかったと客観的に認められるとき、たとえば、事故の発生場所が見とおしがきかない交差点であるのに、緊急自動車が交差点に進入する直前までサイレンを吹鳴していなかったときなどは、ここでの基準によらずに、四輪車の過失の有無およびその程度を慎重に検討すべきである。これに対し、大音量のカーオーディオによりサイレンに気付かなかった場合など、緊急自動車の接近を認識することができなかった原因が四輪車側にある場合は、この基準によるべきである（東京地裁『過失相殺率の認定基準全訂5版（別冊判タ38号）』303頁）。

緊急自動車は、道路交通法等の法令により停止しなければならない場合においても、停止義務を負わず、対面信号が赤信号の場合でも、停止線の手前で停止する義務を負わない（道交39条2項前段）。これに対し、一般車両は、交差点またはその付近において緊急自動車が接近したときは、交差点を避け、かつ、道路の左側等によって一時停止しなければならない（道交40条1項）（前記(14)(177頁)参照）。したがって、四輪車と緊急自動車とが交差点内で衝突した場合は、四輪車の対面信号が青色であったとしても、四輪車の側に上記道路交通法40条1項違反の過失があり、当該過失が事項発生の根本的な原因となる（東京地裁『過失相殺率の認定基準全訂5版（別冊判タ38号）』303頁）。

ただ、緊急自動車は、赤信号で交差点に進入する場合、他の交通に注意し

て徐行する義務を負っており（道交39条2項後段）、この事例での基本過失割合は、緊急自動車側にも上記の義務違反の過失があることを前提にしており、その他の事情は、過失割合の判断において重要と考えられるものを修正要素として考慮する（東京地裁『過失相殺率の認定基準全訂5版（別冊判夕38号）』303頁）。

第3 交通事故における過失割合

〈事故態様図61〉 信号により交通整理が行われている交差点における出会い頭事故
（四輪車―青信号、緊急自動車―赤信号）

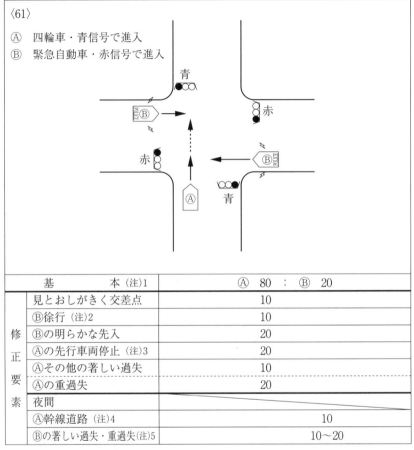

基　　　　本 (注)1	Ⓐ 80 ： Ⓑ 20	
修正要素	見とおしがきく交差点	10
	Ⓑ徐行（注)2	10
	Ⓑの明らかな先入	20
	Ⓐの先行車両停止（注)3	20
	Ⓐその他の著しい過失	10
	Ⓐの重過失	20
	夜間	
	Ⓐ幹線道路（注)4	10
	Ⓑの著しい過失・重過失(注)5	10〜20

（注） 1　ここでは、見とおしがきかない交差点において、青信号で交差点に進入した四輪車Ⓐと交差道路から赤信号で徐行せずに交差点に進入した緊急自動車Ⓑとが出会い頭に衝突した場合を想定している。双方の車両が適切な制動・回避措置をとらなかったことは、基本過失割合に含めて評価している（東京地裁『過失相殺率の認定基準全訂5版（別冊判タ38号）』304頁①）。

　　四輪車Ⓐには、道路交通法40条1項の一時停止義務に違反する過失が認められ、緊急自動車Ⓑにも、他の交通に対する注意義務および徐行義務（道交39条2項後段）を遵守しなかった過失があるので（前記(14)（177頁）参照）、四輪車の基本過失割合を80％としている（東京地裁『過失相殺率の認定基準全訂5版（別冊判タ38号）』304頁①）。

　　四輪車において緊急自動車の接近を認識することが容易でなかったと客観的に認めら

181

れるとき、たとえば、事故の発生場所が見とおしがきかない交差点であるのに、緊急自動車が交差点に進入する直前までサイレンを吹鳴していなかったときなどは、ここでの基準によらずに、四輪車の過失の有無およびその程度を慎重に検討すべきである。これに対し、大音量のカーオーディオによりサイレンに気付かなかった場合など、緊急自動車の接近を認識することができなかった原因が四輪車側にある場合は、この基準によるべきである（前記ア（179頁）参照）（東京地裁『過失相殺率の認定基準全訂 5 版（別冊判タ38号）』304頁①）。

2　緊急自動車Ⓑが徐行していた場合は、緊急自動車Ⓑの過失は、他の車両の交通に対する注意義務違反のみであり（道交39条 2 項後段）、基本の過失割合が前提とする事故態様の場合（（注） 1 参照）と比較して緊急自動車Ⓑの過失が軽微であるため、四輪車Ⓐに過失加算修正をする（東京地裁『過失相殺率の認定基準全訂 5 版（別冊判タ38号）』305頁）。

3　四輪車Ⓐに先行して進行する他の車両が道路交通法40条 1 項の一時停止義務に従って一時停止した場合、緊急自動車Ⓑは、進路が譲られるものと判断するのが通常であると考えられ、その交差点への進入を非難することは困難であり、四輪車Ⓐは、交差点内の危険を察知して、他の車両と同様に交差点を避けて一時停止することができたのであるから、その過失は大きいといえ、四輪車Ⓐに過失加算修正をする（東京地裁『過失相殺率の認定基準全訂 5 版（別冊判タ38号）』305頁④）。

4　ここでの事故態様において、四輪車Ⓐが幹線道路を通行する場合、四輪車Ⓐにおいて安全に制動・回避措置をとることは必ずしも容易ではなく、緊急自動車Ⓑにおいても、幹線道路では、車両が相当程度の速度で往来するのを予見することができることから、緊急自動車Ⓑにおいて過失加算修正をする。なお、四輪車Ⓐの先行車両が停止している場合（（注） 3 参照）には、幹線道路を通行する四輪車Ⓐにおいても安全に制動・回避措置をとることができることから、この過失修正を適用しない（東京地裁『過失相殺率の認定基準全訂 5 版（別冊判タ38号）』305頁⑤）。

5　緊急自動車Ⓑの著しい過失・重過失とは、たとえば、緊急自動車Ⓑが、最高速度規制に違反した車両等を取り締まる場合（道交41条 2 項）でないのに、道路交通法22条の最高速度規制に違反したときなどが考えられる。緊急自動車Ⓑの他の交通に対する注意義務違反（道交39条 2 項後段）は、基本過失割合において評価しているので、著しい過失としては評価しない（東京地裁『過失相殺率の認定基準全訂 5 版（別冊判タ38号）』305頁⑥）。

イ　信号機により交通整理が行われていない交差点における出会い頭事故の過失割合

　ここでは、信号機により交通整理が行われていない交差点における出会い頭事故のうち、優先道路を進行して交差点に進入した四輪車と交差道路（非優先道路）を進行して交差点に進入した緊急自動車とが出会い頭に衝突した場合のみを想定している。四輪車が緊急自動車の接近を認識することが容易でなかったと客観的に認められるときは、この基準によらずに、四輪車の過

失の有無およびその程度を慎重に検討すべきである（前記ア（179頁）参照）。四輪車が非優先道路から交差点に進入する場合は、交差道路を通行する車両等の通行妨害禁止・徐行義務・安全な速度と方法での進行義務（道交36条2項～4項）を遵守する限り、容易に道路交通法40条1項の一時停止義務を尽くすことができると考えられるので、非優先道路を進行して交差点に進入した四輪車と優先道路を進行して交差点に進入した緊急自動車とが出会い頭に衝突した場合は、原則として四輪車が全面的な過失責任を負うことになり、過失相殺の是非および程度は、双方の車両の進行態様等に応じて個別的に検討する（東京地裁『過失相殺率の認定基準全訂5版（別冊判タ38号）』306頁）。

　一般車両は、交差点またはその付近において緊急自動車が接近してきたときは、交差点を避け、かつ、道路の左側等に寄って、一時停止しなければならない（道交40条1項）。このことは、四輪車が優先道路を通行する場合でも異ならない（東京地裁『過失相殺率の認定基準全訂5版（別冊判タ38号）』306頁）。

　これに対し、緊急自動車も、交差道路が優先道路または明らかに広い道路である場合に徐行する義務（道交36条3項）、交差点において他の車両等に注意してできる限り安全な速度と方法で進行する義務（道交36条4項）を負うとされ（道交41条1項後段）、一時停止の指定場所を通行する場合は徐行等の義務（道交39条2項後段）を負うと解される。緊急自動車が優先道路を進行する四輪車と衝突した場合、緊急自動車の側にも、上記の注意義務に違反した過失が問われることになる（東京地裁『過失相殺率の認定基準全訂5版（別冊判タ38号）』306頁）。

〈事故態様図62〉 信号により交通整理が行われていない交差点における出会い頭事故（四輪車―優先道路進行、緊急自動車―非優先道路進行）

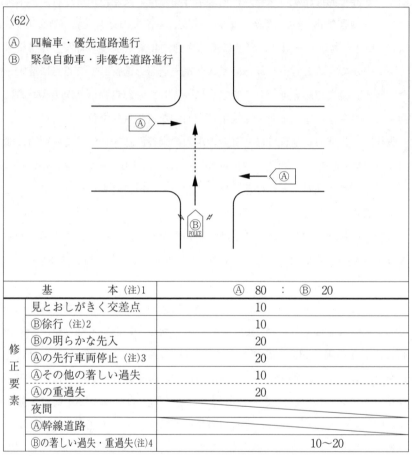

	基　　　本（注）1	Ⓐ　80　：　Ⓑ　20
修正要素	見とおしがきく交差点	10
	Ⓑ徐行（注）2	10
	Ⓑの明らかな先入	20
	Ⓐの先行車両停止（注）3	20
	Ⓐその他の著しい過失	10
	Ⓐの重過失	20
	夜間	
	Ⓐ幹線道路	
	Ⓑの著しい過失・重過失（注）4	10〜20

（注）　1　ここでは、信号機による交通整理が行われておらず、見とおしがきかない交差点において、優先道路を進行して交差点に進入した四輪車Ⓐと、非優先道路から徐行せずに交差点に進入した緊急自動車Ⓑとが、出会い頭に衝突した場合を想定している。緊急自動車Ⓑの進行する道路が一時停止の指定場所であった場合も、この基準による。四輪車において緊急自動車の接近を認識することが容易でなかったと客観的に認められるとき、たとえば、事故の発生場所が見とおしがきかない交差点であるのに、緊急自動車が交差点に進入する直前までサイレンを吹鳴していなかったときなどは、この基準の対象外である（東京地裁『過失相殺率の認定基準全訂5版（別冊判タ38号）』304頁①）。

　　　四輪車Ⓐには、道路交通法40条1項の一時停止義務に違反する過失が認められ、緊急自動車Ⓑにも、他の交通に対する注意義務および徐行義務（優先道路に交差進入する場

合—道交36条3項・4項、一時停止指定場所を通行する場合—道交39条2項後段）を遵守しなかった過失があるので（前記(13)（173頁）参照）、四輪車の基本過失割合を80％としている（東京地裁『過失相殺率の認定基準全訂5版（別冊判タ38号）』307頁①）。

　　　四輪車Ⓐが非優先道路から交差点に進入した場合は、この基準ではなく、もっぱら四輪車Ⓐの側に過失責任があることを前提として過失割合等を検討すべきである（前記イ（182頁）参照）（東京地裁『過失相殺率の認定基準全訂5版（別冊判タ38号）』304頁①）。
2　緊急自動車Ⓑが徐行していた場合は、基本の過失割合が前提とする事故態様の場合（（注）1参照）と比較して緊急自動車Ⓑの過失が軽微であるため、四輪車Ⓐに過失加算修正をする（〈事故態様図61〉の（注）2（182頁）参照）（東京地裁『過失相殺率の認定基準全訂5版（別冊判タ38号）』307頁③）。
3　四輪車Ⓐに先行して進行する他の車両が道路交通法40条1項の一時停止義務に従って一時停止した場合、緊急自動車Ⓑは、進路が譲られるものと判断するのが通常であると考えられ、その交差点への進入を非難することは困難であり、四輪車Ⓐは、交差点内の危険を察知して、他の車両と同様に交差点を避けて一時停止することができたのであるから、その過失は大きいといえ、四輪車Ⓐに過失加算修正をする（東京地裁『過失相殺率の認定基準全訂5版（別冊判タ38号）』308頁④・305頁④）。
4　緊急自動車Ⓑの著しい過失・重過失とは、たとえば、緊急自動車Ⓑが、最高速度規制に違反した車両等を取り締まる場合（道交41条2項）でないのに、道路交通法22条の最高速度規制に違反したときなどが考えられる。緊急自動車Ⓑの他の交通に対する注意義務違反（道交39条2項後段）は、基本過失割合において評価しているので、著しい過失としては評価しない（東京地裁『過失相殺率の認定基準全訂5版（別冊判タ38号）』308頁⑤・305頁⑥）。

(15)　高速道路上の事故の過失割合
ア　高速道路上の事故について

　高速自動車国道・自動車専用道路（以下、双方あわせて「高速道路」という）では、時速80kmを超える高速度での走行が許容される場合があり、事故の結果が重大となる蓋然性が高くなり、法に従って走行することが強く要求され、法に従わないで走行した場合の過失を一般道の場合より重く評価している。ただ、速度違反については、高速道路では、車線の流れに沿って走行することが一般道路以上に要請されることもあり、速度違反の過失に与える影響力は慎重に評価する必要がある（東京地裁『過失相殺率の認定基準全訂5版（別冊判タ38号）』461頁）。

　また、高速道路上の事故であっても、渋滞などで高速走行が不可能な道路状況下で発生した事故については、以下の態様をそのまま適用せず、事案に

応じて適宜修正をして適用する必要がある（東京地裁『過失相殺率認定基準全訂5版（別冊判タ38号）』461頁）。

東京地裁『過失相殺率の認定基準全訂5版（別冊判タ38号）』での改訂では、「本線車道等に駐停車中の自動車に対する追突事故」の態様について、事故態様ごとに想定される基本的な前提、過失割合に及ぶ修正要素の適用のあり方等を整理する観点から、過失の有無などによる事故態様の設定の見直しを行ったほかは、おおむね全訂4版の内容を維持している（東京地裁『過失相殺率の認定基準全訂5版（別冊判タ38号）』461頁）。

イ　過失修正要素について

高速道路上の事故について、考慮する主な過失修正要素として注意すべき点は、以下のとおりである（東京地裁『過失相殺率の認定基準全訂5版（別冊判タ38号）』462頁(2)）。

① 追越車線

2以上の車両通行帯の設けられた道路において、その最も右側の車両通行帯をいう（道交20条1項・3項）。

② 制動灯故障

制動灯が故障して点灯しない場合のほか、泥による汚れ等のために制動灯の照度が法の定める程度に達していなかった場合を含む。

③ 初心者マーク等

初心運転者標識（いわゆる「初心者マーク」）（表示義務―道交71条の5第1項）、高齢運転者標識（いわゆる「シルバーマーク」）（表示義務（75歳以上）―道交71条の5第2項、努力義務（70歳以上75歳未満）―道交71条の5第3項）、仮免許を受けた者の練習運転のための標識（表示義務―道交87条3項）をいう。自動車がこれらの標識を表示していた場合、他の自動車について幅寄せ・進路変更における注意義務が加重されているので（道交71条5号の4）、進路変更に伴う事故において修正要素として考慮する。

④　ゼブラゾーン走行

　自動車が導流帯（ゼブラゾーン）を走行する場合をいう。

　ゼブラゾーンとは、公安委員会が、交通規制の手段として道路標示として設置するもの（道路標識、区画線および道路標示に関する命令9条別表第5番号208の2）と、道路管理者が、道路法45条1項の規定に基づき、道路の構造を保全し、または、交通の安全と円滑を図るために区画線として設置するものがある（道路標識、区画線および道路標示に関する命令5条別表第3番号107）。いずれも交差点等において通行する車両の安全かつ円滑な走行を誘導するために設置されるものである。

　ゼブラゾーンについては、その立入りについて、安全地帯や立入禁止部分の場合に設けられているような禁止条項（道交17条6項）や罰則（道交119条1項2号の2）はなく、単に車両の走行を誘導するものにすぎないが、車両の運転手等の意識としても、ゼブラゾーンにみだりに進入すべきではないと考えているのが一般的でああるから、ゼブラゾーンを追越し等の迂回路として通行した車両の運転者は、交通秩序を乱したものとして、過失評価の上で不利に評価されてもやむを得ない。

⑤　速度違反

　原則として、時速20km以上40km未満の速度違反がある場合に10％を、時速40km以上の速度違反がある場合に20％を、それぞれ過失加算することを目安として、この範囲で修正をする。

⑥　急加速

　高速道路の本線車道を通行する自動車が、合流地点の手前で無理な急加速をした場合をいう。本線車道を通行する自動車が合流直前に無理な急加速をした場合、本線車道に入ろうとする自動車においてそのような事態まで予測することは困難であり、事故発生の危険性を高めるものであるから、過失修正要素として考慮する。

⑦　車道閉塞大

第7章　被害者側の過失

　　自動車が斜めに停止したり横転したりするなどして車道を大きく閉塞する場合をいう。おおむね、2車線分以上の進路妨害がある場合や、先行事故により他の自動車を駐停車させた結果、2車線分以上が閉塞された場合を想定している。
　被追突車が車線のほとんどを閉塞し、視界が極めて不良である場合には、被追突車の一方的過失となる場合もある思われる。また、追突車が被追突車と同一車線を走行していない場合には、追突車に被追突車との車間距離の保持義務（道交26条）はないから、被追突車の過失割合が加重されるべきである。

⑧　はみ出して駐停車

　　高速道路を通行する自動車は、やむを得ず駐停車する場合であっても、十分な幅員のある路肩等に駐停車しなければならないとされている（道交75条の8第1項2号）ため、本線車道上に車体をはみ出して駐停車した場合は、駐停車した自動車に不利に過失修正されるべきである。

⑨　㋥停止表示器材設置

　　駐停車した自動車の運転者等が停止表示器材を設置した場合をいう。
　　高速道路において、自動車の運転者は、故障その他の理由により本線車道もしくはこれに接する加速車線、減速車線もしくは登坂車線またはこれらに接する路肩もしくは路側帯において当該自動車を運転することができなくなったときは、当該自動車が故障その他の理由により停止しているものであることを表示しなければならない（道交75条の11第1項）。その表示方法は、夜間においては夜間用停止表示器材（道交施行規則9条の17）を、夜間以外の時間においては昼間用停止表示器材（道交施行規則9条の18）を、後方から進行してくる自動車の運転者が見やすい位置に置いて行うものとされている（道交施行令27条の6）。非常点滅表示灯（いわゆる「ハザードランプ」）の点灯では足りない。
　　駐停車した自動車の運転者等が停止表示器材を設置した場合、当該自

動車の運転者等は、事故防止のための措置を尽くしたといえるので、過失割合を修正する。
⑩ 退避不能かつ停止表示器材設置等

　高速道路の車道上で駐停車した自動車が、故障、運転者の負傷または後続車の接近等により、物理上または事実上、路肩等に退避することができず、かつ、㋐停止表示器材が設置された場合、㋑停止表示器材を設置するだけの時間的余裕がなかった場合、または、㋒発煙筒の使用等、視認性の高い警告措置がとられた場合をいう。このような場合、駐停車した自動車の運転者は、それ以上事故防止のための措置を取り得ないので、過失割合を修正する。

　これに対し、非常点滅表示灯（いわゆる「ハザードランプ」）を点灯させたにとどまり、他に警告措置をとらなかった場合は、原則として、この過失修正要素を適用しない。非常点滅表示灯（いわゆる「ハザードランプ」）は、本来緊急事態を示すものではなく、その視認性・有効性にも疑問が残るからである。

⑪ 視認不良

　夜間、降雨等のため視認不良の場合をいう。ただし、夜間であっても、現場の照明の設置状況等により視認不良とはいえない場合には、この過失修正要素を考慮しない。また、停止表示器材等が設置されている場合は、停止表示器材等の目視が困難であるほど視認不良が著しかった場合のみに、この過失修正要素を適用する。

⑫ 著しい過失

　著しい過失の例として、脇見運転等の著しい前方不注視（道交70条）、著しいハンドル・ブレーキ操作不適切（道交70条）、携帯電話等の無線通話装置を通話のため使用したり、画像を注視したりしながら運転をすること（道交71条5号の5）、酒気帯び運転（道交65条1項）等があげられる。

⑬　重過失

著しい過失よりもさらに重い、故意に匹敵する重大な過失をいう。著しい過失と重過失が過失修正要素として区別されている場合には、択一的に適用され、重複しては適用されない。

重過失の例としては、無免許運転（道交64条1項）、酒酔い運転（道交117条の2第1号）、居眠り運転、過労、病気および薬物の影響その他の理由により正常な運転ができないおそれがある場合（道交66条）等がある。

ウ　合流地点における事故の過失割合

自動車は、高速道路の本線車道に入ろうとする場合において、当該本線車道を通行する自動車があるときは、当該自動車の通行妨害をしてはならないとされている（道交75条の6第1項本文）。

合流地点における、高速道路上の事故の基本過失割合は、本線車：合流車＝30：70とされている（東京地裁『過失相殺率認定基準全訂5版（別冊判タ38号）』467頁【311】、日弁連東京『損害賠償額算定基準・上2015』332頁高〔1〕、『三訂版注解損害賠償算定基準・下』325頁高〔1〕）。

〈事故態様図63〉高速道路の合流地点における事故

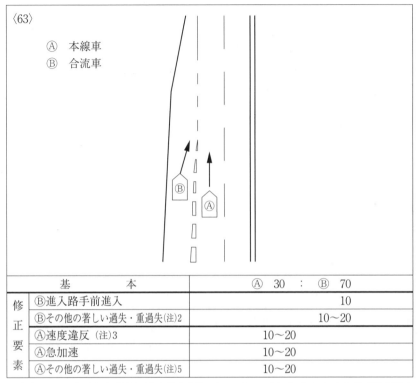

基　　　本	Ⓐ 30 ： Ⓑ 70
修正要素 Ⓑ進入路手前進入	10
Ⓑその他の著しい過失・重過失(注)2	10〜20
Ⓐ速度違反（注)3	10〜20
Ⓐ急加速	10〜20
Ⓐその他の著しい過失・重過失(注)5	10〜20

(注) 1　日弁連東京『損害賠償額算定基準・上2015』332頁高〔1〕および『三訂版注解損害賠償算定基準・下』325頁高〔1〕では、合流車Ⓑの「進入速度著しく遅い」を過失修正要素とし、合流車Ⓑに10％の過失加算をしている。「進入速度著しく遅い」とは、おおむね100km/h規制時に50〜60km/h、80km/h規制時に40〜50km程度とする（日弁連東京『損害賠償額算定基準・上2015』332頁⑤）。

2　合流車Ⓑに軽度の落ち度があることは基本過失割合に含めて考慮してあるが、それ以上に不適切な合流方法によって本線車道に進入した場合等には、合流車Ⓑに著しい過失・重過失があったものとして過失修正を行うべきである。不適切な合流方法の例として、合流車Ⓑが本線車Ⓐよりも時速20km以上遅い速度で本線車線に入った場合をあげることができる（東京地裁『過失相殺率の認定基準全訂5版（別冊判タ38号）』467頁①)。

　合流地点における事故は、合流車Ⓑが本線車Ⓐとの車間距離が短いにもかかわらず本線車線に進入するために発生することが多く、車間距離が十分でなかったことは、基本過失割合に含めて考慮してあるので、合流車Ⓑが十分な車間距離をとらずに進路変更を行った場合でも、その距離が極端に短い場合でない限り、この過失修正の要素は適用しない（東京地裁『過失相殺率の認定基準全訂5版（別冊判タ38号）』467頁①)。

『三訂版注解損害賠償算定基準・下』325頁高〔1〕では、この過失修正要素は設けられていない。

　3　本線車Ⓐに速度違反がある場合、原則として、時速20km 以上40km 未満のときは10%を、40km 以上のときは20%を、それぞれ加算することを目安として、この範囲で修正を加える（東京地裁『過失相殺率認定基準全訂5版（別冊判タ38号）』463頁）。

　　日弁連東京『損害賠償額算定基準・上2015』332頁高〔1〕および『三訂版注解損害賠償算定基準・下』325頁高〔1〕では、本線車Ⓐの15km/h 以上の速度違反で本線車Ⓐに10%の過失加算を、本線車Ⓐの30km 以上の速度違反で20%の過失加算を、それぞれしている。

　4　日弁連東京『損害賠償額算定基準・上2015』332頁高〔1〕および『三訂版注解損害賠償算定基準・下』325頁高〔1〕では、「終端付近」、「Ⓑ車の先入」、「混雑」の過失修正要素を設け、それぞれ、本線車Ⓐに10%の過失加算をしている。

　5　『三訂版注解損害賠償算定基準・下』325頁高〔1〕では、この過失修正要素は設けられていない。

エ　進路変更に伴う事故の過失割合

車両は、変更後の車線を後方から進行してくる車両等の速度または方向を急に変更させることとなるおそれがあるときは、進路を変更してはならないとされており（道交75条の2の3（26条の2第2項））、そのようなおそれのある進路変更によって発生した事故の基本過失割合は、後続直進車に有利に考えるべきである。ここでは、前車（進路変更車）が適法に進路変更の合図をしていること、後車（後続直進車）が制限速度を遵守していること、および後車（後続直進車）に前車（進路変更車）の動静に対する軽度の不注視があることを前提として、基本過失割合を定めた。したがって、後方から進行してきた車両が前車を追い抜いた直後に進路変更をした場合などは、この態様の適用外となる（東京地裁『過失相殺率認定基準全訂5版（別冊判タ38号）』469頁）。

　(ｱ)　走行車線から追越車線へ進路変更する場合の事故の過失割合

　走行車線から追越車線へ進路変更する場合の、高速道路上の事故の基本過失割合は、後続追越車線走行車：進路変更車＝20：80とされている（東京地裁『過失相殺率認定基準全訂5版（別冊判タ38号）』470頁【314】、日弁連東京『損害賠償額算定基準・上2015』333頁高〔5〕、『三訂版注解損害賠償算定基準・下』332頁高〔4〕）。

第3　交通事故における過失割合

〈事故態様図64〉　高速道路における走行車線から追越車線へ進路変更する場合の事故

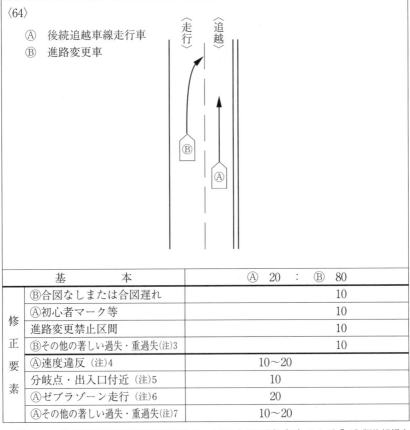

〈64〉 Ⓐ　後続追越車線走行車 Ⓑ　進路変更車		
基　　本	Ⓐ　20　：　Ⓑ　80	
修正要素	Ⓑ合図なしまたは合図遅れ	10
	Ⓐ初心者マーク等	10
	進路変更禁止区間	10
	Ⓑその他の著しい過失・重過失(注)3	10
	Ⓐ速度違反　(注)4	10〜20
	分岐点・出入口付近　(注)5	10
	Ⓐゼブラゾーン走行　(注)6	20
	Ⓐその他の著しい過失・重過失(注)7	10〜20

（注）　1　日弁連東京『損害賠償額算定基準・上2015』333頁高〔5〕および『三訂版注解損害賠償算定基準・下』332頁高〔4〕では、「Ⓑ車の直前割込み」で、進路変更車Ⓑに10％の過失加算をしている。

　　　　2　日弁連東京『損害賠償額算定基準・上2015』333頁高〔5〕および『三訂版注解損害賠償算定基準・下』332頁高〔4〕では、「側面衝突」の過失修正要素を設け、進路変更車Ⓑに10〜20％の過失加算をしている。

　　　　3　進路変更車Ⓑに軽度の落ち度があることは、基本過失割合に含めて考慮してあるが、それ以上に不適切な進路変更方法をとった場合等には、進路変更車Ⓑに著しい過失・重過失があったものとし、進路変更車Ⓑが、車間距離が十分あっても著しい低速度で進路変更した場合、車間距離が不十分なのに後続追越車線走行車Ⓐより低速度で進路変更した場合等は、いずれも不適切な進路変更とされる（東京地裁『過失相殺率認定基準全訂

193

5版（別冊判タ38号）』470頁②）。

　　　日弁連東京『損害賠償額算定基準・上2015』333頁高〔5〕では、「Ⓑの著しい過失または重過失」についての進路変更車Ⓑへの過失加算率を10〜20％とする。

　　　日弁連東京『損害賠償額算定基準・上2015』333頁高〔5〕および『三訂版注解損害賠償算定基準・下』332頁高〔4〕では、「Ⓑの車線変更時の速度著しく遅い」を別の過失修正要素とし、進路変更車Ⓑに10％の過失加算をしている。

　　　『三訂版注解損害賠償算定基準・下』332頁高〔4〕には、「Ⓑ車の著しい過失・重過失」の過失修正要素はない。

4　後続追越車線走行車Ⓐに速度違反がある場合には、進路変更車Ⓑが進路変更を行うに際しその時機を的確に判断することが困難となる。そこで、後続追越車線走行車Ⓐに速度違反がある場合には、時速20km以上40km未満の場合につき10％を、時速40km以上の場合につき20％を、それぞれ加算することを目安として、この範囲で修正を加えるが、進路変更車Ⓑにも速度違反がある場合にはそれとの衡平上、また、走行車線から追越車線への進路変更の場合には後続追越車線走行車Ⓐが追越車線を走行している関係上、それぞれ後続追越車線走行車Ⓐの速度違反による修正を多少緩やかに考える余地がある（東京地裁『過失相殺率認定基準全訂5版（別冊判タ38号）』470頁③）。

　　　日弁連東京『損害賠償額算定基準・上2015』333頁高〔5〕および『三訂版注解損害賠償算定基準・下』332頁高〔4〕では、後続追越車線走行車Ⓐの時速20km/h以上の速度違反で後続追越車線走行車Ⓐに10％の過失加算をし、後続追越車線走行車Ⓐの時速40km/h以上の速度違反で後続追越車線走行車Ⓐに20％以上の過失加算をしている。

5　自動車は、その通行している本線車道から出ようとする場合は、あらかじめその前から出口に接続する車両通行帯を通行しなければならないとされており（道交75条の7第2項前段）、分岐点・出入口付近においては、後続追越車線走行車Ⓐとしても進路変更車Ⓑの進路変更を予測することができるから、これを修正要素とした（東京地裁『過失相殺率認定基準全訂5版（別冊判タ38号）』471頁④）。

　　　日弁連東京『損害賠償額算定基準・上2015』333頁高〔5〕および『三訂版注解損害賠償算定基準・下』332頁高〔4〕では、「分岐点、出入口付近」を過失修正要素としていない。

6　日弁連東京『損害賠償額算定基準・上2015』333頁高〔5〕および『三訂版注解損害賠償算定基準・下』332頁高〔4〕では、「Ⓐゼブラゾーン走行」の過失修正要素は設けられていない。

7　後続追越車線走行車Ⓐに進路変更車Ⓑの動静に対する軽度の不注視があることは基本過失割合に含めて考慮してあるが、著しい動静不注視がある場合には、後続追越車線走行車Ⓐに著しい過失があったものとして別途修正する（東京地裁『過失相殺率の認定基準全訂5版（別冊判タ38号）』471頁⑤）。

　　　『三訂版注解損害賠償算定基準・下』332頁高〔4〕では、「Ⓐその他の著しい過失または重過失」の過失修正要素は設けられていない。

(ｲ)　その他の進路変更に伴う事故の過失割合

　走行車線から追越車線へ進路変更する場合以外の進路変更に伴う、高速道路上の事故（追越車線から走行車線に進路変更する場合および片側3車線以上の道路で走行車線から走行車線に進路変更する場合に伴う事故）の基本過失割合

〈事故態様図65〉 高速道路におけるその他の進路変更に伴う事故

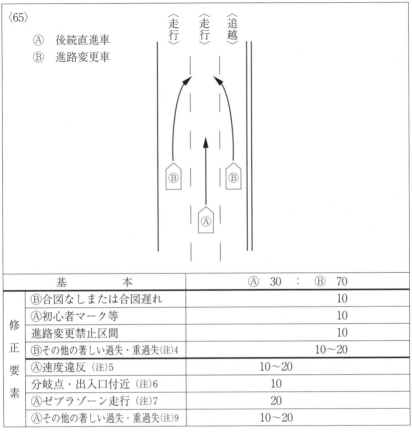

	基　　本	Ⓐ　30　：　Ⓑ　70
修正要素	Ⓑ合図なしまたは合図遅れ	10
	Ⓐ初心者マーク等	10
	進路変更禁止区間	10
	Ⓑその他の著しい過失・重過失(注)4	10〜20
	Ⓐ速度違反 (注)5	10〜20
	分岐点・出入口付近 (注)6	10
	Ⓐゼブラゾーン走行 (注)7	20
	Ⓐその他の著しい過失・重過失(注)9	10〜20

(注)　1　ここでは、追越車線から走行車線に進路変更する場合および片側3車線以上の道路で走行車線から走行車線に進路変更する場合に伴う事故を想定している（東京地裁『過失相殺率の認定基準全訂5版（別冊判タ38号）』472頁①、日弁連東京『損害賠償額算定基準・上2015』333頁高〔4〕①)。

　　　2　日弁連東京『損害賠償額算定基準・上2015』333頁高〔4〕および『三訂版注解損害賠償額算定基準・下』332頁高〔3〕では、進路変更車Ⓑの直前割込みで、進路変更車Ⓑに10％の過失加算をしている。

　　　3　日弁連東京『損害賠償額算定基準・上2015』333頁高〔4〕および『三訂版注解損害賠償額算定基準・下』332頁高〔3〕では、「側面衝突」の過失修正要素を設け、進路変更車Ⓑに10〜20％の過失加算をしている。

　　　4　進路変更車Ⓑに軽度の落ち度があることは、基本過失割合に含めて考慮してあるが、それ以上に不適切な進路変更方法をとった場合には、進路変更車Ⓑに著しい過失・重過

第 7 章　被害者側の過失

失があったものとし、進路変更車Ⓑが、車間距離が十分あっても著しい低速度で進路変更した場合、車間距離が不十分なのに後続直進車Ⓐより低速度で進路変更した場合等は、いずれも不適切な進路変更とされる（東京地裁『過失相殺率の認定基準全訂 5 版（別冊判タ38号）』472頁②・470頁②）。

　日弁連東京『損害賠償額算定基準・上2015』333頁高〔4〕および『三訂版注解損害賠償額算定基準・下』332頁高〔3〕では、「Ⓑの車線変更時の速度が著しく遅い」を別の過失修正要素とし、進路変更車Ⓑに10％の過失加算をしている。

　『三訂版注解損害賠償額算定基準・下』332頁高〔3〕には、「Ⓑの著しい過失・重過失」の過失修正要素はない。

5　後続直進車Ⓐに速度違反がある場合には、進路変更車Ⓑが進路変更を行うに際しその時機を的確に判断することが困難となる。そこで、後続直進車Ⓐに速度違反がある場合には、時速20km 以上40km 未満の場合につき10％を、時速40km 以上の場合につき20％を、それぞれ加算することを目安として、この範囲で修正を加える（東京地裁『過失相殺率の認定基準全訂 5 版（別冊判タ38号）』472頁③・463頁キ）。日弁連東京『損害賠償額算定基準・上2015』333頁高〔4〕および『三訂版注解損害賠償算定基準・下』332頁高〔3〕では、「Ⓐ20km/h 以上の速度違反」および「Ⓐ40km/h 以上の速度違反」の過失修正項目を設け、後続直進車Ⓐに、それぞれ、10％および20％の過失加算をしている。

　なお、この態様では、〈事故態様図62〉と異なり変更先の車線を走行する車両が特に高速である事情は認められないので、速度違反についても厳格に考慮すべきである（東京地裁『過失相殺率認定基準全訂 5 版（別冊判タ38号）』472頁③）。

6　自動車は、その通行している本線車線から出ようとする場合は、あらかじめその前から出口に接続する車両通行通行帯を通行しなければならないとされており（道交75条の7第2項前段）、分岐点・出入口付近においては、後続直進車Ⓐとしても進路変更車Ⓑの進路変更を予想することができるから、これを修正要素とした（東京地裁『過失相殺率の認定基準全訂 5 版（別冊判タ38号）』472頁④・471頁④、日弁連東京『損害賠償額算定基準・上2015』333頁高〔4〕④）。

7　日弁連東京『損害賠償額算定基準・上2015』333頁高〔4〕および『三訂版注解損害賠償算定基準・下』332頁高〔3〕では、「Ⓐゼブラゾーン走行」の過失修正要素は設けられていない。

8　日弁連東京『損害賠償額算定基準・上2015』333頁高〔4〕および『三訂版注解損害賠償算定基準・下』332頁高〔3〕では、「側面衝突」の過失修正要素を設け、進路変更車Ⓑに10～20％の過失加算をしている。

9　後続直進車Ⓐに進路変更車Ⓑの動静に対する軽度の不注視があることは基本過失割合に含めて考慮してあるが、著しい動静不注視がある場合には、後続直進車Ⓐに著しい過失があったものとして別途修正する（東京地裁『過失相殺率の認定基準全訂 5 版（別冊判タ38号）』472頁⑤・471頁⑤）。

　『三訂版注解損害賠償算定基準・下』332頁高〔3〕には、「Ⓐの著しい過失・重過失」の過失修正要素はない。

は、後続直進車：進路変更車＝30：70とされている（東京地裁『過失相殺率認定基準全訂 5 版（別冊判タ38号）』472頁【315】、日弁連東京『損害賠償額算定基準・上2015』333頁高〔4〕、『三訂版注解損害賠償算定基準・下』332頁高〔3〕）。

オ　追突事故の過失割合

　高速道路では、高速での走行が許容され、最低速度を維持する義務があり（道交75条の4）、駐停車は原則として禁止される（道交75条の8第1項柱書本文）から、高速道路においては駐停車し、または急ブレーキをかけた先行自動車と後続自動車との間で追突事故が発生した場合は、やむを得ない事情がない限り、先行自動車の運転者も過失責任を負うことになる（東京地裁『過失相殺率の認定基準全訂5版（別冊判タ38号）』475頁）。

　東京地裁『過失相殺率の認定基準全訂4版（別冊判タ16号）』においては、「本線車道等の駐停車中の自動車に対する追突事故」として基準を示していたが、同『全訂5版（別冊判タ38号）』では、「過失等により本線車線等に駐停車した自動車に対する追突事故」と「過失なくして本線車線等に駐停車した自動車に対する追突事故」の2つの類型に分け、本線車道等に駐停車した自動車が、過失等により駐停車した場合と、自己に過失のない事故等により駐停車した場合のそれぞれについて、過失割合および過失修正要素に適用に関する基本的考え方を示している（東京地裁『過失相殺率の認定基準全訂5版（別冊判タ38号）』475頁）。

　(ア)　過失等により本線車線等に駐停車した自動車に対する追突事故の過失割合

　ここでは、本線車道もしくはこれに接する加速車線、減速車線もしくは登坂車線（これらを「本線車道等」という（道交75条の11第1項参照））において、前車が、何らかの落ち度を認めるべき事情、たとえば、事前の整備不良によるガス欠・エンジントラブル、自己に過失のある先行事故等により運転に支障を来して駐停車し、これに前方不注視の後車が追突した場合を想定している。前車の路肩等（路肩または路側帯）への退避や停止表示器材の設置に関する過失の有無等は、必要に応じて過失修正要素において考慮する（東京地裁『過失相殺率の認定基準全訂5版（別冊判タ38号）』475頁）。

　高速道路においては、法令の規定もしくは警察官の命令により、または危

険を防止するため一時停止する場合のほか、原則として駐停車してはならず、故障その他の理由により駐停車することがやむを得ない場合などに限り、十分な幅員のある路肩等に駐停車することが許されているにすぎない（道交75条の8第1項）。また、故障その他の理由により本線車道等において運転することができなくなったときは、速やかにその自動車を本線車道等以外の場所に移動するため必要な措置を講じなければならないとされている（道交75条の11第2項）。したがって、本線車道等に自動車を駐停車させた場合には、一般道路におけるよりも事故発生の可能性が高く、前車の過失が相当大きいといわなければならない。他方、後車も、前車を注視していれば、駐停車中の自動車を発見することは必ずしも困難ではなく、適切な措置を講ずることにより追突に至るのを回避することが十分可能であると考えられる。このような双方の過失内容を比較検討して、基本の過失割合を定めている（東京地裁『過失相殺率の認定基準全訂5版（別冊判タ38号）』475頁）。

　高速道路の本線車道等に駐停車した自動車に対する追突事故の基本過失割合は、追突車：駐停車車（被追突車）＝60：40とされている（東京地裁『過失相殺率認定基準全訂5版（別冊判タ38号）』476頁【320】、日弁連東京『損害賠償額算定基準・上2015』334頁高〔10〕、『三訂版注解損害賠償算定基準・下』340頁高〔7〕）。

第3 交通事故における過失割合

〈事故態様図66〉 高速道路における過失等により本線車道等に駐停車した自動車に対する追突事故

〈66〉
Ⓐ 追突車
Ⓑ 駐停車車（被追突車）

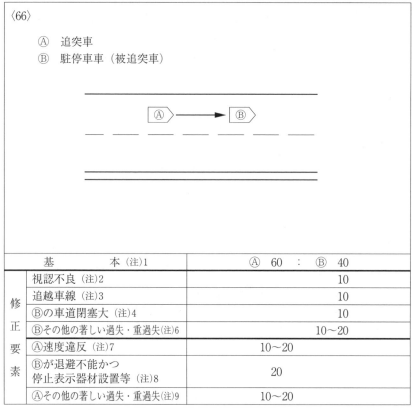

基　　　本 (注)1	Ⓐ 60 ： Ⓑ 40	
修正要素	視認不良 (注)2	10
	追越車線 (注)3	10
	Ⓑの車道閉塞大 (注)4	10
	Ⓑその他の著しい過失・重過失(注)6	10〜20
	Ⓐ速度違反 (注)7	10〜20
	Ⓑが退避不能かつ停止表示器材設置等 (注)8	20
	Ⓐその他の著しい過失・重過失(注)9	10〜20

（注）1　駐停車車（被追突車）Ⓑが、何らかの落ち度を認めるべき事情によって本線車線等（道交75条の11第1項参照）に駐停車した場合、たとえば、事前の整備不良によるガス欠・エンジントラブル、自己に過失のある先行事故（先行して発生し、被追突車Ⓑの駐停車の原因となった交通事故）等により運転に支障を来して駐停車した場合を想定している（東京地裁『過失相殺率の認定基準全訂5版（別冊判タ38号）』476頁①、日弁連東京『損害賠償額算定基準・上2015』334頁高〔10〕①）。

　　　基本の過失割合においては、被追突車Ⓑに路肩等への退避が可能であったにもかかわらず退避措置を怠った過失か、停止表示器材の設置が可能であったにもかかわらずこれを怠った過失のいずれかがあったことを前提としている。退避措置に関する過失と停止表示器材の設置に関する過失がいずれも認められる場合は、「Ⓑその他の著しい過失・重過失」による過失修正をし、退避措置に関する過失と停止表示器材の設置に関する過失がいずれも認められない場合は、「Ⓑが退避不能かつ停止器材設置等」による過失修正をする（東京地裁『過失相殺率の認定基準全訂5版（別冊判タ38号）』476頁①）。

199

第7章　被害者側の過失

2　日弁連東京『損害賠償額算定基準・上2015』334頁高〔10〕および『三訂版注解損害賠償算定基準・下』340頁高〔7〕では、「夜間又は視界不良」の過失修正要素とし、駐停車車（被追突車）Ⓑに10〜20％の過失加算をしている。

3　日弁連東京『損害賠償額算定基準・上2015』334頁高〔10〕および『三訂版注解損害賠償算定基準・下』340頁高〔7〕には、この過失修正要素は設けられていない。

4　前記イ⑦（187頁）参照。

　　『三訂版注解損害賠償算定基準・下』340頁高〔7〕では、過失相殺率を10〜20％とする。

5　日弁連東京『損害賠償額算定基準・上2015』334頁高〔10〕④および『三訂版注解損害賠償算定基準・下』340頁高〔7〕㊀・343頁㊁では、混雑とまではいえないが先行車が多く駐停車車（被追突車）Ⓑを発見して停止していることの認識が遅れがちになるような状態で、並走車も多くて回避がそれほど容易でない場合として、「交通量多し」を過失修正要素として、被追突車Ⓑに10％の過失加算をしている。

6　「著しい過失」の例として、先行事故について駐停車車（被追突車）Ⓑに主たる過失がある場合、被追突車Ⓑが、路肩等に退避できたのに退避措置を怠り、かつ、停止表示器材の設置が可能であったのにこれも怠った場合などが考えられる。また、重過失の例として、被追突車Ⓑが風景・事故見物のため意図的に駐停車した場合などが考えられる（東京地裁『過失相殺率の認定基準全訂5版（別冊判タ38号）』476頁②）。

　　日弁連東京『損害賠償額算定基準・上2015』334頁高〔10〕⑦および『三訂版注解損害賠償算定基準・下』340頁高〔7〕では、「Ⓑの警告措置の怠り」という過失修正要素を設け、後続車への警告措置（ハザードランプの点滅、三角掲示板の設置等）が可能なのにこれをしなかった場合として、駐停車車（被追突車）Ⓑに10％の過失加算をしている。

　　また、日弁連東京『損害賠償額算定基準・上2015』334頁高〔10〕⑧および『三訂版注解損害賠償算定基準・下』340頁高〔7〕では、無謀運転と評価できるような過失の程度が重大な事故で停車した場合、あるいは必要性のない故意の停車の場合に、「故意・重過失による停車」として、Ⓑ車に10〜20％の過失加算をしている。

7　前記イ⑤（187頁）参照。

　　日弁連東京『損害賠償額算定基準・上2015』334頁高〔10〕および『三訂版注解損害賠償算定基準・下』340頁高〔7〕では、「Ⓐ20km/h以上の速度違反」および「Ⓐ40km/h以上の速度違反」の過失修正項目を設け、後続直進車Ⓐに、それぞれ、10％および20％の過失加算をしている。

8　日弁連東京『損害賠償額算定基準・上2015』334頁高〔10〕では、「Ⓑの退避不能」を過失修正要素として追突車Ⓐに10％の過失加算をし、日弁連東京『損害賠償額算定基準・上2015』334頁高〔10〕および『三訂版注解損害賠償算定基準・下』340頁高〔7〕では、「Ⓑの警告措置あり」を過失修正要素として追突車Ⓐに10％の過失加算をしている。

9　追突車Ⓐに、軽度の前方不注視があることは基本過失割合に含めて考慮してあるが、著しい前方不注視がある場合は、著しい過失・重過失として過失修正する。追突車Ⓐに著しい前方不注視がある例としては、被追突車Ⓑが設置した停止表示器材等を追突車Ⓐが認識可能であった場合、被追突車Ⓑのハザードランプによって追突車Ⓐが被追突車Ⓑの存在を容易に知り得た場合、追突車Ⓐの先行車両が何台も被追突車Ⓑを回避して走行していた場合などがあげられる（東京地裁『過失相殺率認定基準全訂5版（別冊判タ38号）』476頁③）。

(イ) 過失なく本線車線等に駐停車した自動車に対する追突事故の過失割合

　高速道路における追突事故は、前記(ア)のように駐停車車（被追突車）に本線車道等に駐停車したことにつき何らかの落ち度があった場合のみならず、被追突車が自己に過失のない先行事故等によって本線車線等（道交75条の11第1項参照）に駐停車した場合にも生じる。東京地裁『過失相殺率の認定基準全訂4版（別冊判タ16号）』では、被追突車が自己に過失がない先行事故によって本線車線等に駐停車した場合についても、被追突車に本線車線等に駐停車したことにつき過失等があった場合と同一の基準を用い、先行事故につき被追突車に過失がないことを修正要素として考慮することとしていたが、被追突車に駐停車の原因に関する過失を認めることができない場合は、過失相殺そのものの是非や、過失相殺を是認できる場合の前提事情について、別段の考慮を要すると考えられる。そのため、同『全訂5版（別冊判タ38号）』では、被追突車が過失なく本線車道等に駐停車していた場合の追突事故について、過失割合の基準を新たに示した（東京地裁『過失相殺率の認定基準全訂5版（別冊判タ38号）』478頁(2)）。

　　a　被追突車に退避懈怠または停止表示器材設置懈怠の過失がある場合の過失割合

　ここでは、駐停車車（被追突車）が自己の過失のない先行事故によって本線車線等に駐停車した後、退避可能であったのに退避しなかったか、または、退避不能であったが、停止表示器材を設置すること（道交75条の11の義務）は可能であったのにこれを怠った場合を想定している（退避懈怠および停止表示懈怠の過失がいずれもない場合は、次のb（204頁）の場合となる）（東京地裁『過失相殺率の認定基準全訂5版（別冊判タ38号）』478頁ア）（日弁連東京『損害賠償額算定基準・上2015』334頁高〔10〕には、これに対応する事故類型の過失割合の表は設けられていない）。

　高速道路における過失なく本線車線等に駐停車した自動車に対する追突事

故で、被追突車に退避懈怠または停止表示器材の過失がある場合の基本過失割合は、追突車：駐停車車（被追突車）＝80：20とされている（東京地裁『過失相殺率の認定基準全訂5版（別冊判タ38号）』479頁【323】）。

第 3 交通事故における過失割合

〈事故態様図67〉 高速道路における被追突車に退避懈怠または停止表示器材設置懈怠の過失がある本線車線等での駐停車車に対する追突事故

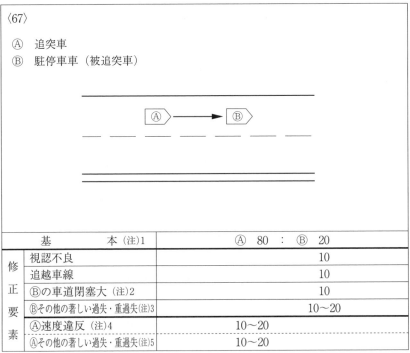

	基　　本 (注)1	Ⓐ 80 ： Ⓑ 20
修正要素	視認不良	10
	追越車線	10
	Ⓑの車道閉塞大 (注)2	10
	Ⓑその他の著しい過失・重過失(注)3	10〜20
	Ⓐ速度違反 (注)4	10〜20
	Ⓐその他の著しい過失・重過失(注)5	10〜20

(注) 1 駐停車車（被追突車）Ⓑが、自己に過失のない先行事故によって本線車線等（道交75条の11第1項参照）に駐停車した後、退避可能であったのに退避しなかったか、または、退避不能であったが、停止表示器材を設置することは可能であったのにこれを怠った場合を想定している（東京地裁『過失相殺率の認定基準全訂5版（別冊判タ38号）』479頁①）。
　　　このような場合、被追突車Ⓑには、駐停車したこと自体については過失がないから、被追突車Ⓑの過失の程度は、自己に過失のある先行事故等により駐停車した場合（前記(ア)(197頁)および〈事故態様図66〉(199頁)参照）よりも小さいが、退避または停止表示器材の設置を怠ったことは、本線車線等において運転することができなくなったときの義務（道交75条の11）に違反するから、駐停車車（被追突車）Ⓑにも原則として20％の過失を認めるのが相当である（東京地裁『過失相殺率の認定基準全訂5版（別冊判タ38号）』479頁①）。
　　2 前記イ(ア)（187頁）参照。
　　3 基本過失割合は、駐停車車（被追突車）Ⓑに退避を怠った過失または停止表示器材の設置を怠った過失のいずれかがあることを前提としているので（(注)1参照）、いずれの過失も認められる場合は、被追突車Ⓑの過失が大きいといえるので、この過失修正要

203

素を適用する（東京地裁『過失相殺率の認定基準全訂5版（別冊判タ38号）』479頁②）。
4 前記イ⑤（187頁）参照。
5 追突車Ⓐに、軽度の前方不注視があることは、基本の過失割合に含めて考慮してあるが、著しい前方不注視がある場合には、著しい過失・重過失として別途過失修正をする。追突車Ⓐに著しい前方不注視があるとされる例としては、駐停車車（被追突車）Ⓑが設置した停止表示器材等を認識することが可能であった場合、被追突車Ⓑのハザードランプによって追突車Ⓐが被追突車Ⓑの存在を容易に知り得た場合、追突車Ⓐの先行車が何台も被追突車Ⓑを回避して走行している場合等があげられる（東京地裁『過失相殺率の認定基準全訂5版（別冊判タ38号）』479頁③・476頁③）。

b 被追突車の駐停車後の対応に過失がない場合の過失割合

　ここでは、駐停車車（被追突車）が自己の過失ない先行事故によって本線車線等に駐停車した後、退避することが不可能であり、かつ、被追突車の運転者等が停止表示器材を設置したにもかかわらず追突事故が発生したか、被追突車の運転者等が死傷または時間的余裕がなかったことにより停止表示器材を設置することができない状況下で追突事故が発生した場合を想定している。このような場合、被追突車には、駐停車したことについて過失はなく、駐停車後の対応にも過失はないというべきであるから、被追突車の駐停車の態様にかかわらず、被追突車に対する過失相殺は否定されるべきである。ここでの事故において、被追突車の駐停車の態様等に追突車の回避行動の妨げとなる事情があった場合、当該事情は、被追突車と追突車との間の過失割合の修正として考慮するのではなく、先行事故の発生について過失責任を負う第三の自動車と追突車との間の責任分担の問題として考慮すべきである（東京地裁『過失相殺率の認定基準全訂5版（別冊判タ38号）』481頁）。

　高速道路における過失なく本線車線等に駐停車した自動車に対する追突事故で、被追突車の駐停車後の対応に過失がない場合の基本過失割合は、追突車：駐停車車（被追突車）＝100：0とされている（東京地裁『過失相殺率の認定基準全訂5版（別冊判タ38号）』482頁【326】、日弁連東京『損害賠償額算定基準・上2015』334頁高〔10〕）。

〈事故態様図68〉 高速道路における被追突車に駐停車後の対応に過失がない本線車線等での駐停車車に対する追突事故

〈68〉
Ⓐ 追突車
Ⓑ 駐停車車（被追突車）

		基　本 (注)1	Ⓐ 100 ： Ⓑ 0
修正要素 (注)2	視認不良		
	追越車線		
	Ⓑの車道閉塞大		
	Ⓑその他の著しい過失・重過失		
	Ⓐ速度違反		
	Ⓐその他の著しい過失・重過失		

（注）　1　駐停車車（被追突車）Ⓑが、自己に過失のない先行事故によって本線車線等（道交75条の11第1項参照）に駐停車した後、退避することが不可能であり、かつ、被追突車Ⓑが運転者等が停止表示器材を設置したにもかかわらず、追突事故が発生したか、被追突車Ⓑの運転者等が死傷または時間的余裕がなかったことにより停止表示器材を設置できない状況の下で追突事故が発生した場合を想定している。このような場合、被追突車Ⓑには、駐停車したことについては過失がなく、駐停車後の対応にも過失はないというべきであり、被追突車Ⓑに対する過失相殺は否定されるべきである（東京地裁『過失相殺率の認定基準全訂5版（別冊判タ38号）』482頁①）。

　　　2　駐停車車（被追突車）Ⓑに過失はないから、過失修正要素による修正はしない（東京地裁『過失相殺率の認定基準全訂5版（別冊判タ38号）』482頁①）。

　　　　日弁連東京『損害賠償額算定基準・上2015』334頁高〔10〕では、被追突車に退避懈怠または停止表示器材の過失がある場合の類型（前記ａ（199頁）および〈事故態様図67〉（203頁）参照）の設定がなく、この事例で、①「Ⓑ退避可能」、「Ⓑの警告措置の怠り」で、それぞれ、駐停車車（被追突車）Ⓑに10～20％の過失加算をし、②「夜間又は視界不良」、「交通量多し」、「Ⓑによる車道閉塞大」で、それぞれ、被追突車Ⓑに10％の過失加算をし、③「Ⓐの20km/h以上の速度違反」で追突車Ⓐに10％の過失加算をし、

「Ⓐの40km/h以上の速度違反」で追突車Ⓐに20％の過失加算をし、④「Ⓐのその他の著しい過失または重過失」で追突車Ⓐに10～20％の過失加算をしている。

　(ウ)　路肩等の駐停車車に対する追突事故の過失割合
　路肩等（路肩または路側帯）は、原則として車両の通行が禁止されている（道交17条1項参照）。したがって、走行中の後続車、故障等やむを得ない理由で路肩に駐停車中の車両に衝突した場合は、原則として、すべて後続の追突車の過失によるものと考えるべきである（東京地裁『過失相殺率認定基準全訂5版（別冊判タ38号）』483頁）。したがって、高速道路の路肩の駐停車車両に対する追突事故の基本過失割合は、追突車：駐停車車（被追突車）＝100：0とされている（東京地裁『過失相殺率認定基準全訂5版（別冊判タ38号）』484頁【327】、日弁連東京『損害賠償額算定基準・上2015』335頁高〔13〕、『三訂版注解損害賠償算定基準・下』346頁高〔9〕）。
　ただ、高速道路においては、路肩等に駐停車するについてはもやむを得ない理由を必要とするというべきであるから、路肩等の駐停車車が駐停車したことについてこのような理由がない場合には、駐停車車両の著しい過失または重過失として、路肩等の駐停車車の過失を加算してよいと思われる（東京地裁『過失相殺率認定基準全訂5版（別冊判タ38号）』483頁）。

〈事故態様図69〉 高速道路における路肩等の駐停車車に対する追突事故

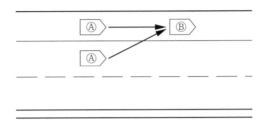

Ⓐ 追突車
Ⓑ 駐停車車（被追突車）

	基　　　本	Ⓐ 100 ： Ⓑ 0
修正要素	視認不良（注）1	10〜20
	Ⓑはみ出して駐停車（注）2	20
	Ⓑその他の著しい過失・重過失（注）4	10〜20
	Ⓐ速度違反（注）5	10〜20
	Ⓑ停止表示器材設置（注）6	10
	Ⓐその他の重過失（注）7	10

(注) 1　東京地裁『過失相殺率認定基準全訂5版（別冊判タ38号）』484頁①は、原則として駐停車車（被追突車）Ⓑに10％の過失加算をするが、自動二輪の照明力の弱さから、停止四輪車対追突自動二輪車の場合に限り被追突車Ⓑに20％の過失加算をする。
　　　日弁連東京『損害賠償額算定基準・上2015』335頁高〔13〕および『三訂版注解損害賠償算定基準・下』346頁高〔9〕では、「夜間または視界不良」で駐停車車（被追突車）Ⓑに10％の過失加算をし、「Ⓐが単車」の場合に被追突車Ⓑに10％の過失加算をしている。
　　2　前記イ⑧（188頁）参照。
　　　追突車Ⓐが路肩等（路肩または路側帯）を通行していた場合には、この修正要素を適用しない（東京地裁『過失相殺率の認定基準全訂5版（別冊判タ38号）』484頁②）。
　　3　日弁連東京『損害賠償額算定基準・上2015』335頁高〔13〕および『三訂版注解損害賠償算定基準・下』346頁高〔9〕では、「Ⓑの警告措置の怠り」を過失修正要素とし、駐停車車（被追突車）Ⓑに10％の過失加算をしている。
　　4　この態様の基本過失割合は、駐停車車（被追突車）Ⓑが事前の整備不良によるガス欠・エンジントラブル等により運転に支障を来し、あるいは、タイヤ交換、チェーン装

着等を行う必要が生じて、駐停車することがやむを得ない場合（道交75条の8第1項2号参照）を前提としている。したがって、被追突車Ⓑの駐停車にやむを得ない理由がない場合、駐停車につき被追突車Ⓑに帰責事由が存在する場合（たとえば、被追突車Ⓑが自招事故や自己に主たる過失のある先行事故により駐停車した場合）には、この修正要素を適用する。ただし、これらの場合であっても、被追突車Ⓑが路肩等からはみ出すことなく駐停車していたときは、被追突車Ⓑの運転者において道路交通法72条1項の危険防止措置をとったと評価しうる反面、路肩等に進入して追突した追突車Ⓐには重い過失があるから、この修正要素の適用は慎重に検討すべきである（東京地裁『過失相殺率の認定基準全訂5版（別冊判タ38号）』484頁③）。

日弁連東京『損害賠償額算定基準・上2015』335頁高〔13〕および『三訂版注解損害賠償算定基準・下』346頁高〔9〕では、「Ⓑの駐停車にやむを得ない理由なし」で被追突車Ⓑに10〜20％の過失加算をしている。

5　前記イ⑤（187頁）参照。

日弁連東京『損害賠償額算定基準・上2015』335頁高〔13〕および『三訂版注解損害賠償算定基準・下』346頁高〔9〕では、「Ⓐの20km/h以上の速度違反」および「Ⓐの40km/h以上の速度違反」の過失修正項目を設け、後続直進車Ⓐに、それぞれ、10％および20％の過失加算をしている。

6　日弁連東京『損害賠償額算定基準・上2015』335頁高〔13〕および『三訂版注解損害賠償算定基準・下』346頁高〔9〕には、この過失修正要素は設けられていない。

日弁連東京『損害賠償額算定基準・上2015』335頁高〔13〕および『三訂版注解損害賠償算定基準・下』346頁高〔9〕では、駐停車車（被追突車）Ⓑの「警告措置の怠り」として、被追突車Ⓑに10％の過失加算をしている。

7　路肩等に駐停車中の駐停車車（被追突車）Ⓑに追突すること自体、少なくとも追突車Ⓐに著しい過失があったものと考えられるから、追突車Ⓐに重過失がある場合に限り、過失加算修正をする（東京地裁『過失相殺率の認定基準全訂5版（別冊判タ38号）』484頁④）。

『三訂版注解損害賠償算定基準・下』346頁高〔9〕ではこの過失修正率を20％とし、日弁連東京『損害賠償額算定基準・上2015』335頁高〔13〕では追突車Ⓐの「その他の著しい過失または重過失」として追突車Ⓐに10〜20％の過失加算をしている。

(エ)　被追突車に道路交通法24条の急ブレーキ禁止違反がある場合の追突事故の過失割合

　車両等の運転者には、危険を防止するためやむを得ない場合を除き、その車両等を急に停止させ、またはその速度を急激に減ずることとなるような急ブレーキをかけてはならないとする、急ブレーキ禁止義務が定められている（道交24条）。高速道路の本線車道での駐停車は原則として許されていないのであるから（道交75条の8第1項柱書本文）、前車が危険防止の必要もないのに急ブレーキをかけた場合の危険は、一般道路のときと比べて相当大きなも

のとなる。このような、高速道路における被追突車が、この急ブレーキの禁止に違反して急ブレーキをかけたときの追突車と被追突車の基本過失割合については、追突車：被追突車＝50：50とされている（東京地裁『過失相殺率認定基準全訂5版（別冊判タ38号）』486頁【328】、日弁連東京『損害賠償額算定基準・上2015』336高〔14〕、『三訂版注解損害賠償算定基準・下』349頁高〔10〕）。

　前車が事故を回避する等危険防止のために急ブレーキをかけた場合は、たとえそこに至る過程において過失が認められるとき（前方不注視により障害物の発見が遅れ急ブレーキをかけざるを得なくなった場合等）であっても、この基準の対象とはならない（東京地裁『過失相殺率認定基準全訂5版（別冊判タ38号）』485頁）。

　前車（被追突車）にブレーキの不必要・不確実な操作等がある場合には、道路交通法24条違反に至らない程度であっても、前車（被追突車）の過失を肯定してよい場合があると考えられ、このような場合には、この基本過失割合から10％程度前車（被追突車）に有利に修正して適用すればよいと思われる（東京地裁『過失相殺率の認定基準全訂5版（別冊判タ38号）』485頁）。

第 7 章　被害者側の過失

〈事故態様図70〉　高速道路における被追突車に道路交通法24条違反がある場合の追突事故

```
〈70〉
        Ⓐ　追突車
        Ⓑ　被追突車

              ┌Ⓐ⟩ ────────→ ┌Ⓑ⟩
```

	基　　本	Ⓐ 50 : Ⓑ 50
修正要素	Ⓑ制動灯故障（注)2	20
	追越車線（注)3	10
	Ⓑの著しい過失・重過失（注)4	10〜20
	分岐点・出入口付近（注)5	10
	Ⓐ速度違反（注)6	10〜20
	Ⓐの著しい過失・重過失（注)7	10〜20

（注）　1　日弁連東京『損害賠償額算定基準・上2015』336頁高〔14〕および『三訂版注解損害賠償算定基準・下』349頁高〔10〕では、「夜間または視界不良」および「混雑」の過失修正要素を設け、被追突車Ⓑにそれぞれ10％の過失加算をしている。
　　　2　前記イ②（186頁）参照。
　　　　日弁連東京『損害賠償額算定基準・上2015』336頁高〔14〕および『三訂版注解損害賠償算定基準・下』349頁高〔10〕では、被追突車Ⓑの「制動灯故障」による被追突車Ⓑへの過失加算率を10％とする。
　　　3　日弁連東京『損害賠償額算定基準・上2015』336頁高〔14〕および『三訂版注解損害賠償算定基準・下』349頁高〔10〕には、この過失修正要素は設けられていない。
　　　4　風景・事故見物のために意図的に急ブレーキをかけた場合には、被追突車Ⓑの著しい過失・重過失として過失修正してよい。前車（被追突車）が後車（追突車）に対するいやがらせ等のために故意に急ブレーキをかけた場合には、後車（追突車）の過失の有無を別途慎重に検討する必要がある（東京地裁『過失相殺率の認定基準全訂5版（別冊判タ38号）』486頁①）。
　　　　日弁連東京『損害賠償額算定基準・上2015』336頁高〔14〕および『三訂版注解損害賠償算定基準・下』349頁高〔10〕には、この過失修正要素は設けられていない。

5　分岐点・出入口等の付近、パーキングエリアの出入口付近においては、本線車道に進入しようとする他の自動車等との関係で、被追突車Ⓑが急ブレーキをかけたり、進路選択を誤った被追突車Ⓑが正しい進路に向かうために急ブレーキをかけるなどの事態が予想されうるから、追突車Ⓐにおいてもあらかじめそのような事態を予測に入れて運転すべきである（東京地裁『過失相殺率認定基準全訂5版（別冊判夕38号）』486頁②、日弁連東京『損害賠償額算定基準・上2015』336頁①）。

6　前記イ⑤（187頁）参照。

　　日弁連東京『損害賠償額算定基準・上2015』336頁高〔14〕および『三訂版注解損害賠償算定基準・下』349頁高〔10〕では、「Ⓐの20km/h以上の速度違反」および「Ⓐの40km/h以上の速度違反」の過失修正項目を設け、後続直進車Ⓐに、それぞれ、10%および20%の過失加算をしている。

7　追突車Ⓐに軽度の前方不注視があることは、基本の過失割合に含めて考慮してあるが、著しい前方不注視がある場合には、著しい過失・重過失として別途過失修正する（東京地裁『過失相殺率の認定基準全訂5版（別冊判夕38号）』486頁③）。

　　『三訂版注解損害賠償算定基準・下』349頁高〔10〕には、この過失修正要素は設けられていない。

カ　落下物による事故の過失割合

　ここでは、主として、高速道路の本線車道を走行していた自動車が同車線上に落下した物によって事故に至った場合を想定している。高速道路においては、高速度での走行が許容されているので、落下物自体に接触しなくとも、運転者が適切な回避措置をとることができず、事故に至ることもあり得る。このような非接触型の事故についても、落下物の存在と事故の発生との間に因果関係が認められる限り、この基準を適用する（東京地裁『過失相殺率の認定基準全訂5版（別冊判夕38号）』488頁）。

　ここでは、落下物について、比較的近距離になってはじめてその危険性を認識できるものであって、接触によりハンドルやブレーキ操作に影響を与え得るもの（物理的に一定の大きさのあるものや滑りやすいものなど）であること、後続車について軽度の前方不注視があることを前提としている。落下物の危険性が高い場合（たとえば、落下物が油であった場合）や後続車からの発見が容易であった場合（たとえば、200m以上手前から落下物を容易に発見できた場合）には、過失修正要素として考慮する（東京地裁『過失相殺率の認定基準全訂5版（別冊判夕38号）』488頁）。

211

高速道路においては、一般道路に適用される積載物転落等防止義務（道交71条4号）のほか、積載物の転落等による事故発生を防止するため貨物の積載状態を点検する義務（道交75条の10）が課されており、高速道路上に積載物等を落下させた前車（先行車）の責任は一般道路に場合に比して格段に高いといえる。また、後続車としても、時速80kmを超える高速度で進行しながら落下物の危険性の程度を即座に判断し、適切な回避措置を講ずることには、少なからず困難を伴うものと考えられる。したがって、後続車の前方不注視またはブレーキ・ハンドル操作不適切等の安全運転義務違反（道交70条）の過失よりは、高速道路の本線車線上に積載物等を落下させた先行車の過失の方が大きいというべきであり、この基本過失割合は、このような双方の過失内容を比較検討して定めている（東京地裁『過失相殺率の認定基準全訂5版（別冊判タ38号）』488頁）。

〈事故態様図71〉 高速道路における落下物による事故

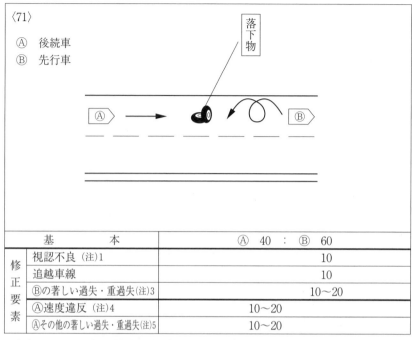

基　　本	Ⓐ 40 ： Ⓑ 60
修正要素 視認不良（注）1	10
追越車線	10
Ⓑの著しい過失・重過失(注)3	10〜20
Ⓐ速度違反（注）4	10〜20
Ⓐその他の著しい過失・重過失(注)5	10〜20

（注） 1 日弁連東京『損害賠償額算定基準・上2015』327頁高〔17〕では、「夜間又は視界不良」で先行車Ⓑに10％の過失加算修正をし、『三訂版注解損害賠償算定基準・下』357頁高〔12〕では、「夜間又は視界不良」で先行車にⒷ10〜20％の過失加算修正をしている。
　　　 2 日弁連東京『損害賠償額算定基準・上2015』337頁高〔17〕では、「交通量多し」で先行車Ⓑに10％〜20％の過失加算をし、『三訂版注解損害賠償算定基準・下』357頁高〔12〕では、「交通量多し」で先行車Ⓑに10％の過失加算修正をしている。
　　　 3 積載方法が著しく不適切である場合には、先行車Ⓑの著しい過失・重過失としてさらに修正する。不適切の程度は積載物の危険性に応じて変化し得るが、油を流出させた場合等は、発見の困難さや後続車に対する危険性に鑑み、重過失として20％の過失修正をすることもある（東京地裁『過失相殺率の認定基準全訂5版（別冊判タ38号）』489頁②）。
　　　 4 前記イ⑤（187頁）参照。
　　　　 日弁連東京『損害賠償額算定基準・上2015』337頁高〔17〕および『三訂版注解損害賠償算定基準・下』357頁高〔12〕では、「Ⓐ20km/h以上の速度違反」および「Ⓐ40km/h以上の速度違反」の過失修正項目を設け、後続直進車Ⓐに、それぞれ、10％および20％の過失加算をしている。
　　　 5 後続車Ⓐに軽度の前方不注視があることは、基本過失割合に含めて考慮してあるが、200m手前から発見が容易であり、しかも、その地点で安全性の識別ができるにもかかわらず、これを見落とした等、前方不注視の程度が著しい場合、居眠り運転、酒酔い運

転等の場合には、著しい過失・重過失として過失修正する（東京地裁『過失相殺率の認定基準全訂5版（別冊判タ38号）』489頁③）。

(16) 駐車場内の事故の過失割合

ア 駐車場内の事故について

ここでは、大型商業施設の駐車場など、収容台数の多い駐車場を対象として、駐車場内における事故の過失割合の基本的考え方を示す。ここでの基準は、駐車を主たる目的とする駐車場の特殊性、車が後退、方向転換等の行為に出ることが多く、駐車している車から歩行者が出てくることも多いため、走行している車に対し、前方注視義務や徐行義務がより高度に要求される点を踏まえて、過失割合を定めており、駐車場内の通路で発生した事故について、当該通路が道路交通法が適用される「道路」であるかどうかにかかわらず、適用される（東京地裁『過失相殺率の認定基準全訂5版（別冊判タ38号）』494頁(1)）。

イ 過失修正要素について

駐車場内の事故において、考慮する主たる過失修正要素の意味内容は、次のとおりである（東京地裁『過失相殺率の認定基準全訂5版（別冊判タ38号）』494頁(2)）。

① 狭路・明らかに広い通路、丁字路直進

「明らかに広い通路」とは、道路交通法36条2項・3項の交通整理の行われていない交差点での通行方法の解釈に順じ、交差する通路の一方の幅員が他方よりも明らかに広い通路をいい、「明らかに広い」とは、車の運転者が、駐車場内の通路の交差部分の入口においてその判断により通路の幅員が客観的にかなり広いと一見して見分けられるものをいう。交差する通路の幅員にこのような差がある場合、幅員の広い通路（広路）の通行量は相対的に多いことが予想され、道路交通法が適用されない駐車場の通路においても、幅員の狭い通路（狭路）から交差部分

に進入する車は、相対的に重い注意義務を負うと解されることから、狭路を通行する車の過失を加算修正する。

丁字路交差点の突き当たり路から交差部分に入ろうとする右左折車は、交差する直線路を通行する車に注意するだけで足りるから、十字路の交差部分に入ろうとする場合より注意がしやすいといえる。これに対し、直線路を通行する四輪車としても、突き当たり路から進入する車は徐行してくるであろうと期待するのが一般の運転慣行と考えられる。このような事情を考慮して、丁字路の突き当たり路からの右左折車の過失を加算修正する。

② 徐行なし

徐行とは、車が直ちに停止することができるような速度で進行することをいう（道交2条1項20号）。

③ 一時停止・通行方向標示等違反

駐車場内の通路を通行する車が、一時停止または通行方向の標識または路面標示があるのに、これに従わなかったことをいう。

道路交通法が適用されない通路においては、通路に一時停止または進行方向を指示する標識または路面標示があっても、これに従うべき法令上の義務はない。しかし、このような標識または標示は、当該通路を設置管理する者によって、交差部分等における車相互の安全を図るために通路の形状等に応じて設けられたものであり、通路を通行する者においてもこれらに対して相応の注意を払うことが可能かつ相当であり、交差部分等を通行する車は、通常、他の車が当該標識または標示に従うことを期待していると考えられる。そのため、一時停止または通行方向の標識または標示に従わなかった車の過失割合を加算修正することとする。

なお、一時停止・通行方向標示等違反と狭路・明らかに広い通路の修正要素のいずれにも該当する場合には、一時停止・通行方向標示等違反のみで20％の過失加算修正をし、一時停止・通行方向標示等違反丁字路

直進の修正要素のいずれにも該当する場合も、一時停止・通行方向標示等違反のみ15％の加算修正をする。

④ 著しい過失・重過失

著しい過失とは、事故態様ごとに通常想定されている程度を超えるような過失をいう。重過失とは、著しい過失よりもさらに重い、故意に匹敵する重大な過失をいう。著しい過失・重過失が修正要素として区別されている場合には、それぞれ与えられる数値は択一的に適用され、重複しては適用されない。

車一般の著しい過失の例としては、脇見運転等の著しい前方不注視（道交70条）、著しいハンドル・ブレーキ操作不適切（道交70条）、携帯電話等の無線通話装置を通話のため使用したり、画像を注視したりしながら運転すること（道交71条5号の5）、酒気帯び運転（道交65条1項）等があげられる。

車一般の重過失の例としては、酒酔い運転（道交117条の2第1号）、居眠り運転、無免許運転（道交64条）、過労、病気および薬物の影響その他の理由により、正常な運転ができないおそれがある場合（道交66条）等があげられる。

駐車場内の通路を通行する車に特有の著しい過失の例として、一時停止・通行方向標示等違反（前記③参照）があげられる。

ウ　通路の交差部分における出会い頭事故の過失割合

ここでは、直進、右左折の別なく、駐車場内の通路の交差部分に進入した車同士が出会い頭に衝突した場合を想定している（東京地裁『過失相殺率の認定基準全訂5版（別冊判タ38号）』497頁ア）。

駐車場内の通路では、駐車区画への進入や駐車区画からの提出のため、車が転回や後退などさまざまな動きをすることが想定され、交差部分に入ろうとし、交差部分を通行する車は、等しく他の車の通行を予見して安全を確認し、当該交差部分の状況に応じて、他車との衝突を回避することができる速

度と方法で通行する義務を負うと解される。したがって、交差部分に進入した車同士の出会い頭の衝突事故が発生した場合は、原則として双方が同等の過失責任を負うこととし、通路の幅員の違いや運転方法等事情については、過失割合の評価に影響する基本的なものを修正要素として考慮する（東京地裁『過失相殺率の認定基準全訂5版（別冊判タ38号）』497頁イ）。

〈事故態様図72〉 駐車場の通路の交差部分における出会い頭事故の過失割合

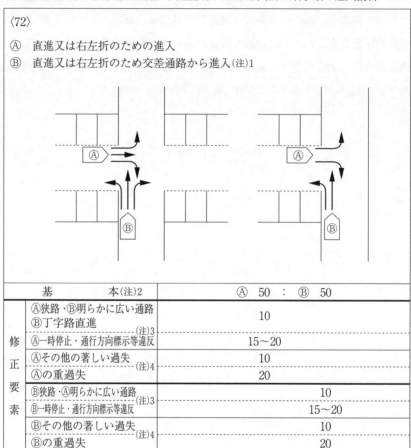

	基　　　本(注)2	Ⓐ　50　：　Ⓑ　50
修正要素	Ⓐ狭路・Ⓑ明らかに広い通路 Ⓑ丁字路直進	10
	Ⓐ一時停止・通行方向標示等違反(注)3	15～20
	Ⓐその他の著しい過失(注)4	10
	Ⓐの重過失	20
	Ⓑ狭路・Ⓐ明らかに広い通路	10
	Ⓑ一時停止・通行方向標示等違反(注)3	15～20
	Ⓑその他の著しい過失(注)4	10
	Ⓑの重過失	20

（注）　1　ここでは、直進、右左折の別なく、駐車場内の通路の交差部分に進入した車同士が出会い頭に衝突した場合を想定している（東京地裁『過失相殺率の認定基準全訂5版（別冊判タ38号）』498頁①）。

　　　2　交差部分では、交差部分に入ろうとし、または、交差部分を通行する車は、等しく他の車の通行を予見して安全を確認し、当該交差部分の状況に応じて、他車との衝突を回避することができるような速度と方法で通行する義務を負うと解される（前記ウ（216頁）参照）。そのような交差部分に進入した車同士が出会い頭に衝突した場合のⒶ車の基本過失割合は、双方に同等の注意義務があることを前提に50％とし、通路の幅員の違いや運転速度等の事情は修正要素として考慮することとする。双方車両において、他の車両の進入に対する注意が疎かであったこと、適切な回避措置をとらなかったことは、いずれも基本の過失割合に含めて考慮している（東京地裁『過失相殺率の認定基準全訂

5版（別冊判タ38号）』498頁②）。
3 「狭路・明らかに広い通路、丁字路直進」の意味について、前記イ①（186頁）参照。
「一時停止・通行方向標示等違反」の意味について、前記イ③（186頁）参照。
「一時停止・通行方向標示等違反」と「狭路・明らかに広い通路」の修正要素のいずれにも該当する場合には、「一時停止・通行方向標示等違反」のみで20％の過失加算修正をし、「一時停止・通行方向標示等違反」と「丁字路直進」の修正要素のいずれにも該当する場合には、「一時停止・通行方向標示等違反」のみで15％の過失加算修正をする（東京地裁『過失相殺率の認定基準全訂5版（別冊判タ38号）』498頁③）。
4 「著しい過失・重過失」の意味・内容について、前記イ④（186頁）参照。
著しい前方不注視があった場合のほか、他方の車が交差部分に明らかに先入していた場合、交差部分の手前で減速（急ブレーキによらず、当該通路を通行する車の通常の進行速度より明らかに減速することをいう）をしなかった場合には、原則として、その他の著しい過失ありとするが、この事故態様では常にいずれかの先入が問題となり得るから、その判断は慎重にする。一時停止・通行方向標示等違反があった場合には、当該車が明らかに先入していたとしても、当該車に有利に修正することはしない（東京地裁『過失相殺率の認定基準全訂5版（別冊判タ38号）』499頁④）。

エ 通路を通行する車と駐車区画から通路に進入しようとする車の事故の過失割合

ここでは、通路を通行する車（通路通行車）と駐車区画から通路への進入を開始した車（駐車区画退出車）とが出会い頭に衝突した場合を想定している。通路通行車と駐車区画退出車との間で生じたこれと異なる態様の事故については、この基準およびその前提とする注意義務を基本として、具体的な事実委関係に即して個別的に過失相殺率を検討する（東京地裁『過失相殺率の認定基準全訂5版（別冊判タ38号）』500頁ア）。

駐車場内の通路は、当該駐車場を利用する車が当該駐車場内を移動するために不可欠の設備であり、車が駐車場内の通路と駐車区画との間を出入りすることは当然予想されていることであり、進路通行車は、駐車区画に駐車していた車が通路に進入してくることを常に予見すべきであり、駐車区画退出車との関係においても、同車の通行を予見して安全を確認し、当該通路の状況に応じて、同車との衝突を回避することができるような速度と方法で通行する義務を負うと解される。

これに対し、駐車区画退出車は、通路に進入する前の段階では駐車区画内

で停止しているのであるから、通路進行車より容易に安全を確認し、衝突を回避することができる。また、駐車区画退出車は、通路への進入に際し、通路における他の車の進行を妨げることになるのであるから、通路に進入する際の注意義務として、進入しようとする通路の安全を確認し、通路進行車の通行を妨げるおそれがある場合は通路への進入を控える義務（道交25条の2第1項の他の車両等の正常な交通を妨害するおそれがあるときの道路外の場所等に出入りするための右左折・横断等の禁止義務に準ずる注意義務）を負うと解される。

ここでの基準は、双方の車に上記各注意義務に違反する過失があったことを前提としている。以上の双方の車の注意義務については、駐車区画退出車により重い注意義務が課されていると解され、事故が発生した場合、原則として駐車区画退出車が相対的に重い過失責任を負うと解される。ここでの基準は、双方の車が、それぞれ前進か後退かにかかわらず適用される（東京地裁『過失相殺率の認定基準全訂5版（別冊判タ38号）』500頁イ）。

通路進行車と駐車区画退出車の衝突事故のうち、次の態様の事故については、この基準によらず、具体的な事実関係に即して個別的に過失割合を検討する（東京地裁『過失相殺率の認定基準全訂5版（別冊判タ38号）』500頁ウ）。

　(ア)　通路進行車の過失の有無が問題となるもの

　たとえば、①通路進行車が急制動の措置をとっても停止できない距離に近づいた段階で駐車区画退出車が通路への進入を開始した場合、②通路進行車において、駐車区画退出車が通路に進入しようとしていることを認識して、駐車区画退出車が通路に進入するのに十分な車間距離を空けてあらかじめ停止していたところ、駐車区画退出車が運転を誤って通路進行車に衝突した場合などがある。

　(イ)　通路を進行する車同士の衝突を考えられるもの

　たとえば、③駐車区画退出車が、車の向きや挙動から見て駐車区画からの退出を完了し、通路の進行を開始した後に通路進行車と衝突した場合などが

〈事故態様図73〉 駐車場内の通路を通行する車と駐車区画から通路に進入しようとする車の事故の過失割合

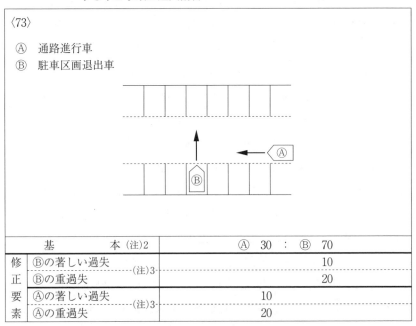

	基　本（注)2	Ⓐ 30 ： Ⓑ 70
修正要素	Ⓑの著しい過失 ─(注)3─	10
	Ⓑの重過失	20
	Ⓐの著しい過失 ─(注)3─	10
	Ⓐの重過失	20

(注) 1　ここでは、通路進行車Ⓐと駐車区画退出車Ⓑとが出会い頭に衝突した場合を想定している。通路進行車Ⓐと駐車区画退出車Ⓑの前進、後退の別は問わない（東京地裁『過失相殺率の認定基準全訂5版（別冊判タ38号）』501頁①）。

　　2　駐車区画退出車Ⓑには、道交25条の2第1項の他の車両等の正常な交通を妨害するおそれがあるときの道路外の場所等に出入りするための右左折・横断等の禁止義務に準ずる重い注意義務を負うと解されるが、通路進行車Ⓐも、駐車区画に駐車していた車が通路に進入してくることを常に予見して安全を確認し、当該通路の状況に応じて、他車との衝突を回避することができるような速度と方法で通行する注意義務を負うと解され、それらの義務から基本過失割合を定めている（東京地裁『過失相殺率の認定基準全訂5版（別冊判タ38号）』501頁②）。

　　3　「著しい過失・重過失」の意味・内容について、前記イ④（186頁）参照。

　　　たとえば、著しい不注視のほか、通路進行車Ⓐが、通路を通行する他の車の通常の進行速度を明らかに上回る速度で進行していた場合や、標識または路面標示等で指示されている順路（通行方向）に反して通路を進行していた場合には、著しい過失ありとしてよい。駐車場内に最高速度の標識または路面標示がある場合は、当該標識等で示された上限速度を通路通行車の通常の進行速度の目安とし、速度超過の程度に応じて著しい過失または重過失による修正をする（東京地裁『過失相殺率の認定基準全訂5版（別冊判タ38号）』501頁③）。

ある。

オ　通路を通行する車と駐車区画に進入しようとする車の事故の過失割合

　ここでは、通路を通行する車（通路進行車）と通路から駐車区画への進入を開始した車（駐車区画進入車）とが衝突した場合を想定している（東京地裁『過失相殺率の認定基準全訂5版（別冊判タ38号）』502頁）。

　ここでの基準は、駐車区画進入車の駐車区画への進入動作が、通路進行車からみて、非常点滅表示（ハザードランプ）、方向指示器または後退灯の点灯や車両の向き等により、当該駐車区画のある程度手前の位置で客観的に認識し得る状態に至っていたことを前提とする。通路進行車において、駐車区画進入車の駐車区画への進入動作を事前に認識することが客観的に困難であった場合は、この基準によらず、具体的な事実関係に即して個別に過失割合を検討すべきである。また、駐車区画進入車のすべての車輪がいったん駐車区画内に収まった後、駐車位置の修正等のため、再発進して通路に進入する場合は、この基準によらず、前記エ（219頁）および〈事故態様図73〉（221頁）の基準を参考にして、過失割合を検討すべきである（東京地裁『過失相殺率の認定基準全訂5版（別冊判タ38号）』502頁）。

　駐車場は、駐車のための施設であり、車が通路から駐車区画に進入することは、駐車場の設置目的に沿った行動であり、駐車区画への進入動作は、原則として、通路の通行に対して優先されるべきであり、通路通行車は、駐車区画進入車を発見した場合、駐車区画進入車が駐車区画に収まるまで停止して待機するか、駐車区画進入車と安全にすれ違うことができる程度の距離を確保した上で、駐車区画進入車の動静を常に注意しながら、安全な速度と方法で進行する義務を負うと解される。

　他方、駐車区画進入車は、駐車区画への進入に際し、通路における他の車の進行の妨げになることになるのであるから、当該通路における他の車の動静を注視し、当該通路の状況に応じて、他車との衝突を回避することができるような速度と方法で進行する注意義務を負うと解される。

ここでの基準は、双方の車に、上記各注意義務あることを前提にしている。事故が発生した場合、原則として通路進行車が相対的に重い過失責任を負うことになる。ここでの基準は、双方の車がそれぞれ前進であるか後退であるかにかかわらず適用される（東京地裁『過失相殺率の認定基準全訂5版（別冊判タ38号）』502頁イ）。

　なお、通路を通行する車と駐車区画から通路に進入しようとする車の事故と同様に、通路進行車の過失の有無が問題となる態様の事故などについては、この基準によらず、具体的な事実関係に即して個別的に過失割合を検討すべきである（前記エ（219頁）参照）（東京地裁『過失相殺率の認定基準全訂5版（別冊判タ38号）』502頁ウ）。

〈事故態様図74〉　駐車場内の通路を通行する車と駐車区画に進入しようとする車の事故の過失割合

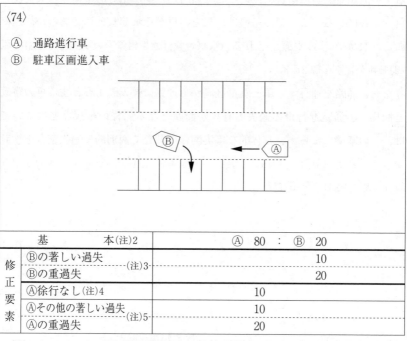

基　　本(注)2	Ⓐ 80 ： Ⓑ 20
修正要素 Ⓑの著しい過失　　　　(注)3	10
Ⓑの重過失	20
Ⓐ徐行なし(注)4	10
Ⓐその他の著しい過失　(注)5	10
Ⓐの重過失	20

〈74〉
Ⓐ　通路進行車
Ⓑ　駐車区画進入車

(注)　1　ここでは、通路進行車Ⓐと駐車区画進入車Ⓑとが衝突した場合を想定している。具体的には、駐車区画進入車Ⓑの駐車区画への進入動作が、路進行車Ⓐからみて、非常点滅表示（ハザードランプ）、方向指示器または後退灯の点灯や車両の向き等により、当該駐車区画のある程度手前の位置で客観的に認識し得る状態に至っていたことを前提とする。通路進行車Ⓐと駐車区画進入車Ⓑの前進、後退の別は問わない。通路の幅員も問わない（東京地裁『過失相殺率の認定基準全訂5版（別冊判タ38号）』503頁①）。
　　　　通路進行車Ⓐにおいて、駐車区画進入車Ⓑの駐車区画への進入動作を事前に認識することが客観的に困難であった場合（たとえば、両車の距離が接近した地点で急に駐車区画への進入動作を開始した場合や、駐車区画から相当程度の距離を進行したところで後退による進入動作を急に開始したために、通路進行車Ⓐには駐車区画進入車Ⓑがどの駐車区画に進入しようとしているのかを認識することが困難であった場合など）は、この基準によらず、具体的な事実関係に即して個別的に過失割合を検討すべきである。また、駐車区画進入車Ⓑのすべての車輪がいったん駐車区画内に収まった後に、駐車位置の修正等のため、再発進して通路に進入する場合は、この基準によらず、〈事故態様図73〉（221頁）の基準を参考にして過失割合を検討すべきである（東京地裁『過失相殺率の認定基準全訂5版（別冊判タ38号）』503頁①）。
　　2　原則として、駐車区画進入車Ⓑの進入動作が優先し、通路進行車Ⓐが相対的に重い注意義務を負うと解される。駐車区画進入車Ⓑの安全確認が不十分であったこと、通路進

行車Ⓐが駐車場進入車Ⓑと安全にすれ違うことができる程度の距離を確保しなかったことは、いずれも基本割合に含めて考慮している（東京地裁『過失相殺率の認定基準全訂5版（別冊判タ38号）』503頁②）。

3 「著しい過失・重過失」の意味・内容について、前記イ④（186頁）参照。

たとえば、駐車区画進入車Ⓑが、切り返しや方向転換により進路を変える場合など、他の車両との関係でより慎重な安全確認と運転動作が求められる場合において、基本的な注意義務を怠ったとき（衝突まで通路進行車Ⓐの存在自体を認識していなかったときや、急発進したときなど）には、著しい過失ありとしてよい（東京地裁『過失相殺率の認定基準全訂5版（別冊判タ38号）』504頁③）。

4 「徐行なし」の意味・内容について、前記イ②（186頁）参照。

駐車区画進入車Ⓑが切り返しや方向転換によって進路を変更することは、通常予見することができ、通路進行車Ⓐは、駐車区画進入車Ⓑの側方を通過する場合、上記挙動を予見し、いつでも停止することができる速度で進行すべきであり、通路進行車Ⓐがこれを怠ったときは、運転方法に関する基本的な注意を怠ったものとして、その過失割合を加算修正する（東京地裁『過失相殺率の認定基準全訂5版（別冊判タ38号）』504頁④）。

5 「著しい過失・重過失」の意味・内容について、前記イ④（186頁）参照。

たとえば、通路進行車Ⓐが標識または路面標示等で指示される順路（通行方向）に反して通路を進行していた場合には、著しい過失ありとしてよい。また通路進行車Ⓐが通路を進行する他の車両の通常の進行速度を明らかに上回る速度で進行していた場合には、状況に応じて、著しい過失または重過失による過失加算修正をする。進路進行車Ⓐが、順路に反して通路を進行していた場合において、徐行していなかったときは、「Ⓐ徐行なし」による過失加算修正を加重してよい。また、通路進行車Ⓐが通常の進行速度を明らかに上回る速度で進行していた場合も、「Ⓐ徐行なし」による加算修正を加重してもよい。駐車場内に最高速度の標識または路面標示がある場合は、当該標識等で示された上限速度を通路通行車の通常の進行速度の目安とする（東京地裁『過失相殺率の認定基準全訂5版（別冊判タ38号）』504頁⑤）。

3 単車〔自動二輪車および原動機付自転車〕と四輪車との事故の過失割合、自転車と四輪車・単車〔自動二輪車および原動機付自転車〕との事故の過失割合

単車〔自動二輪車および原動機付自転車〕と四輪車との事故の過失割合、自転車と四輪車・単車との事故の過失割合については、それぞれ、東京地裁『過失相殺率認定基準全訂5版（別冊判タ38号）』、日弁連東京『損害賠償額算定基準・上2015』255頁第10おいて、事故の態様ごとの基本過失割合やそれぞれの事故態様ごとの修正する要素・率について、四輪車同士の事故の過失

割合とは別のものが定められている（日弁連東京『損害賠償額算定基準・上2015』330頁・331頁は、単車対四輪車の事故においては、四輪車同士の事故との対比では、一般的に10％単車を有利に取り扱い、高速道路上の事故においては、単車に10％有利に扱うことを基本としつつ、急ブレーキ事故に関しては四輪車同士の事故に比して20％単車に有利に扱い、路肩に駐停車した四輪車に単車が追突した場合および落下物事故については単車であることを10％有利に扱う修正要素としたとする）。

それぞれの具体的内容については、東京地裁『過失相殺率認定基準全訂5版（別冊判タ38号）』309頁第4章（単車と四輪車との事故）、383頁第5章（自転車と四輪車・単車との事故）、461頁第6章（高速道路上の事故――自動二輪車部分）、日弁連東京『損害賠償額算定基準・上2015』255頁第10の289頁第6表（単車対四輪車の事故）、308頁～（足踏式自転車と四輪車の事故）、332頁第8表（高速道路上の事故――単車部分）を参照されたい。

第4　過失相殺の対象

1　過失相殺の対象となるもの

被害者側（交通事故による損害を請求する側）に過失があるとして、過失相殺の対象となる損害は、弁護士費用を除いた損害である（第9章（228頁）参照）（最判昭52・10・20判時871号29頁・裁民122号55頁・金商548号46頁）（岡口『要件事実マニュアル2巻〔4版〕』444頁イ）。弁護士費用は、過失相殺後の認容損害額を考慮して算定する*23。

2　一部請求と過失相殺の対象金額

不法行為に基づく1個の損害賠償請求権のうちの一部が訴訟上請求されて

＊23①　弁護士費用と過失相殺→第4章第2・3（32頁）参照。
　　②　不法行為における損害額の算定→第9章（230頁）参照。

いる場合に、過失相殺するにあたっては、損害の全額から過失割合による減額をし、その残額が請求額を超えないときはその金額を認容し、残額が請求額を超えるときは請求の全額を認容することができるものと解すべきであるとされている〔外側説〕（最判昭48・4・5民集27巻3号419頁・判タ299号298頁・判時714号184頁）（『例題解説交通損害賠償法』233頁、『大阪地裁損害賠償算定基準〔3版〕』75頁イ）。

第8章　損益相殺〔損害のてん補〕

第1　任意保険金〔損害保険金〕と民事上の損害賠償との関係[*24]

　自動車事故における損害保険においては、保険金を支払った保険者は、保険法25条（平成22年4月1日に施行）や約款の規定により、支払った保険金の限度で第三者（加害者）に対する損害賠償請求権を取得する結果、支払われた保険金の額につき、被害者が加害者に請求する損害額から控除されることになる（『大阪地裁損害賠償算定基準〔3版〕』91頁）。

　保険者が、保険事故による損害についての保険給付をし、被保険者が第三者（加害者）に対して有する損害賠償請求権の一部を代位より取得した場合、保険者の代位の範囲については、比例説（第三者に対する権利のうち保険者がてん補した金額の損害額に対する割合部分のみが代位の対象となる）（最判昭62・5・29民集41巻4号723頁・判タ652号126頁・判時1254号121頁）、差額説（被保険者が損害の全部を回収し、それでもなお残る第三者に対する権利の部分のみが代位の対象となる）等の考え方があったが、保険法は被保険者の利益の確保に資する差額説を採用した（萩本『一問一答保険法』140頁3、上松ほか『改正保険法早わかり』113頁(1)）。

第2　損益相殺と過失相殺の先後

　被害者の損害における、任意保険金（損害保険金）の支払いによる損益相殺と過失相殺の先後、加害者等の既払いによる損益相殺と過失相殺の先後に

[*24]　保険代位による不法行為に基づく損害賠償請求訴訟→第13章第4節第6（311頁）参照

ついては、被害者の損害全額から被害者側の過失割合による減額を行い、その後に任意保険(損害保険)・加害者等の既払い等のてん補額を控除して、被害者が請求することができる残損害額を算定することになる(第9章(228頁)参照)(最判平17・6・2民集59巻5号901頁・判タ1183号234頁・判時1900号119頁(自賠72条1項の自動車損害賠償保障事業による損害のてん補について))(東京地裁『過失相殺率認定基準全訂5版(別冊判タ38号)』21頁、『大阪地裁損害賠償算定基準〔3版〕』101頁)[*25]。

[*25] 不法行為における損害額の算定→第9章(230頁)参照

第9章　不法行為における損害額の算定

第1　損害額の算定式

今までの説明を前提に、具体的損害額を算定する場合、以下の算定式に従って算出することになる。

【損害額の算定式】（『大阪地裁損害賠償算定基準〔3版〕』112頁）

> 損害額合計（弁護士費用を除く）×
> 　（1－被害者の過失割合・素因減額割合）－損害てん補額＋弁護士費用

第2　損害額算定式各項目の内容

「損害額合計（弁護士費用を除く）」については、「第3章　物件損害〔物的損害、物損〕」（9頁）および「第4章　その他の損害」の「第1　損害賠償請求関係費用」（31頁）を参照。

「被害者の過失割合・素因減額割合」については、「第7章　被害者側の過失」（39頁）を参照。

「損害てん補額」については、「第8章　損益相殺〔損害のてん補〕」（228頁）を参照。

「弁護士費用」については、「第4章　その他の損害」の「第2　弁護士費用」（31頁）を参照。

第10章　使用者責任（民法715条）

第1　使用者等の責任とは

　ある事業のために他人（被用者）を使用する者（使用者）は、被用者がその事業の執行について第三者に加えた損害を賠償する責任を負うとされている（民法715条1項本文）。

　交通事故においては、ある企業の被用者が、当該企業の仕事として加害車両を運転していた場合、当該被用者の行為が不法行為の要件に当てはまれば、当該被用者の使用者は、使用者として、民法715条1項本文による使用者責任に基づく不法行為による損害賠償責任を負うことがあるのである（第13章第4節第3（302頁）参照）。

第2　民法715条の使用関係

　使用関係の典型的なものとしては、雇用契約がある場合があるが、使用関係が認定されるためには、契約関係の存在は不可欠ではない。ただ、民法715条の使用関係は、一時的であっても、非営利であっても、違法でもよいが、実質的な指揮監督関係が必要とされる（内田『民法Ⅱ〔3版〕』484頁2）[26]。

---

[26]　最判昭56・11・27民集35巻8号1271頁・判夕462号78頁・判時1031号125頁
　　「上告人は、本件事故の当日、出先から自宅に連絡し、弟の訴外Ａをして上告人所有の本件自動車を運転して迎えに来させたうえ、更に、右訴外人をして右自動車の運転を継続させこれに同乗して自宅に戻る途中、本件事故が発生したものであるところ、右同乗後は運転経験の長い上告人が助手席に坐って、運転免許の取得後半年位で運転経験の浅い右訴外人の運転に気を配り、事故発生の直前にも同人に対し、『ゴー』と合図して発進の指示をした、というのである。

第3　事業の執行

　前記第1で述べたように、使用者等の責任とは、ある事業のために他人（被用者）を使用する者（使用者）が、被用者がその事業の執行について第三者に加えた損害を賠償する責任である（民法715条）。この場合の「事業の執行について」とは、被用者の職務執行行為そのものには属さないが、その行為の外形から観察して、あたかも被用者の職務の範囲内の行為に属するものとみられる場合も包含するとされている〔外形理論、外形標準説〕（最判昭40・11・30民集19巻8号2049頁・判タ185号92頁・判時433号28頁）。そして、会社の従業員が禁じられていた会社の車の私用での運転中に人を轢いて死亡させた事案において、外形理論を適用して、当該従業員の行為は事業の執行に当たるとして、当該会社の使用者責任を認めた判例がある（最判昭39・2・4民集18巻2号252頁・判タ159号181頁・判時362号23頁）。これに対し、通勤への自家用車の使用を禁止し、出張への使用についても上司の許可を要求していた会社の社員が、当該会社の業務では自家用車を使用していなかったのに、当該会社に無届けで自家用車で出張し、その帰途に事故を起こした事例では、当該会社の使用者責任を否定した判例もある（最判昭52・9・22民集31巻5号767頁・判タ354号253頁・判時867号56頁）。

　　　右事実関係のもとにおいては、上告人は、一時的にせよ右訴外人を指揮監督して、その自動車により自己を自宅に送り届けさせるという仕事に従事させていたということができるから、上告人と右訴外人との間に本件事故当時上告人の右仕事につき民法715条1項にいう使用者・被用者の関係が成立していたと解するのが相当である」。
　　　『最高裁判例解説民事昭和56年』においては、本件について、「単に兄弟の親交ないし情義に基づく依頼関係があるにとどまり、いまだ指揮監督関係があるとまではいえないと考える余地があり、……本判決は、従前の判例理論に沿いつつ、特殊な事案につきその適用を示したものといえよう」と述べている（同書649頁・650頁）。

第4 使用者の損害賠償債務と被用者の損害賠償債務の関係

1 不真正連帯債務

　民法715条に基づく使用者の損害賠償債務と同法709条に基づく被用者の損害賠償債務とは、不真正連帯債務の関係になる（最判昭46・9・30判タ269号194頁・判時646号47頁・裁民103号569頁）。

2 使用者から被用者への求償等

　使用者の事業の執行につきなされた被用者の加害行為により、使用者が民法715条1項の使用者責任に基づいて被害者に対し損害賠償をした場合、その使用者は、被用者に対し、その求償をすることができるとされている（民法715条3項）。また、使用者の事業の執行につきなされた被用者の加害行為により、使用者が直接損害を被った場合（被用者運転の使用者所有車両の修理費等の損害等）、その使用者は被用者に対し、民法709条に基づき損害の賠償を請求することができる。この使用者から被用者への求償および直接損害の賠償請求について、判例（最判昭51・7・8民集30巻7号689頁・判タ340号157頁・判時827号52頁）[27]は、使用者の事業の性格、規模、施設の状況、被用者の業務の内容、労働条件、勤務態度、加害行為の態様、加害行為の予防もしくは損失の分散についての使用者の配慮の程度その他諸般の事情に照らし、損害の公平な分担という見地から信義則上相当と認められる限度において、被用者に対し求償および賠償の請求をすることができるとし、使用者の被用者に対する求償および賠償の請求を制限している。

＊27　最判昭51・7・8民集30巻7号689頁ほか（使用者は従業員50人、対物損害保険等に未加入の業務用車両20台を保有し、勤務成績が普通以上の被用者が車間距離不保持・前方注視不十分等で先行車に追突した事故で、追突された車両損害と使用者保有車の修理費・休車損の4分の1の限度で、使用者の被用者に対する求償・賠償の請求を認めた）。

第11章　共同不法行為

第1節　共同不法行為とは

　共同不法行為とは、数人が共同の不法行為によって他人に損害を加えた場合である（民法719条）。

　この共同不法行為の成立には、客観的に1個の不法行為とみられるような客観的関連共同があれば足り、共同不法行為者間に共謀等の主観的関連共同は必要ないとされている（大判大2・4・26民録19輯281頁、最判昭43・4・23民集22巻4号964頁・判タ222号102頁・判時519号17頁）（塩崎ほか『交通事故訴訟』498頁(2)）。

第2節　民法719条1項前段の共同不法行為

第1　民法719条1項前段の共同不法行為の意義

　数人が共同の不法行為によって他人に損害を加えたときは、各自が連帯してその損害を賠償する責任を負う（民法719条1項前段）。

　この民法719条1項前段の不法行為は、共同行為者各自の行為が客観的に関連し共同して違法に損害を加えた場合において、各自の行為がそれぞれ独立に不法行為の要件を備えるときは、各自が当該違法な加害行為と因果関係にある損害についてその賠償の責めに任ずるものであり、共同不法行為の成立につき行為者の共謀を要しないとされている（大判大2・4・26民録19輯281

頁、大判大13・7・24民集3巻376頁、最判昭32・3・26民集11巻3号543頁・判タ69号63頁、最判昭43・4・23民集22巻4号964頁・判タ222号102頁・判時519号17頁）（『例題解説交通損害賠償法』293頁・294頁）。

第2　単一事故における共同不法行為

　双方に過失のある自動車同士が衝突して、それにより第三者所有の自動車に損害を生じさせた場合、加害者が複数人存在するが、事故の態様としては単一事故ととらえることができる場合には、双方の車両の運転手の行為が一体となって第三者の損害を発生させているから、民法719条1項前段の共同不法行為の成立が認められる（『例題解説交通損害賠償法』303頁）。

第3　異時事故における共同不法行為

　異時事故の場合においても、時間的場所的に近接しており、第1事故により第2事故が発生したという関係が認められ、各不法行為と損害との間に因果関係が存在する場合には、民法719条1項前段の共同不法行為が成立する（『例題解説交通損害賠償法』303頁）。

　たとえば、玉突き衝突事故の場合において、時間的場所的近接性が認められ、ほぼ同一の機会に生じた1個の社会的事実と認められるような関係があるときは、広く共同不法行為が認められている（東京地判昭48・2・26交民集6巻1号307頁、神戸地明石支判昭48・10・12交民集6巻5号1624頁）（『例題解説交通損害賠償法』303頁・304頁）。

　裁判例においては、客観的関連共同性の認定に際しては、時間的場所的近接性を基準としたうえで、かなり緩やかな判断がされている（『例題解説交通損害賠償法』306頁）。

第3節　民法719条1項後段の共同不法行為

　共同不法行為者のうち、いずれの者がその損害を加えたかを知ることができないときも、各自連帯してその損害を賠償する責任を負う（民法719条1項後段）。

　民法719条1項後段の共同不法行為の請求原因事実が認められた場合においても、各加害者が自己の加害行為と被害者の損害との因果関係が存在しないことを抗弁として立証すれば、その限度で責任の免除が認められると思われる（『例題解説交通損害賠償法』306頁）。

第4節　共同不法行為における過失相殺の方法[*28]

第1　絶対的過失相殺〔加算的過失相殺〕

1　絶対的過失相殺〔加算的過失相殺〕の方法

　絶対的過失相殺〔加算的過失相殺〕とは、各加害者および被害者の過失を同一線上に置いて、絶対的な過失の割合を認定し、被害者の過失について過失相殺をする方法であり、被害者に対しては、各加害者が、各加害者の過失を加算した分についてそれぞれ責任を負うことになる。具体的には、被害者Aおよび共同不法行為者である加害者B、Cの過失が、A：B：C＝1：

＊28　桃崎剛「交通事故訴訟における共同不法行為と過失相殺」（日弁連東京『損害賠償額算定基準・下2006』97頁）参照。

2：3と認定できる場合には、Aは、全損害の6分の1が過失相殺されるが、Bに対しても、Cに対しても、全損害の6分の5を請求することができる（BCの債務は、不真正連帯債務となる）（『例題解説交通損害賠償法』310頁、国分貴之「共同不法行為における過失相殺の方法」判タ1188号87頁(2)）。

2 加害者に使用者がいる場合の絶対的過失相殺〔加算的過失相殺〕

加害者が使用者の事業の執行において被害者に損害を加え、使用者が損害賠償責任を負う場合（民法715条）、絶対的過失割合の認定の対象となるのは、各加害者および被害者であって、加害者の使用者は加えられない。使用者の責任の割合は、それぞれが指揮監督する被用者（各加害者）の過失割合に従って定められるべきである（最判平3・10・25民集45巻7号1173頁・判タ773号83頁・判時1405号29頁参照）（国分貴之「共同不法行為における過失相殺の方法」判タ1188号89頁＊17）。

3 絶対的過失相殺〔加算的過失相殺〕を採用する事例

(1) 単一事故における絶対的過失相殺〔加算的過失相殺〕

複数の加害者の過失および被害者の過失が競合する一つの交通事故においては、その交通事故の原因となったすべての過失の割合〔絶対的過失割合〕を認定することができるときは、絶対的過失割合に基づく被害者の過失による過失相殺をした損害賠償額について、加害者らは連帯して共同不法行為に基づく賠償責任を負うものと解すべきである〔絶対的過失相殺、加算的過失相殺〕（最判平15・7・11民集57巻7号815頁・判タ1133号118頁・判時1834号37頁）（『例題解説交通損害賠償法』311頁・312頁・314頁、国分貴之「共同不法行為における過失相殺の方法」判タ1188号85頁3)＊29。

――――――
＊29　最判平15・7・11民集57巻7号815頁ほか（路側帯から車線にはみ出すように、非常点滅

(2) 異時事故における絶対的過失相殺〔加算的過失相殺〕

ア　第1事故と第2事故が時間的場所的に近接しており第1事故の第2事故への影響が存し各不法行為と損害の間に因果関係が存在する場合

　異時事故の場合でも、第1事故と第2事故が時間的場所的に近接していて、第1事故の第2事故への影響が存在し、各不法行為と損害との間に因果関係が存する場合は、ほぼ同一機会に生じた1個の社会的事実と認められる関係にあるといえ、絶対的過失割合を認定することが可能なので、絶対的過失相殺の方法によるべきである（『例題解説交通損害賠償法』318頁）。

イ　民法719条1項後段の不法行為が成立する場合で第1事故が第2事故の原因となっており各不法行為を一体的にとらえて各加害者および被害者の過失割合を認定できる場合

　異時事故の場合で、時間的場所的近接性、第1事故の第2事故への影響および各不法行為と損害との因果関係から、民法719条1項前段の共同不法行為が認められず、同項後段の共同不法行為が成立する場合であっても、第1事故が第2事故の原因となっており、不法行為を一体的にとらえて各加害者および被害者の過失割合を認定できるような場合は、絶対的過失割合を認定することが可能であり、被害者保護の見地から共同不法行為者に連帯責任を認めた共同不法行為の趣旨に鑑み、絶対的過失相殺の方法によるべきである（『例題解説交通損害賠償法』319頁）。

　表示灯等を点灯させることなく駐車していた車Aを避けるため、中央車線から対向車線にはみ出して進行した車Bが、最高時速40kmの対向車線を時速80kmで進行してきた被害車両Cと衝突した事例において、過失割合をA車：B車：C車＝1：4：1とした原審の認定を前提に、A側およびB側は、C側の損害について、Cの絶対的過失割合である6分の1による過失相殺をした後の額の限度で不真正連帯責任を負担するとし、A側が、B側に対し、A側の負担部分を超えて負担した額の請求を認めた）。

第2　相対的過失相殺

1　相対的過失相殺の方法

　相対的過失相殺とは、各加害者と被害者との関係ごとにそれぞれの間の過失の割合に応じて相対的に過失相殺をする方法であり、加害者Bと加害者Cの共同不法行為において、被害者Aにも過失がある場合、被害者Aと加害者Bとの関係および被害者Aと加害者Cとの関係を、それぞれ別に考慮し、それぞれ過失相殺をするものである。具体的には、それぞれの過失割合が、A：B：C＝1：2：3の場合、Aは、Bとの関係ではA：B＝1：2により、全損害から3分の1の過失相殺をされ、Cとの関係ではA：C＝1：3により、全損害から4分の1の過失相殺をされる。全損害額が300万円の場合、Aは、Bとの関係では300万円×3分の2＝200万円の損害賠償を、Cとの関係では300万円×4分の3＝225万円の損害賠償を、それぞれ請求でき、BとCは重畳する200万円の限度で連帯責任を負うことになる（『例題解説交通損害賠償法』310頁、国分貴之「共同不法行為における過失相殺の方法」判タ1188号86頁(1)）[*30]。

2　相対的過失相殺を採用する事例

　民法719条1項後段の共同不法行為の成立は認められるが、第1事故が第2事故の原因となっていない場合、または、各不法行為を一体的にとらえて各加害者および被害者の過失割合を認定できない場合には、相対的過失相殺の方法により過失相殺をすることになる（『例題解説交通損害賠償法』319頁）。

＊30　相対的過失相殺における求償（国分貴之「共同不法行為における過失相殺の方法」判タ1188号89頁5）

第3 絶対的過失相殺〔加算的過失相殺〕と相対的過失相殺の関係

絶対的過失割合が認定できるときは、絶対的過失相殺〔加算的過失相殺〕の方法によるほうが、被害者保護を図るという民法719条の立法趣旨に資するとともに、求償関係についても一体的に処理することができ、妥当であると思われる（国分貴之「共同不法行為における過失相殺の方法」判タ1188号88頁(3)）[*31]。

第5節 賠償すべき損害額が異なるときの共同不法行為者の損害の一部支払い

判例は、ＡとＢが一つの交通事故によって被害者Ｃに対して連帯して損害賠償責任を負う場合において、Ｂの損害賠償責任についてのみ過失相殺がされ、Ａ・Ｂの賠償すべき損害額が異なるときに、Ａが損害の一部をてん補した場合、Ａがしたてん補の額は、被害者Ｃが受けるべき損害額から控除すべきであり、控除後の残損害額がＢが賠償すべき損害額を下回ることにならない限り、Ｂが賠償すべき損害額に影響しないものとしている（最判平11・1・29判タ1002号122頁・判時1675号85頁・裁民191号265頁）(『大阪地裁損害賠償算定基準〔3版〕』104頁(3))[*32]。

[*31] 絶対的過失割合を認定できない場合（国分貴之「共同不法行為における過失相殺の方法」判タ1188号89頁[*16]）

[*32] 最判平11・1・29判タ1002号122頁ほか
　「甲及び乙が一つの交通事故によってその被害者丙に対して連帯して損害賠償責任を負う場合において、乙の損害賠償責任についてのみ過失相殺がされ、甲及び乙が賠償すべき損害額が異なることになることがある。この場合、甲が損害の一部をてん補したときに、そのてん補された額を乙が賠償すべき損害額から控除することができるとすると、次のよう

第6節　共同不法行為者間の求償

第1　不真正連帯債務

　共同不法行為者は、損害賠償として不真正連帯債務（連帯債務における絶対的効力事由を認めない連帯債務）を負う（最判昭57・3・4判タ470号121頁・判時1042号87頁・裁民135号269頁）（内田『民法Ⅱ〔3版〕』542頁）[*33]。

第2　共同不法行為者の過失割合等に応じた負担

　共同不法行為者は、過失割合あるいは損害への寄与度の割合に応じた負担を負うことになり（最判昭41・11・18民集20巻9号1886頁・判タ202号103頁・判時473号30頁）、自己の負担部分を超えて弁済をした場合に限り、その分につ

な不合理な結果が生ずる。すなわち、乙は、自己の責任を果たしていないにもかかわらず右控除額だけ責任を免れることになるのに、甲が無資力のためにその余の賠償をすることができない場合には、乙が右控除後の額について賠償をしたとしても、丙はてん補を受けるべき損害の全額のてん補を受けることができないことになる。また、前記の設例において、甲及び乙が共に自賠責保険の被保険者である場合を考えると、甲の自賠責保険に基づき損害の一部がてん補された場合に右損害てん補額を乙が賠償すべき損害額から控除すると、乙の自賠責保険に基づきてん補されるべき金額はそれだけ減少することになる。その結果、本来は甲、乙の自賠責保険金額の合計額の限度で被害者の損害全部をてん補することが可能な事故の場合であっても、自賠責保険金による損害のてん補が不可能な事態が生じ得る。以上の不合理な結果は、民法の定める不法行為法における公平の理念に反するといわざるを得ない。

　したがって、甲がしたてん補の額は丙がてん補を受けるべき損害額から控除すべきであって、控除後の残損害額が乙が賠償すべき損害額を下回ることにならない限り、乙が賠償すべき損害額に影響しないものと解するのが相当である」。

[*33] ①　最判平6・11・24判タ867号165頁・判時1514号82頁・裁民173号431頁（共同不法行為者の一人に対する免除の相対効）。

②　最判平10・9・10民集52巻6号1494頁・判タ985号126頁・判時1653号101頁（加害者の一人に対する免除に際し、他の加害者の残債務も免除する意思を有していたと認められるときは、免除の効力が他の加害者にも及ぶとされた事例）。

いて他の共同不法行為者に求償請求することができる（最判昭63・7・1民集42巻6号451頁・判タ676号65頁・判時1287号59頁、最判平3・10・25民集45巻7号1173頁・判タ773号83頁・判時1405号29頁）（内田『民法Ⅱ〔3版〕』543頁(2)、『例題解説交通損害賠償法』320頁～322頁、『大阪地裁損害賠償算定基準〔3版〕』105頁・106頁）。

第3　求償請求債権の性質

　この求償請求は、不当利得返還請求であるから、請求の日の翌日から遅滞に陥るとされている（東京地判平9・1・29交民集30巻1号154頁）（『最高裁判例解説民事平成10年下』793頁）。したがって、共同不法行為者が、自己の負担部分を超えて弁済をし、その分について他の共同不法行為者に求償請求する場合、その請求の日の翌日から民事法定利率年5分の割合（民法404条）による遅延損害金を請求することができる。

第4　使用者への求償

　共同不法行為者一方が被用者であり、当該被用者の行為について使用者責任を負う者がいるときは、自己の負担部分を超えて被害者に損害を賠償した他方の共同不法行為者は、当該使用者にも求償請求をすることができる（最判昭63・7・1民集42巻6号451頁ほか）（『大阪地裁損害賠償算定基準〔3版〕』105頁・106頁）[*34]。

第5　一部の共同不法行為者と被害者との間の和解の効力

　共同不法行為者の債務は、いわゆる不真正連帯債務であるから、一部の不法行為者と被害者との間で訴訟上の和解が成立し、被害者がその不法行為者に対し残債務を免除しても、その効力は他の不法行為者に当然に及ぶもので

[*34] 使用者責任について→（民法715条、第10章（231頁）参照）。

はない。しかし、被害者が、その和解に際し、他の不法行為者に対する債務も免除する意思を有していると認められるときは、他の不法行為者に対しても債務免除の効力は及ぶと考えられる。この場合、和解をした不法行為者の他の不法行為者に対する求償金額は、確定した損害額である訴訟上の和解における支払額を基準とし、双方の負担部分に応じて算定する（『大阪地裁損害賠償算定基準〔3版〕』106頁・107頁）*35。

---

*35　最判平10・9・10民集52巻6号1494頁・判タ985号126頁・判時1653号101頁
　　1　甲と乙とが共同の不法行為により他人に損害を加えた場合において、甲が乙との責任割合に従って、定められるべき自己の負担部分を超えて被害者に損害を賠償したときは、甲は、乙の負担部分について求償することができる（最高裁昭和63年7月1日第二小法廷判決・民集42巻6号451頁、最高裁平成3年10月25日第二小法廷判決・民集45巻7号1173頁参照）。
　　2　この場合、甲と乙が負担する損害賠償債務は、いわゆる不真正連帯債務であるから、甲と被害者との間で訴訟上の和解が成立し、請求額の一部につき和解金が支払われるとともに、和解調書中に『被害者はその余の請求を放棄する』旨の条項が設けられ、被害者が甲に対し残債務を免除したと解し得るときでも、連帯債務における免除の絶対的効力を認めた民法437条の規定は適用されず、乙に対して当然に免除の効力が及ぶものではない（最高裁昭和48年2月16日第二小法廷判決・民集27巻1号99頁、最高裁平成6年11月24日第一小法廷判決・裁判集民事173号431頁参照）。
　　しかし、被害者が、右訴訟上の和解に際し、乙の残債務をも免除する意思を有していると認められるときは、乙に対しても残債務の免除の効力が及ぶものというべきである。そして、この場合には、乙はもはや被害者から残債務を訴求される可能性はないのであるから、甲の乙に対する求償金額は、確定した損害額である右訴訟上の和解における甲の支払額を基準とし、双方の責任割合に従いその負担部分を定めて、これを算定するのが相当であると解される。
　　3　以上の理は、被用者がその使用者の事業の執行につき第三者との共同の不法行為により他人に損害を加えた場合において、右第三者が、自己と被用者との責任割合に従って定められるべき自己の負担部分を超えて被害者に損害を賠償し、被用者の負担部分について使用者に対し求償する場合においても異なるところはない（前掲昭和63年7月1日第二小法廷判決参照）。

第12章　損害賠償請求権の期間制限

第1節　民法724条前段の期間制限

第1　不法行為による損害賠償の請求権の時効消滅

　不法行為による損害賠償の請求権は、被害者またはその法定代理人が損害および加害者を知った時から3年間行使しないときは、時効によって消滅する（民法724条前段）。

　民法724条前段の「損害……を知った時」とは、被害者が損害の発生を現実に認識したことをいう（最判平14・1・29民集56巻1号218頁・判タ1086号108頁・判時1778号59頁）が、損害が発生したことを知れば足り、その程度や数額を知る必要はない（大判大9・3・10民録26輯280頁）。民法724条前段にいう「加害者を知った時」とは、加害者に対する賠償請求が事実上可能な状況のもとに、その可能な程度にこれを知った時を意味するものと解するのが相当であり、被害者が不法行為の当時加害者の住所氏名を的確に知らず、しかも当時の状況においてこれに対する賠償請求権を行使することが事実上不可能な場合においては、その状況が止み、被害者が加害者の住所氏名を確認したとき、初めて「加害者を知った時」にあたるものというべきである（最判昭48・11・16民集27巻10号1374頁）。

　したがって、物損交通事故における不法行為による損害賠償請求権も、被害者が車両等の損害および加害者を知ったときから3年間行使しないとき

は、時効によって消滅することになる。通常は、事故時に車両等の損害および加害者がわかると思われるので、事故時から3年間損害賠償請求権を行使しないときは、当該損害賠償請求権は時効によって消滅することになる。

第2　弁護士費用の時効起算点

弁護士費用については、弁護士との報酬支払契約時締結時が時効の起算点となる（最判昭45・6・19民集24巻6号560頁・判タ256号115頁・判時601号54頁）（橋本恭宏・金商1150号67頁）。

第2節　民法724条後段の期間制限

民法724条後段の20年の期間制限は、不法行為による損害賠償請求権の除斥期間を定めたものである（最判平元・12・21民集43巻12号2209頁・判タ753号84頁・判時1379号76頁、最判平2・3・6裁民159号199頁、最判平10・6・12民集52巻4号1087頁・判タ980号85頁・判時1644号42頁、最判平21・4・28民集63巻4号853頁・判タ1299号134号・判時2046号70頁）（『例題解説交通損害賠償法』54頁・55頁）。したがって、事故時から20年経過すると、物損交通事故における不法行為による損害賠償請求権は消滅することになる[*36]。

[*36] 被害者が不法行為の時から20年経過前の6か月内において当該不法行為を原因とする心神喪失の常況にあるのに法定代理人を有しなかった場合における民法724条後段の効果（最判平10・6・12民集52巻4号1087頁ほか）「不法行為の被害者が不法行為の時から20年を経過する前6箇月内において（、その）不法行為を原因として心神喪失の常況にあるのに法定代理人を有しなかった場合において、その後当該被害者が禁治産宣告（現──後見開始の審判）を受け、後見人に就職した者がその時から6か月内に（当該不法行為に基づく）損害賠償請求権を行使したなどの特段の事情があるときは、民法158条の法意に照らし、同法724条後段の効果は生じないものと解するのが相当である」（かっこ内は筆者）。

第13章　物損交通事故紛争解決のための手続

第1節　示　談

第1　示談による解決

　交通事故の損害賠償を解決する方法として、裁判所等の他の機関を介さずに、被害者と加害者との間で話し合うことによって解決する示談の方法がある。話し合いがまとまり、その内容を示談書にすれば、それで解決することができる。

　この当事者間での話し合いによる解決がつかない場合は、次節以下で述べる、他の機関を介しての解決を検討することになる。

第2　公正証書〔執行証書〕の作成

　示談による解決において、相手方に保険会社が加わっていて、損害賠償金の支払いが確実であれば、それで問題がないが、相手方が加害者個人で、保険会社が加わってなく、損害賠償金の支払いも分割で、その期間が長期にわたるような場合、その支払いが確実になされる保証はない。

　この場合、その示談の内容を、公証人役場にいって、公正証書にするという方法もある。この公正証書については、損害賠償金の支払義務を負う債務者が直ちに強制執行に服する旨の陳述が記載されているものであれば、執行証書として、債務者の財産に対する強制執行をすることができる文書である債務名義となる（民執22条5号）。

第2節　紛争処理機関の利用

　当事者間での示談が成立しない場合、日弁連（日本弁護士連合会）の交通事故相談センター、交通事故紛争処理センター、弁護士会運営の「紛争解決センター」に相談して、解決を図る方法もある。

第1　公益財団法人日弁連交通事故相談センター

　公益財団法人日弁連交通事故相談センターは、日弁連（日本弁護士連合会）によって設立された交通事故に関する紛争の適正な解決を専門に扱う公益財団法人であり、法律相談、示談のあっせん等を行っている。

　公益財団法人日弁連交通事故相談センターにおける示談あっせんは、人身賠償事案（物損を伴う場合でもよい）を対象としている。ただ、損害賠償者が、物損の示談代行付保険に加入している場合や全国労働者共済生活協同組合連合会（全労済）などの共済に加入している場合には、物損のみの場合でも示談あっせんができることになっている（塩崎ほか『交通事故訴訟』155頁・212頁）。

　示談あっせんにより、合意が成立した場合には、示談契約書を作成する（塩崎ほか『交通事故訴訟』157頁・213頁）。

第13章 物損交通事故紛争解決のための手続

〈公益財団法人日弁連交通事故相談センター相談所一覧〉　　（2015年4月現在）

◎：示談あっせん・審査業務を行っている支部

	相談所	所在地	取扱業務	電話番号
北海道東北エリア	札幌	札幌市中央区北1条西10 札幌弁護士会館2階	面接相談 高次脳機能障害面接相談 示談あっせん	011-251-7730
	新札幌	札幌市厚別区厚別中央2条5 サンピアザセンターモール3階	面接相談	011-896-8373
	麻生	札幌市北区北40条西4-2-1 麻生メディカルビル2階	面接相談	011-758-8373
	小樽	小樽市稲穂2-18-1 高雄ビル5階	面接相談	0134-23-8373
	室蘭	室蘭市中島町1-24-11 中島中央ビル4階	面接相談	0143-47-8373
	苫小牧	苫小牧市若草町3-2-7 大東若草ビル3階	面接相談	0144-35-8373
	函館	函館市上新川町1-3 函館弁護士会館内	面接相談	0138-41-0232
	旭川	旭川市花咲町4 旭川弁護士会館内	面接相談	0166-51-9527
	釧路	釧路市柏木町4-3 釧路弁護士会館内	面接相談	0154-41-3444
	帯広	帯広市東8条南9-1 釧路弁護士会　帯広会館内	面接相談	0154-41-3444
	岩手	盛岡市大通1-2-1 岩手県産業会館本館サンビル2階 岩手弁護士会館内	面接相談 示談あっせん	019-623-5005
	青森	青森市長島1-3-1 日赤ビル5階　青森県弁護士会館内	面接相談	017-777-7285

248

第2節 紛争処理機関の利用

弘前	弘前市大字一番町8 ライオンズマンション弘前一番町1階　青森県弁護士会弘前支部内	面接相談	0172-33-7834
八戸	八戸市売市2-11-13 青森県弁護士会八戸支部内	面接相談	0178-22-8823
秋田	秋田市山王6-2-7 秋田弁護士会館内	面接相談	018-896-5599
仙台	仙台市青葉区一番町2-9-18 仙台弁護士会館1階	面接相談 示談あっせん	022-223-2383
登米	登米市登米町寺池桜小路89-1 桜テラス川内201号室　登米法律相談センター内	面接相談	0220-52-2348
県南	柴田郡大河原町字町91 県南法律相談センター内	面接相談	0224-52-5898
古川	大崎市古川駅南3-15 泉ビルB101　古川法律相談センター内	面接相談	0229-22-4611
石巻	石巻市穀町12-18 駅前ビル4階　石巻法律相談センター内	面接相談	0225-23-5451
気仙沼	気仙沼市田中前1-6-1 気仙沼法律相談センター内	面接相談	0226-22-8222
山形	山形市七日町2-7-10 NANA-BEANS 8階	面接相談 示談あっせん	023-635-3648
酒田	酒田市中町3-4-5 酒田市交流ひろば	面接相談	023-635-3648
鶴岡	鶴岡市馬場町9-25 鶴岡市役所内	面接相談	023-635-3648
福島	福島市山下町4-24 福島県弁護士会館内	面接相談	024-536-2710

	郡山	郡山市堂前町25-23 福島県弁護士会郡山支部内	面接相談	024-922-1846
関東エリア	水戸	水戸市大町2-2-75 茨城県弁護士会館内	面接相談 示談あっせん	029-221-3501
	栃木	宇都宮市明保野町1-6	面接相談 示談あっせん	028-689-9001
	前橋	前橋市大手町3-6-6 群馬弁護士会館内	面接相談 示談あっせん	027-234-9321
	太田	太田市新井町516-1 GSEビル2階	面接相談	027-234-9321
	高崎	高崎市宮元町298 勝ビル1階	面接相談	027-234-9321
	埼玉	さいたま市浦和区高砂4-2-1 浦和高砂パークハウス1階　埼玉弁護士会法律相談センター内	面接相談 示談あっせん	048-710-5666
	越谷	越谷市東越谷9-49-2 MACビル2階	面接相談	048-962-1188
	川越	川越市宮下町2-1-2 福田ビル1階	面接相談	049-225-4279
	千葉	千葉市中央区中央4-13-9 千葉県弁護士会館内	面接相談 高次脳機能障害面接相談 示談あっせん	043-227-8530
	松戸	松戸市松戸1281-29 松戸スクエアビル4階　千葉県弁護士会松戸支部内	面接相談	047-366-6611
	京葉	船橋市本町2-1-34 船橋スカイビル5階　千葉県弁護士会京葉支部内	面接相談	047-437-3634

第2節 紛争処理機関の利用

霞が関	千代田区霞が関1-1-3 弁護士会館3階	面接相談 電話相談 示談あっせん	（面談相談） 03-3581-1782 （電話相談） 03-3581-1770
新宿	新宿区新宿3-1-22 NSOビル5階　弁護士会新宿総合法律相談センター内	面接相談	03-5312-5850
立川	立川市曙町2-37-7 コアシティ立川12階　弁護士会立川法律相談センター内	面接相談	042-548-7790
八王子 市役所	八王子市元本郷町3-24-1 八王子市役所内	面接相談	042-620-7227
立川 市役所	立川市泉町1156-9 立川市役所内	面接相談	042-528-4319
武蔵野 市役所	武蔵野市緑町2-2-28 武蔵野市役所内	面接相談	0422-60-1921
三鷹 市役所	三鷹市野崎1-1-1 三鷹市役所内	面接相談	0422-44-6600
青梅 市役所	青梅市東青梅1-11-1 青梅市役所内	面接相談	0428-22-1111
府中 市役所	府中市宮西町2-24 府中市役所内	面接相談	042-366-1711
昭島 市役所	昭島市田中町1-17-1 昭島市役所内	面接相談	042-544-5122
調布 市役所	調布市小島町2-35-1 調布市役所内	面接相談	042-481-7032
町田 市役所	町田市森野2-2-22 町田市役所内	面接相談	042-724-2102
小金井 市役所	小金井市本町6-6-3 小金井市役所内	面接相談	042-387-9818

251

第13章 物損交通事故紛争解決のための手続

小平 市役所	小平市小川町2-1333 小平市役所内	面接相談	042-346-9508
日野 市役所	日野市神明1-12-1 日野市役所内	面接相談	042-585-1111
東村山 市役所	東村山市本町1-2-3 東村山市役所内	面接相談	042-393-5111
国分寺 市役所	国分寺市戸倉1-6-1 国分寺市役所内	面接相談	042-325-0111
国立 市役所	国立市富士見台2-47-1 国立市役所内	面接相談	042-576-2111
西東京 (田無) 市役所	西東京市南町5-6-13 西東京(田無)市役所田無庁舎内	面接相談	042-460-9805
西東京 (保谷) 市役所	西東京市中町1-5-1 西東京(保谷)市役所保谷庁舎内	面接相談	042-438-4000
福生 市役所	福生市本町5 福生市役所内	面接相談	042-551-1529
狛江 市役所	狛江市和泉本町1-1-5 狛江市役所内	面接相談	03-3430-1111
武蔵村山 市役所	武蔵村山市本町1-1-1 武蔵村山市役所内	面接相談	042-565-1111
東大和 市役所	東大和市中央3-930 東大和市役所内	面接相談	042-563-2111
清瀬 市役所	清瀬市元町1-2-11 清瀬市役所	面接相談	042-492-5111
東久留米 市役所	東久留米市本町3-3-1 東久留米市役所内	面接相談	042-470-7738
多摩 市役所	多摩市関戸6-12-1 多摩市役所内	面接相談	042-338-6806

第2節　紛争処理機関の利用

稲城 市役所	稲城市東長沼2111 稲城市役所内	面接相談	042-378-2286
あきる野 市役所	あきる野市二宮350 あきる野市役所内	面接相談	042-558-1216
羽村 市役所	羽村市緑ヶ丘5-2-1 羽村市役所内	面接相談	042-555-1111
横浜	横浜市中区日本大通9 横浜弁護士会館内	面接相談 高次脳機能障害面接相談 示談あっせん	045-211-7700
川崎	川崎市川崎区駅前本町3-1 NOF川崎東口ビル11階　川崎法律相談センター内	面接相談	044-223-1149
小田原	小田原市本町1-4-7 朝日生命小田原ビル2階　小田原法律相談センター内	面接相談	0465-24-0017
相模原	相模原市中央区中央2-11-15 相模原市中央区役所内	面接相談	042-769-8230
橋本	相模原市緑区橋本6-2-1 シティプラザはしもと6階　相模原市緑区役所市民相談室	面接相談	042-775-1773
相模大野	相模原市南区相模大野5-31-1 市南合同庁舎3階　相模原市南区役所市民相談室	面接相談	042-749-2171
横須賀	横須賀市日の出町1-5 ヴェルクよこすか3階　横須賀法律相談センター内	面接相談	046-822-9688
座間	座間市緑ヶ丘1-1-1 座間市役所内	面接相談	046-252-8218
山梨	甲府市中央1-8-7 山梨県弁護士会館内	面接相談 示談あっせん	055-235-7202

253

第13章　物損交通事故紛争解決のための手続

東海・甲信越エリア	長野	長野市妻科432 長野県弁護士会館内	面接相談	026-232-2104
	新潟	新潟市中央区学校町通一番町1 新潟県弁護士会館内	面接相談 高次脳機能障害面接相談 示談あっせん	025-222-5533
	村上	村上市岩船駅前56 村上市役所神林支所内	面接相談	025-222-5533
	長岡	長岡市三和3-123-10 新潟県弁護士会長岡支部内	面接相談	0258-86-5533
	三条	三条市荒町2-1-8 三条市体育文化センター3階	面接相談	025-222-5533
	上越	上越市土橋1914-3 上越市市民プラザ内	面接相談	025-222-5533
	五泉	五泉市村松乙130-1 五泉市村松支所（村松公民館）	面接相談	025-222-5533
	佐渡	佐渡市両津湊198 佐渡島開発総合センター内	面接相談	025-222-5533
	佐渡	佐渡市河原田本町394 佐渡中央会館	面接相談	025-222-5533
	岐阜	岐阜市端詰町22 岐阜県弁護士会館内	面接相談 示談あっせん	058-265-0020
	静岡	静岡市葵区追手町10-80 静岡県弁護士会館内	面接相談 示談あっせん	054-252-0008
	沼津	沼津市御幸町21-1 静岡県弁護士会沼津支部内	面接相談 示談あっせん	055-931-1848
	伊藤	伊東市大原2-1-1 伊東市役所内	面接相談	0557-32-1361
	浜松	浜松市中区中央1-9-1 静岡県弁護士会浜松支部内	面接相談 示談あっせん	053-455-3009

	掛川	掛川市亀の甲1-228 あいおいニッセイ同和損害保険ビル3階	面接相談	053-455-3009
	菊川	菊川市堀之内61 菊川市役所安全課内	面接相談	0537-35-0923
	三島	三島市大社町1-10 三島市役所大社町別館内	面接相談	055-983-2651
	下田	下田市東本郷1-5-18 下田市役所	面接相談	055-931-1848
	名古屋	名古屋市中村区名駅3-22-8 大東海ビル9階　名古屋法律相談センター内	面接相談 高次脳機能障害面接相談 示談あっせん	052-565-6110
	豊橋	豊橋市大国町83 愛知県弁護士会東三河支部内	面接相談	0532-56-4623
	岡崎	岡崎市明大寺町字道城ヶ入34-10 愛知県弁護士会西三河支部内	面接相談	0564-54-9449
	一宮	一宮市公園通4-17-1 愛知県弁護士会一宮支部内	面接相談	0586-72-8199
	半田	半田市出口町1-45-16 住吉ビル2階　愛知県弁護士会半田支部内	面接相談	0569-23-8655
北陸エリア	富山	富山市長柄町3-4-1 富山県弁護士会館内	面接相談 示談あっせん	076-421-4811
	金沢	金沢市大手町15-15 金沢第2ビル3階　金沢弁護士会館内	面接相談	076-221-0242
	福井	福井市宝永4-3-1 三井生命ビル7階　福井弁護士会内	面接相談 示談あっせん	0776-23-5255
	滋賀	大津市梅林1-3-3 滋賀弁護士会館内	面接相談 示談あっせん	077-522-2013

エリア	地域	住所	相談内容	電話番号
近畿エリア	京都	京都市中京区富小路通丸太町下ル 京都弁護士会館内	面接相談 高次脳機能障害面接相談 示談あっせん	075-231-2378
	大宮	京丹後市大宮町周枳1 大宮織物ホール 丹後法律相談センター内	面接相談	0772-68-3080
	京都駅前	京都市下京区東塩小路町579-1 山崎メディカルビル6階 京都駅前法律相談センター内	面接相談	075-231-2378
	大阪	大阪市北区西天満1-12-5 大阪弁護士会館内	面接相談 高次脳機能障害面接相談 示談あっせん	06-6364-8289
	なんば	大阪市中央区難波4-4-1 ヒューリック難波ビル4階 大阪弁護士会なんば法律相談センター内	面接相談	06-6645-1273
	門真	門真市中町1-1 門真市役所内	面接相談	06-6902-5648
	茨木	茨木市駅前3-8-13 茨木市役所内	面接相談	072-620-1603
	岸和田	岸和田市宮本町27-1 泉州ビル2階 岸和田法律相談センター内	面接相談	072-433-9391
	堺	堺市堺区南花田口町2-3-20 三共堺東ビル6階 堺法律相談センター内	面接相談	072-223-2903
	豊中	豊中市中桜塚3-1-1 豊中市役所内	面接相談	06-6858-2034
	神戸	神戸市中央区東川崎町1-1-3 神戸クリスタルタワー13階 兵庫県弁護士会分館内	面接相談 示談あっせん	078-341-1717

第 2 節　紛争処理機関の利用

	阪神	尼崎市七松町1-2-1 フェスタ立花北館 5 階501C 号　兵庫県弁護士会阪神支部内	面接相談	06-4869-7613
	明石	明石市中崎1-5-1 明石市役所内	面接相談	078-912-1111
	姫路	兵庫県姫路市北条1-408-6 兵庫県弁護士会姫路支部内	面接相談	079-286-8222
	奈良	奈良市中筋町22-1 奈良弁護士会館内	面接相談 示談あっせん	0742-26-3532
	和歌山	和歌山市四番丁 5 和歌山弁護士会館内	面接相談	073-422-4580
	三重	津市中央3-23 三重弁護士会館内	面接相談 示談あっせん	059-228-2232
中国エリア	鳥取	鳥取市東町2-221 鳥取県弁護士会館内	面接相談	0857-22-3912
	米子	米子市加茂町2-72-2 鳥取県弁護士会米子支部内	面接相談	0859-23-5710
	倉吉	倉吉市葵町724-15 法律相談センター倉吉内	面接相談	0858-24-0515
	島根	松江市母衣町55-4 島根県弁護士会館内	面接相談	0852-21-3450
	石見	浜田市田町116-12 浜田市田町分室　石見法律相談センター内	面接相談	0855-22-4514
	岡山	岡山市北区南方1-8-29 岡山弁護士会館内	面接相談 示談あっせん	086-234-5888
	倉敷	倉敷市幸町3-33　倉敷弁護士室内	面接相談	086-422-0478
	津山	津山市椿高下52　津山弁護士室内	面接相談	0868-22-0464
	広島	広島市中区基町6-27 広島そごう新館 6 階　紙屋町法律相談センター内	面接相談 示談あっせん	082-225-1600

	東広島	東広島市西条西本町28-6 サンスクエア東広島2階　東広島市民文化センター研修室3　ひがし広島法律相談センター内	面接相談	082-421-0021
	呉	呉市西中央4-1-46 広島弁護士会呉地区会内	面接相談	0823-24-6755
	尾道	尾道市新浜1-12-4 広島弁護士会尾道地区会内	面接相談	0848-22-4237
	福山	福山市三吉町1-6-1 広島弁護士会福山地区会館2階	面接相談	084-973-5900
	山口	山口市黄金町2-15 山口県弁護士会館内	面接相談 示談あっせん	0570-064-490
	下関	下関市向洋町1-5-1　1階 山口県弁護士会下関地区会館内	面接相談	0570-064-490
	下関	下関市竹崎町4-4-2 しものせき市民活動センター内	面接相談	0570-064-490
	萩	萩市江向582-2 片山ハイツ102号　萩法律相談センター内	面接相談	0570-064-490
	宇部	宇部市常盤町1-2-5 宇部法律相談センター内	面接相談	0570-064-490
	岩国	岩国市錦見1-10-17 山口県弁護士会岩国地区会館内	面接相談	0570-064-490
	周南	周南市岐山通り2-11　江村ビル1階 山口県弁護士会周南地区会館内	面接相談	0570-064-490
四国エリア	高松	高松市丸の内2-22 香川県弁護士会館内	面接相談 示談あっせん	087-822-3693
	徳島	徳島市新蔵町1-31 徳島弁護士会館内	面接相談	088-652-5768

	愛媛	松山市一番町3-3-3 菅井ニッセイビル9階　愛媛弁護士会内	面接相談 示談あっせん	089-941-6279
	高知	高知市越前町1-5-7 高知弁護士会館内	面接相談 示談あっせん	088-822-4867
九州・沖縄エリア	福岡	福岡市中央区渡辺通5-14-12 南天神ビル2階　天神弁護士センター内	面接相談 電話相談 高次脳機能障害面接相談 示談あっせん	（面接相談） 092-741-3208 （電話相談） 092-741-2270
	いとしま	糸島市前原中央2-6-18 平ビル2階　いとしま弁護士センター内	面接相談	092-321-4400
	むなかた	宗像市東郷2-1-16 むなかた弁護士センター内	面接相談	0940-34-8266
	二日市	筑紫野市二日市北1-3-8 スパシオコモドビル2階　二日市法律相談センター内	面接相談	092-918-8120
	玄界	古賀市新原1051-6 隣保館　古賀弁護士相談センター内	面接相談	092-940-4100
	久留米	久留米市篠山町11-5 久留米法律相談センター内	面接相談	0942-30-0144
	飯塚	飯塚市新立岩6-16 弁護士ビル3階	面接相談	0948-28-7555
	北九州	北九州市小倉北区金田1-4-2 北九州法律相談センター内	面接相談 示談あっせん	093-561-0360
	魚町	北九州市小倉北区魚町1-4-21 魚町センタービル5階　魚町法律相談センター内	面接相談	093-551-0026
	折尾	北九州市八幡西区北鷹見町13-10 オリオンプラザ第一ビル2階　折尾法律相談センター内	面接相談	093-691-2166

佐賀	佐賀市中の小路7-19 佐賀県弁護士会館内	面接相談 示談あっせん	0952-24-3411
長崎	長崎市栄町1-25 長崎MSビル4階　長崎県弁護士会館内	面接相談	095-824-3903
佐世保	佐世保市島瀬町4-12 シティヒルズカズバ2階　長崎県弁護士会佐世保支部内	面接相談	0956-22-9404
熊本	熊本市中央区水道町1-23 加地ビル3階　熊本法律相談センター内	面接相談 示談あっせん	096-325-0009
八代	八代市松江城町6-6 八代法律相談センター内（八代商工会議所）	面接相談	096-325-0009
大分	大分市中島西1-3-14 大分県弁護士会館内	面接相談	097-536-1458
宮崎	宮崎市旭1-8-28 宮崎県弁護士会館内	面接相談	0985-22-2466
鹿児島	鹿児島市易居町2-3 鹿児島県弁護士会館内	面接相談 示談あっせん	099-226-3765
那覇	那覇市松尾2-2-26-6 沖縄弁護士会館内	面接相談 示談あっせん	098-865-3737
コザ	沖縄市知花6-6-5 沖縄弁護士会相談センター沖縄支部内	面接相談	098-865-3737

第2節　紛争処理機関の利用

〈公益財団法人日弁連交通事故相談センターの弁護士による無料の電話相談〉
（公益財団法人日弁連交通事故相談センターのホームページより）

> 弁護士による無料の電話相談
> 　交通事故に精通した弁護士による電話相談です。直接弁護士から具体的なアドバイスを受けることができます。相談は、お一人様10分程度となります。そのため事故や被害の状況などを詳しく伺うことができませんので、電話での回答が困難な内容、例えば、損害賠償額の算定や過失割合の判断などの場合は、面接の相談をお願いしております。
>
> 【ナビダイヤル】
> 0570-078325（月曜～金曜 10:00～15:30）

受付時間
・月～金（土・日・祝祭日を除く）10：00～15：30
・相談時間は10分程度です。
・相談料は無料ですが、電話料金がかかります。
・PHS・IP電話からも相談のお電話を受け付けております。
　番号は、03-3581-1770 月曜～金曜 10:00～15:30（12:00～13:00は休憩時間）です。

料　金
・相談料０円
・通話料//
（0570-078325（ナビダイヤル）にかけた場合、はじめに通話料を自動音声でご案内します。）
固定電話からは、最大で３分あたり80円（税別）〈22.5秒ごとに10円（税別）〉かかります。
携帯電話からは、最大で３分あたり90円（税別）〈20秒ごとに10円（税別）〉かかります。
公衆電話からは、最大で３分あたり220円（税別）〈8.5秒ごとに10円（税別）〉かかります。

ご注意
「0570」は、ナビダイヤルの番号です。当センターは、相談者様からのお電話を全国24ヶ所にある相談所の弁護士が自動転送によって受け付ける相談体制をとっています。
相談者様の居住地に関係なく、お電話いただけますが、電話をお掛けになったタイミングによっては、お住まいの地域の相談所だけでなく、遠方の各相談所に接続されることもございますので、その点ご了承ください。
〈具体例〉
北海道にお住まいの方が0570-078325（ナビダイヤル）にかけた場合、北海道

内の相談所ではなく、他県の相談所に接続される場合もございます。

毎月10日は弁護士による交通事故電話相談の日です

毎月10日（但し、10日が土曜日、休日及び祝日に当たる場合は休日明けの平日に実施）は相談時間を延長して、電話相談を実施しています。ぜひご利用ください。

〔2015年の拡大電話相談の日　一覧〕
【2015年】

1月	13日（火）	2月	10日（火）	3月	10日（火）	4月	10日（金）
5月	11日（月）	6月	10日（水）	7月	10日（金）	8月	10日（月）
9月	10日（木）	10月	13日（火）	11月	10日（火）	12月	10日（木）

毎月10日の拡大電話相談専用番号

【ナビダイヤル】
0570-078325（10:00〜19:00）

※相談時間10：00〜19：00
※相談料は無料ですが、電話料金がかかります。
※相談者の居住地に関係なく、お電話いただけます。
※「0570」はナビダイヤルの番号です。全国の相談所で相談担当弁護士が電話相談を受け付けております。
　お近くの相談所の回線が話中の場合、遠方の相談所に転送されることがございます。
※ PHS・IP電話からも相談のお電話を受け付けております。番号は、03-3581-1770（月曜〜金曜10：00〜15：30まで（12:00〜13:00は、休憩時間です。））です。

第2節　紛争処理機関の利用

〈公益財団法人日弁連交通事故相談センターの弁護士による示談成立のお手伝い〉
（公益財団法人日弁連交通事故相談センターのホームページより）

示談成立のお手伝い

損害賠償の交渉で相手方と話し合いがつかない時に、当センターの弁護士が間に入り、公平・中立な立場で示談が成立するようお手伝いします。調停の民間版とでも言うべき制度で、早期に適正な賠償額での解決に努めています。まず面接相談を受けていただき、示談あっ旋に適する事案と弁護士が判断した場合に示談あっ旋の申し込み手続きをしていただきます。

※当センターではこのような示談成立のためのお手伝い"示談あっ旋"と呼んでおります。

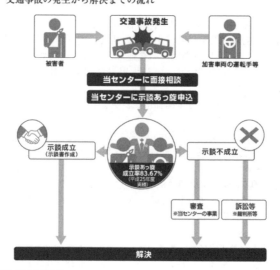

示談あっ旋が可能な事案

自賠責保険または自賠責共済に加入することを義務付けられている車両による「自動車」事故事案に限ります。

人損	すべて可能（自賠責保険・自賠責共済のみ、または無保険でも可）
人損を伴う物損	すべて可能（自賠責保険・自賠責共済のみ、または無保険でも可）
物損のみ	損害賠償者が下記任意保険または任意共済のいずれかに加入している場合

物損のみの示談あっ旋

損害賠償者が、下記の一般社団法人日本損害保険協会加盟保険会社による、物損の示談代行付きの保険に加入している場合、物損のみでも示談あっ旋が可能です（平成26年4月現在）。

1．あいおいニッセイ同和損害保険㈱
2．アクサ損害保険㈱
3．朝日火災海上保険㈱
4．イーデザイン損害保険㈱
5．SBI損害保険㈱
6．共栄火災海上保険㈱
7．セコム損害保険㈱
8．セゾン自動車火災保険㈱
9．ソニー損害保険㈱
10．㈱損害保険ジャパン
11．そんぽ24損害保険会社
12．大同火災海上保険㈱
13．東京海上日動火災保険㈱
14．日新火災海上保険㈱
15．日本興亜損害保険㈱
16．富士火災海上保険㈱
17．三井住友海上火災保険㈱
18．三井ダイレクト損害保険㈱

※50音順

共済関係の示談あっ旋

損害賠償者が、下記の9共済に加入している場合。
人損のみ・物損のみ・人損を伴う物損、いずれの場合でも示談あっ旋が可能です。

1．全労済（全国労働者共済生活協同組合連合会）の「マイカー共済」に加入。
2．教職員共済生協（教職員共済生活協同組合）の「自動車共済」に加入。
3．JA共済連（全国共済農業協同組合連合会）の「自動車共済」に加入。
4．自治協会（全国自治協会）・町村生協（全国町村職員生活協同組合）の「自動共済」に加入。
5．都市生協（生活協同組合全国都市職員災害共済会）の「自動車共済」に加入。
6．市有物件共済会（全国市有物件災害共済会）の「自動車共済」に加入。
7．自治労共済生協（全日本自治体労働者共済生活協同組合）の「自動車共済」に加入。
8．交協連（全国トラック交通共済協同組合連合会）の「自動車共済」に加入。
9．全自共（全国自動車共済協同組合連合会）の「自動車共済」、全自共と日火連（全日本火災共済協同組合連合会）の「自動車総合共済MAP（共同元受）」に加入。

※原則「自転車」事故事案については示談あっ旋できません。
　ただし、全労済の「マイカー共済」については、平成18年8月1日以降自転車賠償責任補償特約が付保されている場合には、被共済者が所有、使用、または管理する自転車を被共済自動車とみなし、自転車事故についても示談あっ旋が可能です。

示談あっ旋の拒絶

以下の場合には示談あっ旋の申出を受理できません。
1．調停または訴訟手続に係属中であるとき
2．他の機関にあっ旋を申し出ている事案であるとき
3．不当な目的により申出をしたものと認められるとき
4．当事者が権利または権限を有しないと認められるとき
5．弁護士法第72条（非弁護士の法律事務の取扱等の禁止）違反の疑いがある者からの申出であるとき
6．その他示談あっ旋を行うに適当でないと認められるとき

第2 公益財団法人交通事故紛争処理センター

　公益財団法人交通事故紛争処理センターでは、所属する弁護士の面接相談が無料で行われており、面接相談後に示談のあっせん等も行っている（塩崎ほか『交通事故訴訟』159頁・215頁）。

　交通事故紛争処理センターでは、物損事故による損害賠償事件も対象としている（塩崎ほか『交通事故訴訟』159頁・216頁）。

　示談の合意ができた場合は、示談書を作成する（塩崎ほか『交通事故訴訟』163頁）。

〈公益財団法人交通事故紛争処理センター所在地一覧〉

東京本部	〒163-0925	東京都新宿区西新宿2-3-1 新宿モノリスビル25階	TEL. 03-3346-1756 FAX. 03-3346-8714
札幌支部	〒060-0001	札幌市中央区北1条西10丁目 札幌弁護士会館4階	TEL. 011-281-3241 FAX. 011-261-4361
仙台支部	〒980-0811	仙台市青葉区一番町4-6-1 仙台第一生命タワービルディング11階	TEL. 022-263-7231 FAX. 022-268-1504
名古屋支部	〒450-0003	名古屋市中村区名駅南2-14-19 住友生命名古屋ビル24階	TEL. 052-581-9491 FAX. 052-581-9493
大阪支部	〒541-0041	大阪市中央区北浜2-5-23 小寺プラザビル4階南側	TEL. 06-6227-0277 FAX. 06-6227-9882
広島支部	〒730-0032	広島市中区立町1-20 NREG広島立町ビル5階	TEL. 082-249-5421 FAX. 082-245-7981
高松支部	〒760-0033	高松市丸の内2-22 香川県弁護士会館3階	TEL. 087-822-5005 FAX. 087-823-1972
福岡支部	〒810-0001	福岡市中央区天神1-9-17 福岡天神フコク生命ビル10階	TEL. 092-721-0881 FAX. 092-716-1889
さいたま相談室	〒330-0843	さいたま市大宮区吉敷町1-75-1 太陽生命大宮吉敷町ビル2階	TEL. 048-650-5271 FAX. 048-650-5272
金沢相談室	〒920-0853	金沢市本町2-11-7 金沢フコク生命駅前ビル12階	TEL. 076-234-6650 FAX. 076-234-6651

第3　紛争解決センター

　紛争解決センターは、「仲裁センター」、「あっせん・仲裁センター」、「示談あっせんセンター」、「民事紛争処理センター」、「法律相談センター」等と呼ばれ、日弁連（日本弁護士連合会）に所属する弁護士会によって設置されている。紛争解決センターに紛争の解決を依頼すると、仲裁人を含めて紛争解決に向けた話し合いが行われる。

　この紛争解決センターでの相談は、有料である（塩崎ほか『交通事故訴訟』223頁）。

〈紛争解決センター一覧〉

地方	都道府県	センター名
北海道	北海道	札幌弁護士会　紛争解決センター
東北	宮城県	仙台弁護士会　紛争解決支援センター
	山形県	山形県弁護士会　示談あっせんセンター
	福島県	福島県弁護士会　示談あっせんセンター
関東	東京都	東京弁護士会　紛争解決センター
		第一東京弁護士会　仲裁センター
		第二東京弁護士会　仲裁センター
	神奈川県	横浜弁護士会　紛争解決センター
	埼玉県	埼玉弁護士会　示談あっせん・仲裁センター
	群馬県	群馬弁護士会　紛争解決センター
	山梨県	山梨県弁護士会　民事紛争処理センター
	新潟県	新潟県弁護士会　示談あっせんセンター
	静岡県	静岡県弁護士会　あっせん・仲裁センター
中部	富山県	富山県弁護士会　紛争解決センター
	愛知県	愛知県弁護士会　紛争解決センター

		愛知県弁護士会　紛争解決センター　西三河支部
	岐阜県	岐阜県弁護士会　示談あっせんセンター
	石川県	金沢弁護士会　紛争解決センター
近畿	大阪府	公益社団法人　総合紛争解決センター
	京都府	京都弁護士会　紛争解決センター
	兵庫県	兵庫県弁護士会　紛争解決センター
	奈良県	奈良弁護士会　仲裁センター
	滋賀県	滋賀弁護士会　和解あっせんセンター
	和歌山県	和歌山弁護士会　紛争解決センター
中国	広島県	広島弁護士会　仲裁センター
	山口県	山口県弁護士会　仲裁センター
	岡山県	岡山弁護士会　岡山仲裁センター
	島根県	石見法律相談センター
四国	愛媛県	愛媛弁護士会　紛争解決センター
九州	福岡県	福岡県弁護士会　紛争解決センター（天神弁護士センター）
		福岡県弁護士会　北九州法律相談センター
		福岡県弁護士会　久留米法律相談センター
	熊本県	熊本県弁護士会　紛争解決センター
	鹿児島県	鹿児島県弁護士会　紛争解決センター
	沖縄県	沖縄弁護士会　仲裁センター

第3節　民事調停

第1　民事調停の申立て

　物損交通事故の紛争については、裁判所に民事調停の申立てをすることもできる。

民事調停は、民事に関する紛争について、当事者間の互譲によって、条理にかない実情に即した解決を図ることを目的としたものである（民調1条）。
　物損交通事故の紛争の訴訟においては、その申立書である訴状には、自己の請求を基礎づける法的請求の原因の記載が要求されている（民訴133条2項2号）。そして、その記載が欠ける場合には、その不備の補正を命じられ（民訴137条1項前段）、その不備の補正がないときは、訴状が却下されることになる（民訴137条2項）。これに対し、民事調停においては、申立書には、紛争の要点を記載することで足りるとされ（民調規3条）、事案によっては、訴訟で解決するより、迅速で当事者に負担の少ない解決が図れると思われる。
　では、どのような事件について、民事調停の申立てをすべきであろうか。これについては、法的争点がないかそれがわずかであり、弁護士代理人を付けることが困難である事情があり、当事者の話をじっくり聞くことによって、事件の解決が図れるような事件については、民事調停の申立てをすべきではないかと思われる。
　なお、交通事故による損害賠償に関する紛争のうち、自動車の運行によって人の生命または身体が害された場合における損害賠償（人損）の紛争に関する調停事件については、交通調停事件として行われる（民調33条の2）が、物的損害（物損）のみを請求する場合は、それに該当しないので、一般民事調停となる。
　調停の申立てをする際には、交通事故証明書、請求する損害を証明する証拠（修理代を請求する場合――見積書等）がある場合には、その原本または写しを提出しなければならないとされている（民調規2条）。

【書式1】調停申立書（交通事故に基づく損害賠償請求）

		裁 判 所 用
調停事項の価額	円	
ちょう用印紙	円	印紙欄　　　　　　交通・民事一般
予納郵便切手	円	（割印はしないでください）　受　付　印

（交 通）　　調　停　申　立　書
　　　　　　　　　　　　　　　簡易裁判所　御中

作成年月日	平成　　　年　　　月　　　日
申　立　人	（〒　　－　　）（☎　　－　　－　　） 住所・氏名（氏名の横に押印してください。） 　　　　　　　　　　　　　　　　　　　　　㊞
申　立　人	（〒　　－　　）（☎　　－　　－　　） 住所・氏名（氏名の横に押印してください。） 　　　　　　　　　　　　　　　　　　　　　㊞
相　手　方	（〒　　－　　）（☎　　－　　－　　） 住所・氏名（所在地・会社名・代表者名）
相　手　方	（〒　　－　　）（☎　　－　　－　　） 住所・氏名（所在地・会社名・代表者名）
申立ての趣旨	（該当する数字を○印で囲んでください。） 相手方　は申立人　に対して 1　金　　　　　　　円を支払うこと 2　相当額の金額を支払うこと との調停を求める。

紛争の要点		
交通事故の内容	発生年月日	平成　　年　　月　　日（午前・午後）　　時　　分
	発生場所	都道府県　　　市／郡村／区　　町　　丁目　　先道路（道路名　　　　　）
	加害者の種類	（該当する数字を○印で囲んでください。） 1　自動車　　　　　　2　原動機付自転車 3　その他　（　　　　　　　　　　　　　　）
	加害者運転者氏名	氏名
	加害者運転者と相手方との関係	関係
	被害者の氏名・年齢・職業	氏名　　　　　　　　歳　氏名　　　　　　　　歳 職業　　　　　　　　　　職業
	被害者と申立人との関係	関係　　　　　　　　　　関係
	被害の内容	（該当する数字を○印で囲んでください。） 1　死亡　　2　負傷 3　物損 　　修理代を請求する場合、その車両の所有者 　　□ 申立人　□ その他（　　　　　　　　） 　　その他の場合、所有者以外の者が申立をする理由 （　　　　　　　　　　　　　　　　　　　）
	後遺症	（該当する文字を○印で囲んでください。） 1　有　　　　2　無　　　　3　不明
損害額	治療費	円　修理費　　　　　　　　円
	休業損害	円　　　　　　　　　　　　円
	慰謝料	円　　　　　　　　　　　　円
		円　　　　　　　　　　　　円
	合計	金　　　　　円（内金　　　　円支払ずみ）
添付書類		交通事故証明書　　　通　診断書写し　　　通 車検証　　　　　　　通　修理代見積書　　通 商業登記簿謄(抄)本　通

事故発生状況説明書

(表示例) 四輪車[原告車☐ 被告車■] バイク等[原告車⇨ 被告車➡]
進行方向[→]

上記図の説明を書いて下さい。

第2　民事調停の管轄〔申立先〕

　民事調停事件は、基本的には、相手方の住所、居所、営業所もしくは事務所の所在地を管轄する簡易裁判所に申し立てることになる（民調3条前段）。当事者間で合意すれば、当事者が合意で定めた地方裁判所または簡易裁判所に申立てをすることができる（民調3条後段）。

　交通事故によって生命・身体が害されたことに伴う人的損害賠償請求をする場合は、当該損害賠償を請求する者の住所または居所の簡易裁判所にも申立てをすることができる（民調33条の2）が、物的損害〔物損〕のみを請求する場合は、これに該当しないので、原則に戻り、相手方の住所、居所、営業所もしくは事務所の所在地を管轄する簡易裁判所に申し立てることになる（民調3条）。

第3　調停調書の効力

　調停が成立した場合、その調停調書は、裁判上の和解と同一の効力を有し（民調16条）、確定判決と同一の効力を有することになり（民訴267条）、債務者の財産に対する強制執行をすることができる文書である債務名義となる（民執22条7号）。

第4　調停不成立の場合の訴訟の提起

　調停申立人が調停不成立の通知を受けた日から2週間以内に調停の目的となった請求について訴えを提起したときは、調停申立て時にその訴えの提起があったものとみなされる（民調19条）。そして、調停申立て時に納付した手数料額は、訴え提起の段階では納めたものとみなされて（民訴費5条1項）、訴え提起の際に納付すべき手数料額から控除することができる。この場合、訴え提起時に、当該調停の内容、納めた手数料額および不成立の通知を受けた日についての証明書を添付する必要がある。

第4節　裁判手続

第1　訴訟手続の種類・選択

1　訴訟手続

　裁判所における訴訟手続には、通常訴訟と少額訴訟がある。その他に、債権者の一方的主張に基づき、相手方である債務者の主張を聞かずに（民訴386条1項）、裁判所書記官が支払督促を発令する、特別訴訟（略式訴訟）である督促手続がある。
　物損交通事故の紛争について、調停等を経ずに、いきなり訴訟手続をすることもできる。

2　督促手続の選択

　督促手続は、債権者の一方的主張に基づき、相手方である債務者の主張を聞かずに（民訴386条1項）、簡易・迅速に、強制執行をすることができる文書（債務名義）となる仮執行宣言付支払督促（民執22条4号）を得させる手続である。したがって、相手方と話をし、場合によっては和解等も考えているような場合には、その目的を達することはできない。また、たとえば、物損交通事故の相手方である加害者が、その物損の損害賠償支払義務を争うような場合は、当然裁判所書記官が発した支払督促に対し督促異議申立てをすることになると思われ（民訴390条・393条）、そうなると督促手続は訴訟手続に移行することになり（民訴395条）、督促手続を利用した意味が失われてしまう。
　したがって、たとえば、相手方である加害者が、物損の損害賠償支払義務自体を争わず、ただ加害者の怠慢、履行意思の欠如または資金不足等により

履行しないような場合に、督促手続を利用し、仮執行宣言付支払督促を得て、それを基に加害者側に支払いを促したり、あるいは、加害者側に財産があり、それを差し押さえて強制的に損害賠償の支払いを受けることを考えているような場合には、意味があると思われる。

3　通常訴訟手続の選択

　では、どのような物損交通事故の紛争について、民事調停等を経ずに、通常訴訟手続をすべきなのであろうか。これについては、事故の態様・過失割合等に争いがあり、その点について、ある程度裁判所の判断がないと話し合いをする余地もないような事件については、民事調停を経ずに、通常訴訟手続をするのが相当であると思われる。

4　少額訴訟手続の選択

　また、訴訟手続には、少額訴訟手続がある。これは、証拠は即時に取調べることができるものに限定され（民訴371条）、原則として1回の期日で審理を完了することを予定しており（民訴370条）、訴訟物の価額も60万円以下と定められているので（民訴368条1項）、事故の態様が複雑でなく、証拠もすぐにそろえることのできる、60万円以下の金銭の支払いを求める物損交通事故の紛争は、少額訴訟で行うのが相当であると思われる。

　少額訴訟は、原則として1回の期日で審理を完了することを予定しているので、申立てをする原告は、申立て段階で、訴状等において主張すべきことをすべて主張し、証拠もすべてそろえておく必要がある。

　具体的には、たとえば、交通事故証明書、事故現場の図面・写真、修理費の見積、車検証、事故車の損傷部分の写真、事故の状況の陳述書等の証拠が必要になり、それがすぐにそろえられ、事故の態様が複雑でないような事件は、少額訴訟で行うのが相当であると思われる。

　これに対して、事故の態様が複雑であったり、営業車の事故で、その休車

損等の基となる営業利益等に争いがあるような事件については、1回の期日で審理を完了することは難しいので、通常訴訟で処理するのが相当であろう。

　なお、少額訴訟においては、通常の訴訟では認められている被告の損害についての反訴は禁止されている（民訴369条。したがって、当事者の合意に基づく和解の場合は、合意ができれば、被告側の損害も加味して解決することはできるが、判決をする場合は、相手方の損害についての判断はできないことになる）。また、少額訴訟判決に不服がある場合の不服申立ては、異議申立てができるのみであり（民訴378条）、異議申立てがあれば同一の簡易裁判所でさらに少額異議審として審理をすることができるだけで、その異議審の判決に対しては不服申立てができないとされ（民訴380条）、通常の訴訟での判決に対する不服申立てである控訴・上告ができず、他の裁判所での再審理はできないことになっている。したがって、少額訴訟を選択するには、その点も考慮すべきである。

【書式2】少額訴訟の訴状書式——物損損害賠償請求

訴　　状

【事　件　名】
　　□賃金　□売買代金　□請負代金　□敷金返還　□賃料　□賃金
　　□解雇予告手当　□損害賠償（物損）　□入会預託金返還　□マンション管理費
　　□
　　請　求　事　件

□少額訴訟による審理及び裁判を求めます。本年、私がこの裁判所において少額訴訟による審理及び裁判を求めるのは　　回目です。

　　　平成　　年　　月　　日

　　　　　　原　　告　　　　　　　　　　　　　　　　　　　　印

○○簡易裁判所　　御中

	訴　額　　　　円 手数料　　　　円	収入印紙
受　付　印	印　紙　　　　　円 予納郵券　　　　円	

当事者の表示

原 告
　住 所　〒　　-

　氏 名

　TEL　　　-　　-　　　　FAX　　　-　　-
　携帯電話　　　-　　-

　原告に対する書類の送達は、次の場所に宛てて行って下さい。
　　□上記住所等
　　□勤務先　住　所　〒　　-
　　　　　　　名　称
　　　　　　　TEL　　　-　　-
　　□その他の場所（原告との関係　　　　　　　　　　　　）
　　　　住　所　〒　　-
　　　　TEL　　　-　　-
　原告に対する書類の送達は、次の人に宛てて行って下さい（送達受取人）。
　　　氏　名

被 告
　住 所　〒　　-

　氏 名

　TEL　　　-　　-　　　　FAX　　　-　　-
　携帯電話　　　-　　-
　（勤務先）□次のとおり　　　　　　　□不明
　　　　住　所　〒　　-
　　　　名　称
　　　　TEL　　　-　　-

(損害賠償・交通事故の物損)

請求の趣旨
被告　は、原告に対して、次の金員を支払え。 □1　請求額　金　　　　　　　　円 □2　上記1の金額に対する□平成　　年　　月　　日□訴状送達の日の翌日から支払済みまで年5％の割合による遅延損害金

	紛争の要点	
1	事故発生の日時	平成　　年　　月　　日　□午前　□午後　　時　　分頃
2	事故発生の場所	先路上
3	原告車種 登録番号等	（　　　　　　　　　　　号） 所有者□原告　　　運転者□原告 　　　□　　　　　　　　□
4	被告車種 登録番号等	（　　　　　　　　　　　号） 運転者□被告 　　　□
5	事故の状況	別紙「事故発生状況説明図」記載のとおり
6	被告の過失態様	□追突□信号無視□直進妨害□一時停止違反□割込み □左折禁止違反□右折禁止違反□無理な追越し □前方不注視□センターラインオーバー□
7	原告車修理代額	金　　　　　　円
8	代車使用料	金　　　　　　円 (平成　年　月　日から平成　年　月　日まで1日当たり金　　円)
9	休車補償	金　　　　　　円 (平成　年　月　日から平成　年　月　日まで1日当たり金　　円)
10	その他	
11	添付書類	□交通事故証明書、□示談書・念書、□車等の損傷部分の写真、□車検証、□車の修理代見積書、□領収書、□休業損害証明書、□代車使用料の領収書・見積書、□

事故発生状況説明書

（表示例）　四輪車［原告車▱］　被告車▰］　バイク等［原告車⇨　被告車➡］
　　　　　進行方向［ → ］

上記図の説明を書いて下さい。

_____
_____
_____
_____
_____

【書式3】 少額訴訟の答弁書書式

①

○○簡易裁判所○係○○　御中　　　口頭弁論期日
事件番号　平成○年（少コ）第○○号　平成○年○月○日（○）午後○時○分
事 件 名　損害賠償（交通）請求事件
原　　告　○○○○
被　　告　○○○○

答　弁　書

　　　　　　　　　　　　　　　　　　　平成　　年　　月　　日

住所　〒

――――――――――――――――――――――――――――――
氏名（会社の場合は、会社名・代表者名まで記入してください。）
――――――――――――――――――――――――――――――㊞
　　　　電話番号（　　）　―　　　　FAX（　　）　―

1　書類の送達場所の届出（□にレ点を付けてください。）
　　私に対する書類は、次の場所宛に送ってください。
　　□　上記の場所（アパートやマンションの場合は、棟・号室まで記入のこと。）
　　□　上記の場所以外の下記場所（勤務先の場合は、会社名も記入のこと。）
　住所　〒

――――――――――――――――――――――――――――――
　　　　電話番号（　　）　―　　　　FAX（　　）　―
　　　この場所は、□勤務先、□営業所、□その他（私との関係は　　　）です。

2　送達受取人の届出（希望者のみ）
　　私に対する書類は、（氏名）　　　　　　　　宛に送ってください。

3　請求に対する答弁（□にレ点を付けてください。）
　　訴状（支払督促申立書）の請求の原因（紛争の要点）に書かれた事実について、
　　□　認めます。
　　□　間違っている部分があります。

□　知らない部分があります。

4　私の言い分（□にレ点を付けてください。）
　　□　私の言い分は次のとおりです。

　　□　話し合いによる解決（和解）を希望します。
　　　　□　分割払いを希望します。
　　　　　　平成　　年　　月から、毎月　　日までに金　　　　　円ずつ支払う。
　　　　□　その他の案

（※枠内に納まらない場合は、別の用紙を利用し、この用紙に添付してください。）

②

```
平成　年（少コ）第　　号　　　　　　　　請求事件
　　　　　　　　　　　　　　　原　告＿＿＿＿＿＿＿＿＿＿
　　　　　　　　　　　　　　　被　告＿＿＿＿＿＿＿＿＿＿

                    答　弁　書
                              平成　　年　　月　　日
〒
住　所

氏　名　　　　　　　　　　　　　　　印

　　TEL　　　　　　　　　　　　Fax
　　携帯電話
　私に対する書類は、次の場所にあてて送達してください。
　　□上記住所
　　□勤務先（就業場所）
　　　名　称
　　　〒
　　　所在地
　　　　TEL　　　　　　　　　　Fax
　　□その他（被告との関係　　　　　　　　　　　）
　　　〒
　　　住所
　　　　TEL　　　　　　　　　　Fax

□この送達のあて名は、私の代わりに、次の者にしてください。
　（注：送達受取人を定める場合）
　　氏名（　　　　　　　　　　　　）


○○簡易裁判所民事○係　御中
※　該当する□に✓を記入してください。
※　２部作成し、それぞれに押印したものを送ってください。
```

1 紛争の要点（請求の原因）に対する意見
　□　紛争の要点（請求の原因）に書かれている事実は、すべて間違いありません。
　（注：2以下についても記入してください。）
　□　紛争の要点（請求の原因）に書かれている事実のうち、次の部分が間違っています。

　□　その他の私の意見

2　本件債務の支払についての希望
　□　分割支払
　　　　毎月　　　日限り　　　　　　金　　　　　　円ずつ

　　　　賞与月（　月、　月、　月）に金　　　　　　円ずつ
　□　一括支払　平成　　年　　月　　日限り
　□　その他の支払方法（具体的に記入してください。）

　（上記支払を希望する理由）
　□　月　収　　　　　金　　　　　円程度
　□　借入金・負債あり　金　　　　　円くらい
　□　その他

5 訴訟事件の管轄～訴訟事件の申立裁判所

(1) 事物管轄～訴え提起をする第一審裁判所
ア 通常訴訟の事物管轄～通常訴訟の第一審裁判所

通常訴訟の事物管轄は、訴訟物の価額が140万円を超えない事件は簡易裁判所にあり（裁判所法33条1項1号）、訴訟物の価額が140万円を超える事件については地方裁判所にあり（裁判所法24条1号）、それぞれその裁判所に申立てをすることになる。

訴訟物の価額は、物損の損害賠償請求の場合は、遅延損害金を除く請求金額（主たる請求の額）が訴訟物の価額になる。

イ 少額訴訟の事物管轄～少額訴訟の審理裁判所

少額訴訟は、簡易裁判所の事物管轄に属し（民訴368条1項）、簡易裁判所に申立てをすることになる。

(2) 土地管轄～訴え提起をする裁判所の場所
ア 被告の普通裁判籍（住所等）所在地を管轄する裁判所への訴え提起

訴えは、原則として、被告の普通裁判籍である住所等の所在地を管轄する裁判所の管轄に属し（民訴4条1項・2項）、その被告の住所を管轄する裁判所に申立てをすることになる。被告である加害者の仕事上の事故でその使用者会社に使用者責任（民法715条）を問う場合は、その会社の住所は、本店所在地にあることになり（民訴4条4項、会社4条）、使用者会社の本店所在地を管轄する裁判所に申立てをすることになる。

イ 義務履行地を管轄する裁判所への訴え提起

財産権上の訴えは、義務履行地を管轄する裁判所に訴えを提起することができる（民訴5条1号）。損害賠償請求権は金銭債権であり、別段の意思表示がない限り、債権者の現在の住所で弁済しなければならない持参債務とされており（民法484条）、交通事故に基づく損害賠償債務の義務履行地は、債権者である原告の住所地となる。したがって、原告の住所地を管轄する裁判所

にも訴えを提起することができる（秋山ほか『コンメ民訴Ⅰ〔2版追補〕』111頁、塩崎ほか『交通事故訴訟』572頁）[*37]。

　ウ　不法行為に関する訴えの不法行為地を管轄する裁判所への訴え提起

　不法行為に関する訴えは、不法行為地を管轄する裁判所へ訴えを提起することができるとされている（民訴5条9号）。したがって、物損の損害賠償請求訴訟では、交通事故が発生した事故現場の地を管轄する裁判所へも訴えを提起することができる。

　エ　業務に関する訴えの事務所・営業所所在地を管轄する裁判所への訴え提起

　事務所または営業所を有する者に対する訴えでその事務所または営業所における業務に関するものは、当該事務所または営業所の所在地を管轄する裁判所に訴えを提起できるとされている（民訴5条5号）。ここでいう事務所または営業所とは、ある程度独立して業務または営業をするものでなければならないとされている（秋山ほか『コンメ民訴Ⅰ〔2版追補〕』118頁）。したがって、物損の損害賠償請求の訴えを、加害者の使用者会社を被告として訴えを提起する場合、当該会社の所属する事務所または営業所においてある程度独立して業務が行われているときは、当該事務所または営業所を管轄する裁判所にも訴えを提起することができることになる（秋山ほか『コンメ民訴Ⅰ〔2版追補〕』120頁）。

6　訴訟代理人

　法令により裁判上の行為をすることができる代理人のほか、弁護士でなければ訴訟代理人となることができないのが原則であるが、簡易裁判所においては、裁判所の許可を得て、弁護士でない者（個人における同居の親族、法人における従業員等）を訴訟代理人とすることができる〔許可代理人〕（民訴54

[*37]　東京高決平5・9・9判時1485号116頁（不法行為に基づく損害賠償請求についても、義務履行地である、民法484条後段による債権者の現時の住所を管轄する裁判所に訴えを提起することができるとした）。

条1項)。

　この簡易裁判所における許可代理人においては、交通事故における損害賠償請求事件で、保険契約の示談交渉サービス等の約款に基づいて、保険会社の従業員を許可代理人として申請してくる場合がある。これは、弁護士法72条の非弁護士による、報酬を得る目的での、訴訟事件等の法律事務取扱いの禁止の関係などから、代理許可をしないのが相当であると思われる（大段『簡裁関係訴訟』69頁(i)）。また、タクシー会社とその従業員である運転手個人を被告とする交通事故による損害賠償請求事件において、タクシー会社の法務担当者を運転手個人の許可代理人として申請する場合があるが、運転手は事故の責任について会社から求償を受ける可能性があり（民715条3項）、会社と運転手個人の利益が相反するおそれがあり、代理許可をしないのが相当である（大段『簡裁関係訴訟』69頁(j)）。

　また、簡易裁判所では、司法書士会の会員である司法書士のうち、所定の研修を受け、法務大臣による能力認定を受けた者については、代理人となることができる〔認定司法書士〕（司法書士法3条2項）。当該認定司法書士が代理することができるのは、民事訴訟法の手続においては、目的の価額が簡易裁判所の事物管轄を超えない範囲内（140万円を超えない範囲内（裁判所法33条1項1号））である（司法書士法3条1項6号イ）。

7　訴え手数料の納付

　訴えの提起においては、申立手数料を納めなければならない（民訴費3条、別表第1・1）。

　訴えの申立手数料は、訴状に収入印紙を貼って納めなければならない（民訴費8条本文）。手数料の額が100万円を超えるときは、現金をもって納めることができる（民訴費8条ただし書、民訴費規4条の2第1項）。

8　郵便切手等の納付

訴え提起に際しては、相手方である被告への訴状送達・呼出等の手続進行のための郵便切手等を納めなければならない（民訴費11条〜13条）。

9　訴状副本、書証の写しの添付

訴え提起時には、訴状原本の他に、相手方である被告に送達される訴状副本（民訴規58条1項）、立証を要する事項についての書証の写し（民訴規55条）を添付しなければならない。

10　訴訟における主張立証の構造等

訴訟においては、申立人である原告が、自己の主張する請求権の発生を基礎づける具体的事実である請求原因を主張立証する必要がある。

請求原因と両立する具体的事実で、請求原因から発生する法的効果を排斥するものが抗弁となり、それは被告側が主張立証する必要がある。そして、抗弁と両立する具体的事実であって、抗弁から発生する法律効果を排斥するものが再抗弁となり、それは原告側が主張立証する必要がある。以下、再抗弁と再々抗弁との関係、再々抗弁と再々々抗弁との関係等、同様の関係で続くことになる。

請求原因事実を相手方である被告が、争わないか、争いがあるときでもその事実の存在を原告が証明した場合、被告側が、抗弁事実を主張立証しない限り、原告の請求が認められることになる。そして、請求原因事実を相手方である被告が、争わないか、争いがあるときでもその事実の存在を原告が証明し、抗弁事実を原告が、争わないか、争いがあるときでもその事実の存在を被告が証明した場合は、原告側が、再抗弁事実を主張立証しない限り、原告の請求が認められないことになる。以下、再々抗弁、再々々抗弁と、同様の関係で続くことになる。

以下、各事件類型ごとに、主張すべき事実および証拠等について説明する。何を主張し、何を証拠として提出すべきかについては、通常訴訟も少額訴訟も同様であると思われるので、以下の説明は、通常訴訟および少額訴訟に共通するものである。

通常訴訟と少額訴訟で違いがあるものについては、その都度、説明するものとする。

11　証拠の収集

(1)　書証等の提出

証拠のうちの書証については、原告提出のものは、甲号証として、甲第1号証、甲第2号証……という番号を付して特定し、被告提出のものは、乙号証として、乙第1号証、乙第2号証……という番号を付して特定をしている。

書証は、写し2通（相手方が複数のときは、相手方の数に1を加えた通数）を裁判所に提出する（民訴規137条1項）。書証の内容がわかりにくいときは、裁判所から、証拠説明書の提出が求められることがある（民訴規137条1項）。

なお、少額訴訟の場合は、原則として1回の期日で終了することになるので（民訴370条1項）、訴状とともに、下記(2)で述べる物損交通事故訴訟における主な証拠を提出し、被告に対する訴状送達および期日呼出とともに、送達しなければならない（民訴370条2項）。

なお、被告に対する訴状送達および期日呼出等の際に、下記(2)の主な証拠を被告に送達するために、原告の訴状提出の際に同証拠の添付がない場合は、同証拠の早期提出を促すために注意書を原告側に交付する。それとともに、事件の争点を早期に明確にするためには、被告側も、具体的な答弁をするとともに、原告側と同様に、下記(2)の主な証拠を早期に提出する必要があるため、被告に対する訴状送達および期日呼出等の際に、同期日前の証拠の提出についての注意書を同封する方法があると思われる。

【書式4】事務連絡（証拠書類について）〔原・被告用〕

事 務 連 絡（証拠書類について）

　交通事故の損害賠償請求訴訟においては、訴訟の早期解決を図るため、基本的に下記の資料の提出が必要となります。資料は相手方に事前に送付する必要がありますので、指定されている期日の1週間前までに、その資料を2通コピーして、裁判所に提出してください。

記

1　交通事故証明書

2　事故状況説明図（道路幅や歩道、白線の位置などが分かるように記載したもの）

3　事故現場のカラー写真

4　車検証

5　車両等の損傷部分のカラー写真

6　車両等の損傷部分の見積書・領収書、資料

7　陳述書（事故の状況等について運転者等が時系列に従って具体的に記載した書面）

※　上記資料については、原告だけではなく、被告のほうでも提出する必要があります。被告側の損害については、話合いで解決する場合には考慮されますが、話合いがまとまらずに判決となる場合には、そのままでは考慮されません。判決で被告側の損害についても考慮してもらうためには、被告は、原告に対し、被告側の損害について、別に損害賠償請求訴訟を起こすか、反訴を提起する必要があります。

以　上

(2) 物損交通事故訴訟における主な証拠

ア　交通事故証明書

　交通事故証明書は、交通事故があったことを警察が証明するものである。この交通事故証明書には、交通事故の場所・日時・当事者の住所・氏名、事故の種類が記載されているもので、事故が発生したことおよびそれを特定するための証明にはなる（塩崎ほか『交通事故訴訟』585頁・586頁）が、それ以上のことの証明にはならない。

　交通事故証明書の交付申請書は、自動車安全運転センター、警察署で受け取ることができ、事故現場を管轄する各都道府県、最寄りの自動車安全運転センターの窓口で申請できる。交付手数料は、1通540円である。

　保険会社は、この交通事故証明書がないと保険金請求の受付をしてくれない。

　交通事故証明書の甲欄に加害者を記載するのが習わしであるとの話もあるが、実際には、それを常に明確に意識して記載しているとは思われず、それほどの証明力はないようである（塩崎ほか『交通事故訴訟』263頁）。

〔記載例１〕交通事故証明書交付申請書

交通事故証明書交付申請書

交通事故	事故の種別	人身事故・⦿物件事故		
	発生日時	平成〇年３月12日	㊦午前／午後	９時30分ころ
	発生場所	〇〇県〇〇市〇〇町３番地		
	取扱警察署（課）と届出月日	〇〇　警察署（課）　３月12日　届出		
	当事者の氏名	（フリガナ）申請者側	コウノ　タロウ　甲野太郎	㊦男／女
		（フリガナ）相手側	オツヤマ　ハナコ　乙山花子	男／㊦女
申請数	１通	申請者と当事者との続柄　本人	昼間連絡先	（〇〇〇）〇〇〇-〇〇〇〇
通信欄				

〒０００-９９９９

申請者
住所　〇〇市〇〇町１丁目２番

氏名　　甲野太郎　　　様

〔記載例２〕郵便振替申請用紙見本

（警察署・交番・駐在所・損害保険会社・農業協同組合等に備え付けてあります）

払込取扱票

00　〇〇

口座記号番号	金額
1 2 3 4 5 - 6 - 7 8 9 0	（千百十万千百十円）¥ 5 4 0

加入者名	料金	特殊取扱
自動車安全運転センター　〇〇県事務所		

※交通事故証明書交付申請書

事故種別	人損・（物件）	発生日時	昭（平）〇年3月12日 （前）後 9時30分	取扱	〇〇警察署（課）
発生場所	〇〇都道府（県）〇〇区（市）郡〇〇（町）村3番地 （一般）・高速）道路			申請数	1通
フリガナ	申請者側 コウノ タロウ		相手側 オツヤマ ハナコ		
当事者の氏名	申請者側 甲野太郎		相手側 乙山花子		
申請者と当事者の続柄	本人	昼間連絡先	000-0000		

通信欄　〒

※払込人住所氏名

〒000-9999

住所　〇〇市〇〇町1丁目2番3号

氏名　甲野太郎　様

車両番号

受付局日附印

裏面の注意事項をお読み下さい。（ゆうちょ銀行）（私製承認東第8370号）

各票の※印欄は、払込人において記載してください。

切り取らないで郵便局にお出しください。

振替払込請求書兼受領証

口座記号番号	1 2 3 4 5 - 6
	右詰めにご記入ください
	7 8 9 0
加入者名	自動車安全運転センター　〇〇県事務所
金額	（千百十万千百十円）5 4 0
払込人住所氏名	〇〇市〇〇町1丁目2番3号　甲野太郎
料金	（消費税込み）　円
備考	
日附印	

記載事項を訂正した場合は、その箇所に訂正印を押してください。

この領収証は、大切に保管してください。

〔記載例３〕交通事故証明書

```
　　　　　　　　　　交 通 事 故 証 明 書
　　　　□□□-□□□□
　　住所　○○県○○市○○町１丁目１番
　　氏名　　甲野　太郎
　　　　　　　　　　　　　　　甲・乙・　　との続柄　本人・代理人
```

事故照会番号	○○　署　第12345号			
発生日時	平成○年３月12日　午前９時30分ころ			
発生場所				

甲

住　所	○○県○○市○○町１丁目２番（TEL 000-000-0000）		備考
フリガナ　氏　名	コウノ　タロウ　甲野　太郎	生年月日　昭和○年10月３日　㊚女（43歳）	
車　種	自家用普通乗用自動車	車両番号　○○300さ＊＊＊＊	
自賠責保険関係	有り　○○火災海上	証明書番号　123456789	
事故時の状態	㊞運転・同乗（運転者氏名　　　　）・歩行・その他		

乙

住　所	○○県△△市○○町1234番地（TEL 000-000-0000）	
フリガナ　氏　名	オツヤマ　ハナコ　乙山　花子	生年月日　昭和○年３月27日　男㊛（○歳）
車　種	自家用普通乗用自動車	車両番号　○○5003＊＊＊＊
自賠責保険関係	有り　○○火災海上	証明書番号　987654321
事故時の状態	㊞運転・同乗（運転者氏名　　　　）・歩行・その他	

事故類型	車両相互						車両単独				踏切	不・調査中明
	人対車両	正面衝突	側面衝突	出合い頭衝突	接触	○追突	その他	転倒	路外逸脱	衝突	その他		

```
上記の事項を確認したことを証明します。
　なお、この証明書は損害の種別とその程度、事故の原因、過失の有無と
その程度を明らかにするものではありません。
　　　　　平成○年３月２日
　　　　　自動車安全運転センター
　　　　　　　　　　　　　　　　　　　　　　○○県事務所長　㊞
```

証明番号	12345	照合記録簿の種別	物件事故

イ　事故車両の車検証・登録事項証明書等

　物損の損害賠償請求として、加害者に事故車両の修理代を請求する場合、当該事故車両の所有者が損害賠償請求権者となるので、当該事故車両の所有名義を証明するために、当該事故車両の車検証・登録事項証明書を、証拠として裁判所に提出する必要がある（塩崎ほか『交通事故訴訟』723頁）。

　割賦販売等による自動車の買主は、所有権留保特約が付されている場合でも、実質的に自動車を自由に使用・収益することができ、自動車の占有者として、当該自動車について交通事故により修理代等の損害が生じたときは、加害者に対して損害賠償を請求することができるとされている（第2章第2（7頁）参照）。この場合は、割賦金等の支払いの滞りがなく、当該自動車の債権者による引上げ等がなく使用していることを証明するために、割賦金等の預金からの引き落としによる支払いがなされているときはそれがわかる通帳等および使用状況についての陳述書等を提出し、最終的には、尋問による陳述で証明することになる。

ウ　実況見分調書・物件事故報告書（物件見取図）等

　交通事故について、警察で事故現場の実況見分をしており、その実況見分調書がある場合、当該実況見分調書は、事故現場の状況、事故の態様等を確認するための重要な証拠となる。

　このような刑事記録については、捜査中の記録は開示されず、警察では対応していないようで、刑事記録が検察庁に送付されてから、検察庁で対応しているようである（日弁連東京『損害賠償額算定基準・上2015』434頁、塩崎ほか『交通事故訴訟』270頁）。具体的には、検察庁での起訴・不起訴の処分が確定してから対応しているようである。

　ただ、交通事故によって人的損害が生じた場合は実況見分調書が作成されているが、物的損害のみの場合は実況見分調書までは作成されておらず、作成されていても簡単な「物件事故報告書（物件見取図）」等しかないのが通常であり、それは警察で保管されているようである（日弁連東京『損害賠償算定

基準・上2015』434頁、塩崎ほか『交通事故訴訟』586頁）。

　その実況見分調書等の写しの取得については、検察庁での起訴・不起訴の処分が確定した後に、被害者等が当該実況見分調書等の閲覧・謄写をすることができる（起訴後の刑事記録──犯罪被害者等の権利利益の保護を図るための刑事手続に付随する措置に関する法律3条、刑事裁判確定後──刑事訴訟法53条）ので、それにより、実況見分調書等の写しをとり、それを証拠として提出することはできる（日弁連東京『損害賠償額算定基準・上2015』434頁、塩崎ほか『交通事故訴訟』271頁・586頁・730頁・731頁）。

　物損のみの事故の場合の「物件事故報告書（物件見取図）」については、警察署に対して閲覧・謄写の申請をして写しをとり（塩崎ほか『交通事故訴訟』270頁）、それを証拠として提出することになる（日弁連東京『損害賠償額算定基準・上2015』434頁、塩崎ほか『交通事故訴訟』271頁）。

　訴訟提起後においては、文書送付嘱託の申立てをし（民訴226条）、裁判所から、実況見分調書等を保管している検察庁等に送付嘱託をし、裁判所に送付してもらうことになる（日弁連東京『損害賠償額算定基準・上2015』434頁、塩崎ほか『交通事故訴訟』271頁）。

　なお、実況見分調書等の刑事記録の保存期間は、道路交通法違反等で略式命令等となった事件については1年とされており（刑事確定訴訟記録法別表一6、同法施行規則3条）、不起訴処分とされたものも1年とされているようであるので（塩崎ほか『交通事故訴訟』587頁）、注意を要する。

　　エ　事故の概略図
　交通事故の状況については、訴状等の言葉で説明してもわかりにくいところがあるので、事故現場の状況、事故車両（被害車両（原告車両）および加害車両（被告車両））の状況について記載した、事故の概略図を、証拠として裁判所に提出すべきである。

　上記ウで述べた実況見分調書等が作成されており、それを訴状とともに提出できれば、それで事故の状況はわかるが、それを訴状とともに提出できな

いときは、原告が作成した事故現場の状況、事故車両の状況等について記載した事故の概略図を、証拠として裁判所に提出すべきである。

　オ　事故車両の修理費の見積書等

　原告が、事故車両の修理費を請求する場合、その金額および修理の内容・内訳がわかる、事故車両の修理費の見積書等を、証拠として裁判所に提出すべきである。

　カ　レッドブック等

　原告が事故車両の修理費を請求する場合で、その修理費が事故車両の時価を超える場合は、その時価を超えた修理費の請求はできず、その事故車両の時価（中古車市場における価格）は、「オートガイド自動車価格月報」（通称「レッドブック」＝オートガイド社）（大阪地判昭59・10・4交民集17巻5号1398頁）、「中古車価格ガイドブック」（通称「イエローブック」＝財団法人日本自動車査定協会）や、「建設車両・特殊車両標準価格表」（全国技術アジャスター協会）などを基に算出するので、そのために上記レッドブック等を証拠として裁判所に提出する必要がある（第3章第1節第3（10頁）・第4（11頁）参照）。

　キ　事故現場や事故車両の写真

　交通事故の状況については、上記ウの実況見分調書等、エの事故の概略図があれば、ある程度わかるが、事故現場や事故車両の写真があれば、より明確になるので、そのような写真（カラー）がある場合は、それらも証拠として裁判所に提出すべきである。

　ク　代車料の証拠

　事故車両を営業用に用いていた場合や自家用車〔マイカー〕である事故車両の使用が日常生活に不可欠で現実に代車料〔代車使用料〕を支出した場合に、当該事故車両を修理している間の代車料〔代車使用料〕を損害として請求するときは（第3章第4節（19頁）参照）、その代車料の支出がわかる領収証やその必要性を証明するものを、証拠として裁判所に提出する必要がある。

ケ　休車損の証拠

　運送会社の貨物自動車、タクシー等の営業車が事故により損傷して営業ができなかったために損害が生じたとして、その損害を休車損として、当該被害車の相当な修理期間または買替期間の範囲内で、損害を請求する場合、その休車損は、被害車両によって1日当たりに得られる利益額に相当な修理期間または買替期間乗じて算出され、具体的には、被害者の確定申告等で1日当たりの利益を算出し、これを車両の保有台数で除する方法や、1台当たりの売上げから経費を控除する方法で、1日当たりの利益を算出する（第3章第5節（22頁）参照）。

　したがって、休車損を損害として請求する場合は、1日当たりの利益を算出するための確定申告書等、1日当たりの利益を算出するときに1日当たりの売上げから控除する、流動経費等の稼働しないことによって支出を免れた経費がわかる証拠（過去の燃料費等の額がわかる証拠等）を、裁判所に提出する必要がある。

コ　事故状況報告書（陳述書）

　交通事故に至るまでの自己が運転する車両の進行状況等、事故後の相手方との対応等について記載した、事故状況報告書（陳述書）を、裁判所に提出すべきである。これにより、事故状況等についての自己の主張が明確になり、相手方から同様の報告書を提出してもらうことにより、双方の主張の違いが明確になり、争点が明らかになる。

サ　その他の証拠

　そのほかに、事故車をレッカー移動し、そのレッカー代を損害として請求する場合は、そのレッカー代の領収証等を、証拠として裁判所に提出する必要がある。

12　訴訟における和解[*38]

　交通事故訴訟において和解をする場合、弁護士が代理人に付いていて弁護士費用を請求している場合でも、早期解決のメリットを斟酌し、弁護士費用は除外して和解することが多く、遅延損害金も一部カットされることが多い（『三訂版注解損害賠償算定基準・上』130頁、塩崎ほか『交通事故訴訟』233頁）。ただ、一定額を調整金として上乗せする場合もあるようである（塩崎ほか『交通事故訴訟』408頁）。

　なお、被告側が、被告側の車の修理代を含めた和解を求める場合、その修理代がわかる見積書は、乙号証として早めに提出しておくべきである（第6章第4（37頁）および本章本節第1・11（288頁）参照）。

第2　一般不法行為における主張事実

1　一般不法行為の請求原因（民法709条）

(1)　請求原因の要件事実

　一般の不法行為における物損の損害賠償請求において、原告が訴状において主張しなければならない請求原因事実は、以下のとおりである（加藤ほか『要件事実の考え方と実務〔3版〕』318頁・319頁、岡口『要件事実マニュアル2巻〔4版〕』395頁Ⅱ）。

　㋐　原告の権利または法律上保護される利益の存在

　原告所有車両の存在等である。

　㋑　㋐に対する被告の加害行為

　被告運転車両の原告所有車両への衝突等である。

　㋒　㋑についての故意または過失〔評価根拠事実〕

　被告の前方不注視による原告所有車両への衝突等である。

---

　*38　相殺契約について、第6章第4（37頁）を参照。

㋓　損害の発生および額

　原告所有車両の損傷による修理費等である。

　　㋔　㋑と㋓との因果関係

　被告運転車両の原告所有車両への衝突による原告所有車両の損傷等である。

　(2)　損害額の主張立証責任

　一般の不法行為における財産的損害の額については、原告が主張立証責任を負う（最判昭28・11・20民集7巻11号1229頁）。慰謝料の額については、当事者は主張立証責任を負わず、裁判所の裁量により認定することができるが、慰謝料の額を基礎付ける事実については、原告が主張立証責任を負うと解される（最判昭32・2・7裁民25号383頁、最判昭47・6・22判時673号41頁・裁民106号335頁、最判昭52・3・15民集31巻2号289頁・判タ348号201頁・判時849号75頁、最判昭56・10・8判タ454号80頁・判時1023号47頁・裁民134号39頁）とされている（潮見『債権各論Ⅱ2版』63頁5、7、樋口正樹・判タ1148号26頁、岡口『要件事実マニュアル2巻〔4版〕』397頁6）。

2　一般不法行為における抗弁等

　一般の不法行為における物損の損害賠償請求において、被告が主張できる抗弁等は、以下のとおりである。

　(1)　違法性阻却事由の抗弁

　加害者（被告）の加害行為が正当防衛（民法720条1項本文）、緊急避難（民法720条2項本文）に当たること、被害者（原告）の被侵害利益について被害者（原告）の承諾があること、加害者（被告）の加害行為が治療行為等社会的正当業務行為に当たること（刑法35条参照）、加害者（被告）の権利行使に当たること、など加害行為を適法化する事由があることは、不法行為に基づく損害賠償請求権の権利発生障害事由となる（加藤ほか『要件事実の考え方と実務〔3版〕』323頁、岡口『要件事実マニュアル2巻〔4版〕』405頁1）。

(2) 責任阻却事由の抗弁等

ア 責任能力の欠缺の抗弁（民法712条）

　加害者（被告）の加害行為の際、当該加害者（被告）が未成年で、自己の加害行為の責任を弁識するに足るべき知能を備えていなかったときは、責任無能力状態であり、当該加害者（被告）は、不法行為に基づく損害賠償責任を負わないことになる（民法712条）（大判大6・4・30民録23輯715頁）（加藤ほか『要件事実の考え方と実務〔3版〕』323頁、岡口『要件事実マニュアル2巻〔4版〕』405頁2）。

　判例は、12歳前後を境界線としているようである（内田『民法Ⅱ〔3版〕』399頁・400頁）。この12歳というのは運転免許取得年齢以下であり、加害者である運転者について、通常年齢による責任能力の欠缺が問題となることはないと思われる。

イ 精神障害の抗弁等（民法713条）

　(ｱ)　精神障害の抗弁（民法713条本文）

　加害者（被告）の加害行為の際、当該加害者（被告）が精神上の障害により自己の行為の責任を弁識する能力を欠く状態であったときは、責任能力がない状態であり、当該加害者（被告）は、不法行為に基づく損害賠償責任を負わないことになる（民法713条本文）（加藤ほか『要件事実の考え方と実務〔3版〕』323頁、岡口『要件事実マニュアル2巻〔4版〕』405頁2）。

　(ｲ)　故意過失によって一時的心神喪失に陥ったことの再抗弁（民法713条ただし書）

　加害者（被告）の加害行為の際の責任弁識能力の欠如が一時的なものであり、かつ、責任弁識能力の欠如に陥ったことについて加害者（被告）に故意または過失があることが、被告側の精神障害の抗弁に対する、原告側の再抗弁事由となる（神戸地尼崎支判平10・6・16判タ1025号243頁）（加藤ほか『要件事実の考え方と実務〔3版〕』323頁、岡口『要件事実マニュアル2巻〔4版〕』405頁イ）。

第4節　裁判手続

ウ　過失の評価障害事実の抗弁

請求原因における、被告の加害行為についての過失の評価を根拠づける事実（前記1⑴ⓒ（298頁）参照）に対して、当該被告の加害行為についての過失の評価を障害する事実が、被告側の過失の評価障害事実の抗弁となる（加藤ほか『要件事実の考え方と実務〔3版〕』323頁3）。

エ　被害者側の過失相殺の抗弁（民法722条2項）

被害者側に過失があるときは、裁判所は、損害賠償の額を定めるについて、これを斟酌し、その過失の多少に応じて、損害賠償額を減少させることができるとされている（民法722条2項）（加藤ほか『要件事実の考え方と実務〔3版〕』324頁、岡口『要件事実マニュアル2巻〔4版〕』407頁ア）。したがって、被害者（原告）側に過失があるときは、その過失の割合に応じて、被害者（原告）側の損害賠償額を減少させることができることになる。具体的には、交通事故における原告側過失の割合に応じて、原告請求損害額からその原告側過失割合分を減ずることになる（被害者側の過失について、第7章（39頁）参照）。

オ　消滅時効・除斥期間の抗弁（民法724条）

㋐　消滅時効の抗弁の要件事実（民法724条前段）

一般の不法行為における損害賠償請求に対する、被告側の当該損害賠償請求権の消滅時効（一定の期間権利が行使されない場合に当該権利を消滅させる制度）の抗弁の要件事実は、以下のとおりである（加藤ほか『要件事実の考え方と実務〔3版〕』324頁・325頁、岡口『要件事実マニュアル2巻〔4版〕』401頁1）。

　　a　被害者（原告）またはその法定代理人が損害および加害者（被告）を知ったこと並びにその日

「損害を知った」とは、被害者が損害の発生を現実に認識したことをいう（最判平14・1・29民集56巻1号218頁・判タ1086号108頁・判時1778号59頁）が、損害が発生したことを知れば足り、その程度や数額を知る必要はない（大判

301

大 9・3・10民録26輯280頁）（潮見『債権各論Ⅱ 2 版』115頁）。

「加害者を知った」とは、加害者に対する賠償請求が事実上可能な状況のもとに、その可能な程度にこれを知った時を意味するものと解するのが相当であり、被害者が不法行為の当時加害者の住所氏名を的確に知らず、しかも当時の状況においてこれに対する賠償請求権を行使することが事実上不可能な場合においては、その状況が止み、被害者が加害者の住所氏名を確認したとき、初めて「加害者を知った時」にあたるものというべきである（最判昭48・11・16民集27巻10号1374頁（潮見『債権各論Ⅱ 2 版』115頁））。

　　b　a の日から 3 年の経過
　　c　加害者（被告）から被害者（原告）側への時効援用の意思表示
　(ｲ)　除斥期間の抗弁の要件事実（民法724条後段）

一般の不法行為における損害賠償請求に対する、被告側の当該損害賠償請求権の除斥期間（一定期間の経過によって権利を消滅させる制度。消滅時効と違い中断がないとされている）の抗弁の要件事実は、以下のとおりである（最判平元・12・21民集43巻12号2209頁・判タ753号84頁・判時1379号76頁、最判平10・6・12民集52巻 4 号1087頁・判タ980号85頁・判時1644号42頁、最判平21・4・28民集63巻 4 号853頁・判タ1299号134頁・判時2046号70頁）（加藤ほか『要件事実の考え方と実務〔3 版〕』325頁、岡口『要件事実マニュアル 2 巻〔4 版〕』403頁 2 ）。

第 3　使用者等の責任

1　使用者責任の請求原因（民法715条）

(1)　使用者責任の請求原因の要件事実

交通事故の被害者（原告）が、加害者（被用者——使用者に雇われるなどして使用者の指揮監督下にある者）の使用者に対して、損害賠償を請求する場合の、原告が訴状において主張しなければならない請求原因事実は、以下のとおりである（加藤ほか『要件事実の考え方と実務〔3 版〕』326頁、岡口『要件事

実マニュアル2巻（4版）』413頁Ⅲ）。

㋐　原告の権利または法律上保護される利益の存在

原告所有車両の存在等である。

㋑　㋐に対する被用者の加害行為

被用者運転車両の原告所有車両への衝突等である。

㋒　㋑についての被用者の故意または過失（評価根拠事実）

被用者の前方不注視による原告所有車両への衝突等である。

㋓　損害の発生および額

原告所有車両の損傷による修理費等である。

㋔　㋑と㋓との因果関係

被用者運転車両の原告所有車両への衝突による原告所有車両の損傷等である。

㋕　被用者に対する使用等の関係

① 　㋑のとき被告と被用者との間に使用・被用関係があったこと（民法715条1項）

または

② 　㋑のとき被告が事業のために被用者を使用している者に代わって事業の監督をしていたこと（民法715条2項）

㋖　㋑が被告の事業の執行につきなされたこと

(2)　**実質的な指揮監督関係**

交通事故の被害者（原告）が、加害者（被用者）の使用者に対して、損害賠償を請求する場合の請求原因事実である、上記(1)㋕の民法715条の使用関係は、一時的でも、非営利でも、違法でもよいが、実質的な指揮監督関係が必要とされる（雇用契約等の契約関係がなくともよい（千葉地判平10・10・26判時1678号115頁））（内田『民法Ⅱ〔3版〕』485頁、岡口『要件事実マニュアル2巻〔4版〕』412頁2）*39。

---

*39　最判平16・11・12民集58巻8号2078頁・判タ1170号134頁・判時1882号21頁（暴力団組長

(3) 職務執行関連性

交通事故の被害者（原告）が、加害者（被用者）の使用者に対して、損害賠償を請求する場合の請求原因事実である、上記(1)キの事業の執行につきなされたこと〔職務執行関連性〕については、判例は、「被用者の職務執行行為そのものには属さないが、その行為の外形から観察して、あたかも被用者の職務の範囲内の行為に属するものとみられる場合をも包含する」と述べている（最判昭40・11・30民集19巻8号2049頁・判タ185号92頁・判時433号28頁）（加藤ほか『要件事実の考え方と実務〔3版〕』327頁3、岡口『要件事実マニュアル2巻〔4版〕』414頁ウ）。

2 使用者責任における抗弁

交通事故の被害者（原告）が、加害者（被用者）の使用者に対して、損害賠償を請求する場合に、被告である使用者が主張できる抗弁等は以下のとおりである。

(1) 被用者の損害賠償債務の発生障害・消滅事由の抗弁

交通事故の被害者（原告）が、加害者（被用者）の使用者に対して、損害賠償を請求する場合に、被告である使用者が主張できる抗弁として、被用者の損害賠償債務の発生障害・消滅時効の抗弁がある（前記第2・2（299頁）参照）（岡口『要件事実マニュアル2巻〔4版〕』417頁4）。

ただ、被用者の損害賠償債務の消滅時効によっては、使用者の損害賠償債務は消滅しないとされている（大判昭12・6・30民集16巻1285頁）（岡口『要件事実マニュアル2巻〔4版〕』417頁）。

(2) 選任監督上の注意義務の履行として相当と判断される行為履行の抗弁（民法715条1項ただし書前段）

交通事故の被害者（原告）が、加害者（被用者）の使用者に対して、損害賠償を請求する場合に、被告である使用者が主張できる抗弁として、使用者

と組員との間に使用・被用関係を認めた）参照。

が被用者の選任およびその事業の監督について相当の注意をしたことの抗弁
がある（民法715条1項ただし書前段）（大判明43・4・4民録16輯265頁）（内田
『民法Ⅱ〔3版〕』483頁、加藤ほか『要件事実の考え方と実務〔3版〕』329頁、岡
口『要件事実マニュアル2巻〔4版〕』417頁5）。

(3) 選任監督義務違反と損害との間の因果関係の不存在の抗弁（民法715条1項ただし書後段）

交通事故の被害者（原告）が、加害者（被用者）の使用者に対して、損害賠償を請求する場合に、被告である使用者が主張できる抗弁として、使用者が相当の注意をしても損害が生ずる状況であったことの抗弁がある（民法715条1項ただし書後段）（加藤ほか『要件事実の考え方と実務〔3版〕』329頁）。

(4) 不法行為前の指揮監督関係消滅の抗弁

交通事故の被害者（原告）が、加害者（被用者）の使用者に対して、損害賠償を請求する場合に、被告である使用者が主張できる抗弁として、不法行為前に、使用者の被用者に対する指揮監督関係が消滅したことの抗弁がある（加藤ほか『要件事実の考え方と実務〔3版〕』329頁、岡口『要件事実マニュアル2巻〔4版〕』418頁6）。

(5) 加害行為が職務権限内において適法に行われたものでないことの原告の悪意・重過失の抗弁

交通事故の被害者（原告）が、加害者（被用者）の使用者に対して、損害賠償を請求する場合に、被告である使用者が主張できる抗弁として、被用者の加害行為が職務権限内において適法に行われたものでないことについて、原告に悪意または重過失があったことの抗弁があり、その要件事実は以下のとおりである（最判昭42・11・2民集21巻9号2278頁・判タ213号231頁・判時498号3頁）（加藤ほか『要件事実の考え方と実務〔3版〕』329頁・330頁、岡口『要件事実マニュアル2巻〔4版〕』416頁2）。

㋐　被用者の加害行為が職務権限内において適法に行われたものでないこと

　㋑　㋐につき原告の悪意または重過失〔評価根拠事実〕

(6) 消滅時効の抗弁

　交通事故の被害者（原告）が、加害者（被用者）の使用者に対して、損害賠償を請求する場合に、被告である使用者が主張できる抗弁として、損害賠償請求権の消滅時効の抗弁がある（岡口『要件事実マニュアル2巻（4版）』416頁1）。

　消滅時効の起算点は、被害者が、損害、直接の加害者、使用関係のほかに、当該不法行為が事業の執行につきなされたと判断するに足りる事実も認識したときである（最判昭44・11・27民集23巻11号2265頁・判タ242号175頁・判時580号47頁）（倉田卓次・判タ943号170頁）。

第4　共同不法行為

1　民法719条1項前段の共同不法行為

　民法719条1項前段の共同不法行為において、原告が訴状において主張しなければならない請求原因事実は以下のとおりである（岡口『要件事実マニュアル2巻〔4版〕』427頁3、伊藤『民事要件事実講座〔4巻〕』213頁）。

　㋐　原告の権利または法律上保護される利益の存在
原告所有車両の存在等である。

　㋑　㋐に対する被告による加害行為
被告運転車両の原告所有車両への衝突等である。

　㋒　㋑についての被告の故意または過失〔評価根拠事実〕
被告の前方不注視による原告所有車両への衝突等である。

　㋓　他者による加害行為
被告および他者の前方不注視に基づく単一事故による原告所有車両の損傷

等である。

　㋔　㋑と㋓が関連共同していること

　㋕　損害の発生および額

原告所有車両の損傷による修理費等である。

　㋖　㋑と㋕の因果関係

被告運転車両の原告所有車両への衝突による原告所有車両の損傷等である。

2　民法719条1項後段の共同不法行為

(1)　民法719条1項後段の共同不法行為とは

共同不法行為者のうち、いずれの者がその損害を加えたかを知ることができないときも、当該共同不法行為者が各自連帯して、被害者の損害を賠償する責任を負う（民法719条1項後段）。

(2)　民法719条1項後段の共同不法行為の請求原因

上記(1)の民法719条1項後段の共同不法行為において、原告が訴状において主張しなければならない請求原因事実は以下のとおりである（岡口『要件事実マニュアル2巻〔4版〕』431頁3、伊藤『民事要件事実講座〔4巻〕』216頁・226頁(3)）。

　㋐　原告の権利または法律上保護される利益の存在

原告所有車両の存在等である。

　㋑　㋐に対する被告による加害行為

被告運転車両の原告所有車両への衝突等である。

　㋒　㋑についての被告の故意または過失

被告の前方不注視による原告所有車両への衝突等である。

　㋓　他者による㋐の加害行為

他者の前方不注視による原告所有車両への衝突等である。

㋔　㋑と㋓のいずれかによって㋐が侵害されたこと

㋕　損害の発生および額

原告所有車両の損傷による修理費等である。

㋖　㋔と㋕との間の因果関係

(3)　民法719条1項後段の共同不法行為における抗弁

民法719条1項後段の共同不法行為の請求原因事実が認められた場合においても、各加害者が自己の加害行為と被害者の損害との因果関係が存在しないことを抗弁として立証すれば、その限度で責任の免除が認められると思われる（『例題解説交通損害賠償法』306頁、岡口『要件事実マニュアル2巻（4版）』432頁）。

第5　任意保険会社に対する被害者請求訴訟

1　被害者の任意保険の直接請求権

自動車損害賠償保障法は、自動車の運行によって人の生命または身体が害された場合における損害賠償〔人身事故における損害賠償、人身損害、人損〕を対象とし、物件損害〔物損〕は対象外とされており（自賠1条）、物損の損害賠償については、自賠責保険（強制保険）の請求をすることができず（被害者の自賠責保険の直接請求—自賠16条）、被害者の直接請求は、任意保険会社に対する請求となる。

被害者は、加害自動車に付された責任保険の約款に基づき、その保険会社に対し、損害賠償額の支払いをすべきことを請求することになる（佐久間ほか『交通損害賠償関係訴訟〔補訂版〕』14頁）。この場合の約款は、被害者に直接請求権を付与するための第三者のためにする契約（民537条1項）である（広島高判平22・1・28判タ1346号203頁）。

2　被害者の任意保険の直接請求の訴訟物、請求の趣旨・認容判決主文

　この場合の任意保険会社に対する被害者の直接請求については、被保険者に対する判決確定がその行使要件とされている。したがって、任意保険会社に対する被害者の直接請求訴訟は、被保険者である加害者に対する損害賠償請求訴訟と併合して提起する必要がある（大阪地判平26・1・28交民集47巻1号124頁、東京地判平26・4・15自保ジャーナル1926号46頁、東京高判平26・8・21自保ジャーナル1929号18頁）。この場合の、任意保険会社に対する被害者の直接請求訴訟は、被保険者である加害者に対する判決確定を条件とする将来の給付の訴えとなる（東京高判昭54・10・30判タ412号125頁、判時949号116頁）（東京地裁『過失相殺率の認定基準全訂5版（別冊判タ38号）』9頁、『三訂版注解損害賠償算定基準・上』136頁、佐久間ほか『交通損害賠償関係訴訟〔補訂版〕』14頁・15頁）。

〔記載例4〕任意保険会社に対する被害者の直接請求の請求の趣旨・認容判決主文

> （1　被保険者（加害者）に対する損害賠償請求）
> 　2　被告〇〇保険会社は、原告の被告〇〇〇〇〔被保険者（加害者）〕に対する前項の判決が確定したときは、原告に対し、〇〇万〇〇〇〇円及びこれに対する平成〇年〇月〇日〔事故日〕から支払済みまで年5分の割合による金員を支払え。

　（注）　1　2の保険会社に対する主文は、1の加害者に対する請求の判決が確定することを条件とする将来の給付であるから、仮執行宣言を付すことはできない（大阪地堺支判平21・9・30判タ1316号238頁、大阪地判平26・1・28交民集47巻1号124頁、大阪地判平26・3・26自保ジャーナル1927号130頁）。
　　　　　2　2の保険会社に対する請求の付帯請求の始期は、従前判決確定日の翌日からとするものが多かったが、近時、事故日からの遅延損害金を認める例が多い（大阪地判平21・9・30判タ1316号238頁、広島高判平22・1・28判タ1346号203頁、東京地判平26・4・25自保ジャーナル1926号46頁、東京高判平26・8・21自保ジャーナル1929号18頁）。

　ただ、被害者は、被保険者である加害者に対して訴えを提起すれば足りるので、任意保険会社が、保険契約の効力を争っている場合や、約款所定の要

件の欠如や免責事由の存在を争っているような場合を除き、任意保険会社に対する被害者の直接請求訴訟を提起する必要性は乏しいと思われる（東京地裁『過失相殺率の認定基準全訂5版（別冊判タ38号）』8頁・9頁、佐久間ほか『交通損害賠償関係訴訟〔補訂版〕』15頁）。

3　被害者の任意保険の直接請求の請求原因

被害者の任意保険会社に対する直接請求の請求原因の要件事実は、以下のとおりになると思われる（岡口『要件事実マニュアル2巻〔4版〕』527頁3）。

⑦　自動車の所有、使用または管理に起因して原告に損害が発生したことおよびその額

⑦　被告が⑦の自動車を被保険自動車として被害者直接請求権を定めた約款のある自動車責任保険契約を締結したこと

⑦　被告への本訴訟の提起

　　この被告への本訴訟の提起により、原告被害者の受益の意思表示（民537条2項）がされたことになる。

㊤　被保険者の原告に対する損害賠償請求額が判決等で確定したこと

4　被害者の任意保険の直接請求における抗弁

被害者の任意保険会社に対する直接請求は、自動車保険契約の約款に基づくものであるから、被告保険会社は、当該保険に係る免責事由、保険契約の無効・解除等を、原告にも対抗することができ、それが抗弁となる（長谷川誠（『裁判実務体系(8)』）270頁、岡口『要件事実マニュアル2巻〔4版〕』528頁4）。

第6 保険代位による不法行為に基づく損害賠償請求訴訟

1 保険代位による不法行為に基づく損害賠償請求権の行使

(1) 保険代位による不法行為に基づく損害賠償請求権の取得

　保険会社が、自動車保険契約に基づいて、被保険者に交通事故による保険金を支払ったときに、その支払った限度で、被保険者が第三者（加害者）に対して有する権利を取得する〔法律上当然の権利移転〕（保険25条）（佐久間ほか『交通損害賠償関係訴訟〔補訂版〕』16頁）。

　保険者が、保険事故による損害についての保険給付をし、被保険者が第三者（加害者）に対して有する損害賠償請求権の一部を代位より取得した場合、保険者の代位の範囲については、比例説（第三者に対する権利のうち保険者がてん補した金額の損害額に対する割合部分のみが代位の対象となる）（最判昭62・5・29民集41巻4号723頁・判タ652号126頁・判時1254号121頁）、差額説（被保険者が損害の全部を回収し、それでもなお残る第三者に対する権利の部分のみが代位の対象となる）等の考え方があったが、保険法は被保険者の利益の確保に資する差額説を採用した（萩本『一問一答保険法』140頁3、上松ほか『改正保険法早わかり』113頁(1)）。

(2) 被保険者の過失と代位取得の範囲

　被保険者（被害者）に過失があるときでもその過失割合を考慮することなく算定される額である保険金を支払った保険会社は、保険金請求者に民法上認められるべき過失相殺前の損害額〔裁判基準損害額〕に相当する額が確保されるように、当該保険金の額と被害者の加害者に対する過失相殺後の損害賠償請求権の額との合計額が当該裁判基準損害額を上回る場合に限り、その上回る部分に相当する額の範囲で保険金請求権者の加害者に対する損害賠償

請求権を代位取得すると解されている〔裁判基準差額説（被害者側が、保険金と損害賠償金により、裁判基準損害額を確保することができるように解する説）〕（自動車保険契約の人身傷害条項に基づく保険金の支払事例—最判平24・2・20民集66巻2号742頁・判タ1366号83頁・判時2145号103頁、最判平24・5・29判タ1374号100頁・判時2155号109頁・裁民240号261頁）*40。

(3) 保険代位による不法行為に基づく損害賠償請求権の遅延損害金

被保険者に過失があるときでも、その過失割合を考慮することなく算定される額である損害保険金を支払った保険会社がその支払時に代位取得するのは、当該保険金に相当する額の保険金請求権者の加害者に対する損害金元本の支払請求権であって、損害金元本に対する遅延損害金の支払請求権を代位取得するものではないとされている（最判平24・2・20民集66巻2号742頁ほか（自動車保険契約の人身傷害条項に基づく保険金の支払事例））。

保険会社が支払った保険金（損害金）に対する遅延損害金の起算日は、保険金支払の日の翌日となる（神戸地判平10・5・21交民集31巻3号709頁）（岡久ほか「簡裁民事手続法」248頁）。

2 保険代位による不法行為に基づく損害賠償請求の請求原因

保険代位による不法行為に基づく損害賠償請求の請求原因の要件事実は、以下のとおりである（岡口『要件事実マニュアル2巻〔4版〕』518頁Ⅲ）。

㋐ 原告（保険者（保険会社））とAとの間で損害保険契約が成立したこと

㋑ 被告がAの権利または法律上保護される利益を侵害したこと

---

*40 被害者に100万円の損害が生じ、被害者の過失割合が40％のときは、加害者負担部分は60万円、被害者負担部分は40万円となり、保険金60万円が支払われた場合、人傷保険金が被害者負担部分を上回る部分（保険金60万円—被害者負担部分40万円）である20万円の損害賠償請求権が保険者に移転することになる（日弁連東京『損害賠償額算定基準下2011』93頁〜、萩本『一問一答保険法』140頁Q64、上松ほか『改正保険法早わかり』114頁(5)）。

㋒　㋑についての被告の故意または過失
㋓　Aに損害が発生したこともよびその額
㋔　㋑と㋓との間の因果関係
㋕　原告がAに対し㋐に基づき㋓の損害につき損害保険金を支払ったこと

索 引

── 条文索引 ──

【さ行】

裁判所法
  24条1号　*284*
  33条1項1号　*284*
自動車損害賠償保障法
  1条　*5, 308*
  3条　*4*
司法書士法
  3条1項6号イ　*286*
  3条2項　*286*

【た行】

道路交通法
  2条1項18号　*47*
  2条1項19号　*47*
  2条1項20号　*47, 50*
  2条1項21号　*48, 155*
  2条1項22号　*72*
  17条4項　*128, 152*
  17条5項各号　*153*
  17条5項4号　*128*
  18条1項　*152*
  20条1項　*186*
  20条3項　*186*
  24条　*164, 208*
  25条の2第1項　*167*
  25条の2第2項　*167*
  26条の2第1項　*161*
  26条の2第2項　*161*
  27条1項　*156*
  27条2項　*156*
  28条1項　*128*
  28条2項　*128*
  28条4項　*156*
  30条　*46, 156*
  30条3号　*126*
  34条1項　*125, 131, 134*
  34条2項　*125, 131, 134*
  36条1項1号　*59*
  36条2項　*67, 108*
  36条4項　*69*
  37条　*72, 122*
  39条1項　*177*
  39条2項　*178*
  39条2項前段　*179*
  39条2項後段　*180*
  40条1項　*178, 179, 183*
  40条2項　*178*
  41条1項　*178*
  41条1項後段　*183*
  41条2項　*178*
  42条1号　*49, 59, 69, 115*
  47条1項　*173*
  47条2項　*173*
  47条3項　*173*
  50条1項　*52*
  52条　*44*
  52条1項　*53, 174*
  53条　*124*
  70条　*134*
  71条5号の4　*186*
  71条の5第1項　*45, 186*
  71条の5第2項　*45, 186*

71条の5第3項　*45, 186*
75条の6第1項本文　*190*
75条の8第1項　*198*
75条の10　*212*
75条の11第1項　*45, 188*
75条の11第2項　*198*
87条3項　*45, 186*

【ま行】

民事訴訟費用等に関する法律
　3条　*286*
　5条1項　*272*
　8条本文　*286*
　8条ただし書　*286*
　別表第1・1　*286*
民事訴訟法
　4条1項　*284*
　4条2項　*284*
　4条4項　*284*
　5条1号　*284*
　5条5号　*285*
　5条9号　*285*
　54条1項　*285*
　368条1項　*274, 284*
　369条　*275*
　370条　*274*
　371条　*274*
　378条　*275*
　380条　*275*
　386条1項　*273*
　390条　*273*
　393条　*273*
　395条　*273*
民事調停法
　1条　*268*

　3条前段　*272*
　3条後段　*272*
　16条　*272*
　19条　*272*
　33条の2　*272*
民法
　416条　*35*
　484条　*284*
　509条　*36*
　709条　*298*
　712条　*8, 300*
　713条本文　*300*
　713条ただし書　*300*
　714条　*8*
　715条　*231, 302*
　715条1項　*303*
　715条1項ただし書前段　*304*
　715条1項ただし書後段　*305*
　715条2項　*303*
　715条3項　*233*
　719条　*234*
　719条1項前段　*234, 306*
　719条1項後段　*236, 307*
　720条1項本文　*299*
　720条2項本文　*299*
　722条2項　*39, 301*
　724条前段　*244, 301*
　724条後段　*245, 302*

― 事項索引 ―

【あ行】

赤点滅信号　46
異時事故における加算的過失相殺　238
異時事故における共同不法行為　235
異時事故における絶対的過失相殺　238
違法性阻却事由の抗弁　299
一時停止　47
一部の共同不法行為者と被害者との間の和解の効力　242
一部請求と過失相殺の対象金額　226
一般不法行為における抗弁等　299
一般不法行為の請求原因　298
訴え提起をする裁判所の場所　284
訴え提起をする第一審裁判所　284
訴え手数料の納付　286
追越し　48
追越禁止場所　46
追越車線　43, 186

【か行】

買替差額　10, 11
買替差額の請求　10, 11
外形標準説　232
外形理論　232
加害者に使用者がいる場合の加算的過失相殺　237
加害者に使用者がいる場合の絶対的過失相殺　237
加害者等の既払いによる損益相殺と過失相殺の先後　228
格落損　17

加算的過失相殺　236
加算的過失相殺と相対的過失相殺の関係　240
過失相殺の主張立証責任　40
過失相殺の対象　226
仮免許を受けた者の練習運転のための標識　45, 186
黄信号　45
黄点滅信号　46
義務履行地を管轄する裁判所への訴え提起　284
休車損　22
休車損害　22
休車損の算出　22
求償請求債権の性質　242
共同不法行為　234, 306
共同不法行為者間の求償　241
共同不法行為者の過失割合等に応じた負担　241
共同不法行為における過失相殺の方法　236
強制保険の対象　4
許可代理人　285
緊急自動車と四輪車との事故の過失割合　177
経済的全損　11
故意過失によって一時的心神喪失に陥ったことの再抗弁　300
交差点における右左折車と後続直進車の事故の過失割合　124
交差点における右折車と直進車の事故の過失割合　71

交差点における右折車同士の事故の過失割合 *119*
交差点における左折車と対向右折車の事故の過失割合 *122*
交差点における左折車と直進車の事故の過失割合 *115*
交差点における直進車同士の事故の過失割合 *54*
交通事故証明取得費用 *31*
交通事故における過失割合 *40*
交通事故紛争処理センター *265*
交通整理が行われていない交差点 *44*
交通整理が行われている交差点 *44*
高速道路 *43*
高速道路上の事故の過失割合 *185*
高齢運転車標識 *45,186*

【さ行】

財産的利益に関する慰謝料 *28*
事業の執行 *232*
事故車の保管料 *25*
市場価格のない車両の車両損害額 *13*
示談 *246*
自動車損害賠償制度の対象 *4*
自動車保険 *4*
自動車保険の使用 *5*
自転車と四輪車・自動二輪車および原動機付自転車との事故の過失割合 *225*
自転車と四輪車・単車との事故の過失割合 *225*
自動二輪車および原動機付自転車と四輪車との事故の過失割合 *225*
自賠責保険の対象 *4*
事物管轄 *284*

事務所・営業所所在地を管轄する裁判所への訴え提起 *285*
車両時価額を超える修理費の認容 *12*
修理費 *9*
修理費相当額の請求 *9*
修理費用が車両価格を超える場合 *11*
修理見積費用 *25*
受働債権・自働債権の双方が不法行為に基づく損害賠償請求権である場合の相殺 *36*
使用者から被用者への求償等 *233*
使用者責任 *231*
使用者責任における抗弁 *304*
使用者責任の請求原因 *302*
使用者等の責任 *302*
使用者の損害賠償債務と被用者の損害賠償債務の関係 *233*
使用者への求償 *242*
初心運転者標識 *45,186*
初心者マーク *45,186*
所有権留保特約付売買等自動車の交通事故における損害賠償請求権者 *7*
除斥期間の抗弁 *302*
少額訴訟の事物管轄 *284*
少額訴訟の審理裁判所 *284*
消極的財産損害 *3*
消滅時効の起算点 *306*
消滅時効の抗弁 *301,306*
職務執行関連性 *304*
徐行 *47*
シルバーマーク *45,186*
人身損害 *3*
人損 *3*
人的損害 *3*
信用購入あっせん等による購入等自動

317

車の交通事故における損害賠償請求
　　権者　7
精神障害の抗弁等　300
責任阻却事由の抗弁等　300
責任能力の欠缺の抗弁等　300
積極的財産損害　3
絶対的過失相殺　236
絶対的過失相殺と相対的過失相殺の
　　関係　240
ゼブラゾーン　46, 187
センターラインオーバーの事故の過失
　　割合　152
選任監督義務違反と損害との間の因果
　　関係の不存在の抗弁　305
選任監督上の注意義務の履行として相
　　当と判断される行為履行の抗弁
　　304
走行車線　43
訴訟事件の管轄　284
訴訟事件の申立裁判所　284
訴訟代理人　285
訴訟における主張立証の構造等　287
相殺禁止　36
相殺契約　37
相対的過失相殺　239
相対的過失相殺の方法　239
相当因果関係　35
損益相殺　228
損益相殺と過失相殺の先後　228
損害額の算定　230
損害額の算定式　230
損害のてん補　228
損害の分類　3
損害賠償請求関係費用　31
損害賠償請求権の期間制限　244

損害保険金と民事上の損害賠償との
　　関係　228

【た行】

対向車同士の事故の過失割合　152
代車使用料　19
代車料　19
代車料と休車損の関係　24
代車料の金額　21
代車料を認める期間　20
単一事故における加算的過失相殺　237
単一事故における共同不法行為　235
単一事故における絶対的過失相殺　237
単車と四輪車との事故の過失割合　225
着衣等の損害　26
駐車　46
駐車場内の事故の過失割合　214
駐停車車両に対する追突事故の過失
　　割合　173
調停調書の効力　272
通常訴訟の事物管轄　284
通常訴訟の第一審裁判所　284
停止表示器材　45
停車　47
丁字路交差点における事故の過失
　　割合　137
転回車と直進車の事故の過失割合　167
同一方向に進行する車両同士の事故の
　　過失割合　155
導流体　46, 187
道路外出入車と直進車の事故の過失
　　割合　143
登録手続関係費　14
塗装の範囲　9
土地管轄　284

【な行】

日弁連交通事故相談センター　247
任意保険会社に対する被害者請求訴訟　308
任意保険金と民事上の損害賠償との関係　228
任意保険金（損害保険金）の支払いによる損益相殺と過失相殺の先後　228
認定司法書士　286

【は行】

廃車料　25
賠償すべき損害額が異なるときの共同不法行為者の損害の一部支払い　240
被害者側の過失　39
被害者側の過失相殺の抗弁　301
被害者側の過失の斟酌　40
被害者の任意保険の直接請求権　308
被害者の任意保険の直接請求における抗弁　310
被害者の任意保険の直接請求の請求原因　310
被害者の任意保険の直接請求の訴訟物、請求の趣旨・認容判決主文　309
被告の普通裁判籍（住所等）所在地を管轄する裁判所への訴え提起　284
評価額のない車両の車両損害額　13
評価損　17
不真正連帯債務　233, 241
不法行為債務の遅延損害金　33
不法行為地を管轄する裁判所への訴え提起　285
不法行為における抗弁等　299
不法行為における損害額の算定　230
不法行為に基づく損害賠償請求権を自働債権とする相殺　36
不法行為に基づく損害賠償請求権を受働債権とする相殺の禁止　36
不法行為の請求原因　298
物件損害　4, 9
物件損害の損害賠償の請求権者　6
物損　4, 9
物損交通事故における過失割合　40
物損に関する慰謝料　28
物損の損害賠償の請求権者　6
物的損害　4, 9
物的損害の損害賠償の請求権者　6
物理的全損　10
紛争解決センター　266
ペットに関する慰謝料　29
ペットの治療費　27
弁護士費用　31
弁護士費用と過失相殺　32
弁護士費用の時効起算点　245
弁護士費用の損害性　31
弁護士費用の認容額　32
保険会社に対する被害者請求訴訟　308
保険代位による求償金請求の場合の遅延損害金　33
保険代位による不法行為に基づく損害賠償請求権の行使　311
保険代位による不法行為に基づく損害賠償請求の請求原因　312

【ま行】

みなし評価損　18

索 引

民事訴訟法248条による休車損の認定
　24
民事調停　*267*
民事調停の管轄　*272*
民事調停の申立て　*267*
民事調停の申立先　*272*
民法416条（損害賠償の範囲）の不法
　行為への適用　*35*
民法715条の使用関係　*231*
民法719条1項後段の共同不法行為
　236, 307
民法719条1項後段の共同不法行為に
　おける抗弁　*308*
民法719条1項後段の共同不法行為の
　請求原因　*307*
民法719条1項前段の共同不法行為
　234, 306
民法724条後段の期間制限　*245*
民法724条前段の期間制限　*244*

【や行】

遊休車がある場合の休車損　*23*
優先道路　*67, 108*
Uターン車と直進車の事故の過失割合
　167
予備車両がある場合の休車損　*23*
四輪車同士の事故の過失割合　*43*

【ら行】

レッカー代　*25*
路肩　*43*
路側帯　*43*

― 判例索引 ―

大判明43・4・4民録16輯265頁	305
大判大2・4・26民録19輯281頁	234
大判大6・4・30民録23輯715頁	8, 300
大判大9・3・10民録26輯280頁	244, 301
大判大13・7・24民集3巻376頁	235
大判大15・5・22民集5巻386頁	35
大判昭3・8・1民集7巻648頁	40
大判昭3・10・13民集7巻780頁	37
大判昭12・6・30民集16巻1285頁	304
最判昭28・11・20民集7巻11号1229頁	299
最判昭32・2・7裁民25号383頁	299
最判昭32・3・26民集11巻3号543頁・判タ69号63頁	235
最判昭32・4・30民集11巻4号646頁・判タ70号64頁・判時111号10頁	37
最判昭34・11・26民集13巻12号1562頁	40
最判昭37・9・4民集16巻9号1834頁・判タ139号51頁	33
最判昭39・2・4民集18巻2号252頁・判タ159号181頁・判時362号23頁	232
最判昭40・11・30民集19巻8号2049頁・判タ185号92頁・判時433号28頁	232, 304
最判昭41・6・21民集20巻5号1078頁・判タ194号83頁・判時454号39頁	40
最判昭41・11・18民集20巻9号1886頁・判タ202号103頁・判時473号30頁	241
最判昭42・6・27民集21巻6号1507頁・判タ209号143頁・判時490号47頁	39
最判昭42・11・2民集21巻9号2278頁・判タ213号231頁・判時498号3頁	305
最判昭42・11・30民集21巻9号2477頁・判タ216号118頁・判時509号30頁	36
最判昭43・4・23民集22巻4号964頁・判タ222号102頁・判時519号17頁	234, 235
最判昭43・12・24判タ230号254頁・判時544号89頁・裁刑169号905頁	56
最判昭43・12・24民集22巻13号3454頁・判タ230号170頁・判時547号37頁	40
最判昭44・2・27民集23巻2号441頁・判タ232号276頁・判時548号19頁	31
最決昭44・5・22刑集23巻6号918頁・判タ236号207頁・判時560号91頁	44, 54, 86
最判昭44・7・11判237号252頁・判時562号80頁・裁刑172号151頁	47
最判昭44・11・27民集23巻11号2265頁・判タ242号175頁・判時580号47頁	306
最判昭45・6・19民集24巻6号560頁・判タ256号115頁・判時601号54頁	245
最決昭45・9・29判タ253号233頁・判時606号94頁・裁刑177号1185頁	56
最決昭45・11・10刑集24巻12号1603頁・判タ256号184頁・判時616号105頁	63

索　引

最判昭46・9・30判タ269号194頁・判時646号47頁・裁民103号569頁	*233*
最判昭48・4・5民集27巻3号419頁・判タ299号298頁・判時714号184頁	*227*
最判昭48・6・7民集27巻6号681頁・金法690号37頁	*35*
最判昭48・9・27判時715号112頁・裁刑190号391頁	*44, 54, 86*
最判昭48・11・16民集27巻10号1374頁	*244, 302*
最判昭49・3・22民集28巻2号347頁・判タ308号194頁・判時737号39頁	*8*
最判昭49・4・5裁民111号521頁・交民集7巻2号263頁	*33*
最判昭49・4・15民集28巻3号385頁・交民集7巻2号275頁	*10, 11, 13*
最判昭49・6・28民集28巻5号666頁・判タ311号140頁・判時745号49頁	*37*
最判昭51・3・25民集30巻2号160頁・判タ336号220頁・判時810号11頁	*39*
最判昭51・7・8民集30巻7号689頁・判タ340号157頁・判時827号52頁	*233*
最判昭52・3・15民集31巻2号289頁・判タ348号201頁・判時849号75頁	*299*
最判昭52・9・22民集31巻5号767頁・判タ354号253頁・判時867号56頁	*232*
最判昭52・10・20判時871号29頁・裁民122号55頁・金商548号46頁	*33, 226*
最判昭54・9・7判タ407号78頁・判時954号29頁・裁民127号415頁	*37*
最判昭56・10・8判タ454号80頁・判時1023号47頁・裁民134号39頁	*299*
最判昭56・11・27民集35巻8号1271頁・判タ462号78頁・判時1031号125頁	*231*
最判昭57・1・19民集36巻1号1頁・判タ463号123頁・判時1031号120頁	*31*
最判昭57・3・4判タ470号121頁・判時1042号87頁・裁民135号269頁	*241*
最判昭58・9・6民集37巻7号901頁・判タ509号123頁・判時1092号34頁	*32, 33*
最判昭62・5・29民集41巻4号723頁・判タ652号126頁・判時1254号121頁	*228, 311*
最決昭63・4・28刑集42巻4号793頁・判タ665号149頁・判時1277号164頁	*63*
最判昭63・7・1民集42巻6号451頁・判タ676号65頁・判時1287号59頁	*242*
最判平元・12・21民集43巻12号2209頁・判タ753号84頁・判時1379号76頁	*245, 302*
最判平2・3・6裁民159号199頁	*245*
最判平3・10・25民集45巻7号1173頁・判タ773号83頁・判時1405号29頁	*237, 242*
最判平6・11・24判タ867号165頁・判時1514号82頁・裁民173号431頁	*241*
最判平7・7・14交民集28巻4号963頁	*33*
最判平9・9・9判タ955号139頁・判時1618号63頁・裁民185号217頁	*39*
最判平10・6・12民集52巻4号1087頁・判タ980号85頁・判時1644号42頁	*245, 302*
最判平10・9・10民集52巻6号1494頁・判タ985号126頁・判時1653号101頁	*241, 243*
最判平11・1・29判タ1002号122頁・判時1675号85頁・裁民191号265頁	*240*
最判平14・1・29民集56巻1号218頁・判タ1086号108頁・判時1778号59頁	*244, 301*
最判平15・7・11民集57巻7号815頁・判タ1133号118頁・判時1834号37頁	*237*

最判平15・12・9民集57巻11号1887頁・判タ1143号243頁・判時1849号93頁 *28*
最判平16・11・12民集58巻8号2078頁・判タ1170号134頁・判時1882号21頁 *303*
最判平17・6・2民集59巻5号901頁・判タ1183号234頁・判時1900号119頁 *229*
最判平19・4・24判タ1240号118頁・判時1970号54頁・裁民224号261頁 *39*
最判平20・3・27判タ1267号156頁・判時2003号155頁・裁民227号585頁 *40*
最判平20・7・4判タ1279号106頁・判時2018号16頁・交民集41巻4号839頁 *39*
最判平21・4・28民集63巻4号853頁・判タ1299号134頁・判時2046号70頁 *245, 302*
最判平24・2・20民集66巻2号742頁・判タ1366号83頁・判時2145号103頁 *34, 312*
最判平24・5・29判タ1374号100頁・判時2155号109頁・裁民240号261頁 *312*

[著者紹介]

園　部　　厚（そのべ　あつし）

●著者略歴●
平成13年8月東京簡裁判事、その後、平成14年4月稚内・天塩簡裁、平成16年4月東京簡裁、平成19年4月石岡・笠間簡裁、平成22年4月東京簡裁勤務後、平成25年4月から青森簡易裁判所判事

●主な著書および論文●
共著（古島正彦）「承継執行文に関する若干の問題」書協会報117号、共著「債権執行の諸問題」判例タイムズ、共著「不動産の競売手続ハンドブック〔改訂版〕」金融財政事情研究会、共著「供託先例判例百選〔第二版〕」別冊ジュリスト158号、「〔改訂版〕一般民事事件論点整理ノート（紛争類型編）・（民事訴訟手続編）」新日本法規、「身近な損害賠償関係訴訟（理論と裁判例）」青林書院、「書式　意思表示の公示送達・公示催告・証拠保全の実務〔第六版〕」民事法研究会、「書式　借地非訟・民事非訟の実務〔全訂四版〕」民事法研究会、「書式　代替執行・間接強制・意思表示擬制の実務〔第五版〕」民事法研究会、「書式　不動産執行の実務〔全訂10版〕」民事法研究会、「書式　債権・その他財産権・動産等執行の実務〔全訂13版〕」民事法研究会、「わかりやすい労働紛争解決の手引〔第2版〕」民事法研究会、「わかりやすい敷金等返還紛争解決の手引〔第2版〕」民事法研究会、「わかりやすい貸金・保証関係紛争解決の手引」民事法研究会、「わかりやすい消費者信用関係紛争解決の手引」民事法研究会、「わかりやすい不動産登記関係紛争解決の手引」民事法研究会、「簡裁民事訴訟事件要件事実マニュアル」民事法研究会など

わかりやすい物損交通事故紛争解決の手引〔第3版〕

平成27年8月2日　第1刷発行

定価　本体3,000円（税別）

著　　者	園部　厚	
発　　行	株式会社　民事法研究会	
印　　刷	株式会社　太平印刷社	

発行所　株式会社　民事法研究会
　　〒150-0013　東京都渋谷区恵比寿 3-7-16
　　〔営業〕TEL 03(5798)7257　FAX 03(5798)7258
　　〔編集〕TEL 03(5798)7277　FAX 03(5798)7278
　　http://www.minjiho.com/　　info@minjiho.com

落丁・乱丁はおとりかえします。　ISBN978-4-86556-032-9 C2032 ¥3000E

カバーデザイン／袴田峯男

▶要件事実を簡便に調査・確認できる実践的手引書！

簡裁民事訴訟事件要件事実マニュアル

園部 厚 著

A5判・596頁・定価 本体5,500円＋税

本書の特色と狙い

▶簡易裁判所の一般的民事事件における訴訟類型ごとの「請求の趣旨・原因」についての要件事実上の内容・論点をまとめ、簡明に解説した実務マニュアル！

▶詳細な事項索引と判例索引・条文索引を付すことで検索を容易にし、迅速・的確に訴状をはじめとした訴訟関係書類の作成が実現できる弁護士、司法書士など関係者必携の実践的手引書！

▶加えて、最近の最高裁判例が、紛争類型ごとの主張立証責任を、どのように位置付けているかを検証し、要件事実がどのようになるかについて検討したうえで簡潔な解説を付しているので、訴訟実務を進めるうえで極めて至便！

▶司法書士の「簡裁訴訟代理等能力認定考査」対策の参考書としても最適！

本書の主要内容

第1章　貸金関係事件
第2章　信販関係事件
第3章　リース料等請求事件
第4章　通信料等請求事件
第5章　預貯金返還請求事件
第6章　売買関係事件
第7章　労働関係事件
第8章　不動産関係事件
第9章　動産引渡等請求事件
第10章　請負関係請求事件
第11章　保証債務関係事件
第12章　譲受債権関係事件
第13章　債務不存在確認事件
第14章　不法行為関係事件
第15章　不当利得関係事件
第16章　商事上の請求関係事件
第17章　執行関係事件
第18章　その他の紛争類型事件
第19章　消費者保護法関係の主張・請求

発行　民事法研究会

〒150-0013　東京都渋谷区恵比寿3-7-16
（営業）TEL. 03-5798-7257　FAX. 03-5798-7258
http://www.minjiho.com/　info@minjiho.com

手続の流れに沿って書式・記載例を織り込み詳解！

配当意義の申立て、引渡命令の申立てなどの付随手続から船舶などの準不動産執行の手続まで網羅！

書式　不動産執行の実務〔全訂10版〕
――申立てから配当までの書式と理論

園部　厚　著　　　　　　　　　　　　　　　（Ａ５判・692頁・定価 本体5900円＋税）

債権配当をめぐる最高裁判決などの最新の判例・法令・実務の動向を収録し改訂！

書式　債権・その他財産権・動産等執行の実務〔全訂13版〕
――申立てから配当までの書式と理論

園部　厚　著　　　　　　　　　　　　　　　（Ａ５判・1040頁・定価 本体8800円＋税）

督促手続の申立てから強制執行までを、書式と実務を一体として解説した実践的マニュアル！

書式　支払督促の実務〔全訂九版〕
――申立てから手続終了までの書式と理論

園部　厚　著　　　　　　　　　　　　　　　（Ａ５判・628頁・定価 本体5500円＋税）

非訟事件手続法の施行や関連法令の改正、最高裁判例や通達の改正等に対応させ改訂！

書式　借地非訟・民事非訟の実務〔全訂四版〕
――申立てから手続終了までの書式と理論

園部　厚　著　　　　　　　　　　　　　　　（Ａ５判・526頁・定価 本体4700円＋税）

会社法およびそれに伴う改正商法に対応させてきめ細かく改訂を施した実践的手引書！

書式　代替執行・間接強制・意思表示擬制の実務〔第五版〕
――建物収去命令・判決に基づく登記手続等の実務と書式

園部　厚　著　　　　　　　　　　　　　　　（Ａ５判・468頁・定価 本体4100円＋税）

家事事件手続法や非訟事件手続法の施行等に伴う実務を収録して大幅改訂！

書式　意思表示の公示送達・公示催告・証拠保全の実務〔第六版〕
――申立てから手続終了までの書式と理論

園部　厚　著　　　　　　　　　　　　　　　（Ａ５判・330頁・定価 本体2900円＋税）

発行　民事法研究会　〒150-0013　東京都渋谷区恵比寿3-7-16
（営業）TEL 03-5798-7257　FAX 03-5798-7258
http://www.minjiho.com/　　info@minjiho.com

〔わかりやすい紛争解決シリーズ〕
現役裁判官が簡潔かつわかりやすく解説したハンディな手引書!

平成20年の労基法改正、平成21年の育介休法改正などの法令・判例を収録して大幅改訂増補!

わかりやすい労働紛争解決の手引〔第2版〕

園部　厚　著　　　　　　　　　　　　　　（A5判・259頁・定価 本体2200円＋税）

敷引特約・更新料に関する最高裁判例の解説を追録し、基本知識から解決指針までを簡潔に解説!

わかりやすい敷金等返還紛争解決の手引〔第2版〕

園部　厚　著　　　　　　　　　　　　　　（A5判・247頁・定価 本体2300円＋税）

重要判例に基づいた貸金・不当利得（過払金）返還等をめぐる紛争を解決するための指針を明示!

わかりやすい貸金・保証関係紛争解決の手引

園部　厚　著　　　　　　　　　　　　　　（A5判・248頁・定価 本体2300円＋税）

クレジット契約およびリース契約に関係する事件の紛争解決への指針を簡潔に解説!

わかりやすい消費者信用関係紛争解決の手引

園部　厚　著　　　　　　　　　　　　　　（A5判・317頁・定価 本体3000円＋税）

請求原因別に、趣旨・原因、抗弁および再抗弁以下の攻撃防御方法を具体的記載例を用いて解説!

わかりやすい不動産登記関係紛争解決の手引

園部　厚　著　　　　　　　　　　　　　　（A5判・163頁・定価 本体1600円＋税）

発行　民事法研究会　　〒150-0013 東京都渋谷区恵比寿3-7-16
（営業）TEL 03-5798-7257　FAX 03-5798-7258
http://www.minjiho.com/　　info@minjiho.com